Harald Irnberger

FREIHEIT VON GANZ NAH

Harald Irnberger

Freiheit von ganz nah

Reportagen aus dem Exil

VERLAG
HERMAGORAS / MOHORJEVA

Umschlaggestaltung: Marjan Paternoster

Gesamtherstellung:
Druck- und Verlagshaus Hermagoras / Mohorjeva
Klagenfurt—Wien—Ljubljana

ISBN 3-85013-178-5

Vorläufige Hinweise

Einiges zum Verständnis des Folgenden

Es muß wohl 1986 gewesen sein, an einem Frühjahresabend — jedenfalls exakt um 19 Uhr, daran erinnere ich mich genau. Zu dieser Stunde fuhr der Nachtzug nach Hamburg vom Wiener Westbahnhof ab. Und zur selben Stunde wurde das Ergebnis der ersten Hochrechnung verlautbart. Ich hatte ein Transistorradio bei mir, um zu erfahren, wer der nächste Bundespräsident von Österreich sein würde.

Während der Zug anfuhr, erfuhr ich es: ein gewisser Kurt Waldheim.

Zum Glück, dachte ich, zum Glück geht mich das nichts mehr an — ich habe es hinter mir. Österreich, dem ich mich einmal zugehörig gefühlt hatte, war mir im Lauf der Jahre als Folge diverser Umstände, die mich teils direkt, teils indirekt betrafen und betroffen machten, zunehmend fremd geworden — bis zu dem Punkt, an dem mein vorerst wohl unbewußt gereifter Entschluß feststand, dieses Land zu verlassen. Ich neige dazu, Konsequenzen gründlich zu ziehen.

Wenn es schon nicht ohne Kampf abgehen kann, dann lieber im Dschungel als im Sumpf, dachte ich. Auch war mir die Vorstellung nicht unsympathisch, in einem Land zu leben, mit dessen Regierung ich mich identifizieren könnte. Ich hatte beschlossen, nach Nicaragua auszuwandern.

Ein anderer Tag, an den ich mich gewiß noch lange erinnern werde, war der 25. Februar 1990. In Nicaragua waren Wahlen angesetzt. Für jeden, der hier lebte oder sich mit den Verhältnissen in diesem Land eingehend beschäftigte, schien klar zu sein, daß die regierende Frente Sandinista *mit ihrem Präsidentschaftskandidaten Daniel Ortega als Sieger aus dieser Wahl hervorgehen würde — soferne es zu keinen krassen Manipulationen käme, wie sie in nahezu allen Staaten Lateinamerikas bei solchen Anlässen üblich sind. Doch das schien hier ausgeschlossen:* die Yanquis, *diese unleidlichen Barbaren aus dem Norden, saßen in diesem kleinen Land ausnahmsweise nicht am Drücker der Macht, sondern verschanzt in einem riesigen Botschaftskomplex, wo die* vende patrias *der Opposition ihr Geld und ihre Instruktionen abzuholen pflegten. Die Regierung der USA mochte zwar die veröffentlichte Meinung der westlichen Welt in Sachen Nicaragua nach Belieben gängeln — doch hier stimmten die Nicaraguense ab: ein Volk, das es immerhin vor gerade zehn Jahren geschafft hatte, gegen den deklarierten Willen der USA eine seit nahezu fünfzig Jahren an der Macht befindliche Diktatorendynastie zu stürzen.*

War es tatsächlich das Volk gewesen, das dies zustande gebracht hatte? Oder nicht eher eine Handvoll intelligenter und entschlossener junger Leute — die Kader der Frente Sandinista *eben?*

Das alltägliche Leben in Nicaragua, unzählige Alltagserfahrungen mit den Bewohnern dieses Landes, ließen die Frage im Lauf der hier verbrachten Jahre durchaus immer wieder akut werden. Doch sie mit aller Deutlichkeit zu stellen, schien politisch und historisch nicht opportun. Daß Unterentwicklung *keineswegs nur die Abwesenheit materieller Güter bedeutet, hatte ich einerseits zwar bald einsehen müssen. Doch trotz der vielen Dinge, die mich an vielen dieser Leute nervten — ihre Apathie, ihre Unzuverlässigkeit, ihre sehr verquere Beziehung zur Wahrheit, der Hang, alles und jedes zu stehlen, die Langsamkeit im Denken und Handeln —, kannte ich doch andererseits die historischen Ursachen ihres Verhaltens.*

Vor allem aber: häufig zwar murrend und unzufrieden schienen sie ja doch — zumindest mehrheitlich — hinter dieser Revolution und der Frente Sandinista *zu stehen, die der Architekt und Motor dieser Revolution war. Die Mehrheit der Nicaraguense schien Armut in Würde, ihre Souveränität, einem Da-*

sein als billig gekaufte, von den Machthabern in Washington paternalistisch bevormundete peones de los yanquis *vorzuziehen. Darin schien man sich stolz von den Verhältnissen in den Ländern rundum zu unterscheiden.*

Nein, es schien kein Zweifel über den Ausgang dieser Wahl möglich. Mochte sich die Regierungskunst der Sandinisten auch häufig als nicht gerade vortrefflich erwiesen haben, mochten des weiteren zahlreiche korrupte und unfähige Trittbrettfahrer in Ämter gelangt sein, denen sie fachlich sowenig wie moralisch gewachsen waren — die Alternative war noch bei weitem unansehnlicher. Ein Amalgam nämlich von ehemaligen Vasallen der gestürzten Diktatoren, ebenso eitlen wie dümmlichen und würdelosen Honoratiorenpolitikern, die den Sandinisten im Grunde lediglich vorzuwerfen hatten, daß diese sie nicht die erste Geige spielen ließen, von korrupten Geschäftemachern, besonders krankhaften Eiferern des katholischen Aberglaubens und ideologischen Hysterikern, Produkten der nordamerikanischen Verblödungsindustrie.

Was von allen diesen mit starker Yanqui-*Hand zu einer Einheitsfront zusammengeprügelten Herausforderern zu halten war, schien der Mehrheit der Nicaraguense wohl bewußt zu sein. Aus dem Mund aller möglichen Leute hatte ich immer wieder gehört, die Kandidatin dieses Oppositionsbündnisses sei eine* tonta *— und das war noch eine der zurückhaltenderen Charakterisierungen.*

Kurz vor dem Wahltag fuhr ich im Bus, der die Leute aus meinem Wohnviertel zur Abschlußkundgebung der Frente *brachte, zu dieser Veranstaltung. Es herrschte eine ausgelassene Stimmung und ich hatte nicht den Eindruck, daß auf irgendjemandem Druck ausgeübt worden war, da mitzufahren — obwohl ich Nachbarn im Bus sah, die ich nicht gerade zu den Stützen der Revolution gezählt hatte. Mehr als eine halbe Million Menschen kamen zu dieser Kundgebung, die ein großes Fest war — rein rechnerisch waren da mehr als fünfzig Prozent der Wahlberechtigten des gesamten Landes versammelt.*

Am Wahltag dann sah ich vor dem einen oder anderen Wahllokal die erst kurz zuvor begnadigten Galgenvögel von ehemaligen Somoza-Nationalgardisten herumlungern und relativ offen Dollar-Scheine an Wähler verteilen. Ich wußte davon, daß in den abgelegenen Landgegenden schon vor Wochen da und dort Contra-Banden bei Einschichtbauern aufgetaucht waren, denen eine Zehn-Dollar-Note in die Hand gedrückt und dazu erklärt hatten: „Da, nimm' und kauf dir was. Wenn wir die Wahlen gewinnen, kriegst du das jeden Tag — und wenn nicht, geht der Krieg weiter."

Doch derlei Beeinflussungsversuche durfte man allem Anschein nach für unerheblich halten.

Kurzum, die Lage schien klar zu sein. Alles andere, als ein Sieg der Sandinisten war nur als absurder Witz denkbar, von dem niemand glaubte — einschließlich der Opposition —, daß er Realität werden könnte.

In den Morgenstunden des 26. Februar war dann klar, daß exakt diese Situation eingetreten war. Ich hatte mich zwar schon seit etlicher Zeit keiner Illusionen mehr über zahlreiche der Leute hier hingegeben — an diesem Morgen mußte ich mir dann doch überrascht zu dem schon Monate zuvor gefaßten Entschluß gratulieren, einen neuerlichen Ortswechsel vorzunehmen: dieses Mal ohne festes Ziel und vor allem ohne jegliche Illusionen über die politischen Realitäten an irgendeinem Punkt der Welt. Der Globus war für mich wieder ein Stück kleiner geworden und ich hatte nun endgültig gelernt, positive Verhältnisse als lediglich vorläufig zur Kenntnis zu nehmen.

Ich berichte dies hier, weil die folgenden Texte — mit einer Ausnahme — zwischen den beiden genannten Daten entstanden sind. Es scheint mir angebracht, auf den historischen und emotionalen Hintergrund ihres Entstehens hinzuweisen. Sie sind, wie alles Gedachte und Geschriebene, Vorläufiges.

Doch was bleibt, ist, was stattgefunden hat — und dieses erlebt zu haben. Das Vorläufige jeglicher Ereignisse und Versuche ist evident. Ebenso aber behält jedes Ereignis, jeder Versuch seine Gültigkeit, wenn es bloß stattgefunden, wenn er nur unternommen wurde — mag die Zeit auch darüber hinweggegangen sein, mögen andere Ereignisse inzwischen für andere Verhältnisse gesorgt haben.

Vieles, das in den folgenden Texten berichtet und beschrieben wird, mag somit — vom Standpunkt purer gegenwärtiger Faktizität aus betrachtet — überholt sein. Unverändert aber ist, daß dies alles stattgefunden hat. Und so, wie es stattgefunden hat, wurde es unter dem Eindruck der zu dieser Zeit gültigen Situation beschrieben. Und die Beschreibung nicht nachträglich im Licht veränderter Fakten korrigiert.

Dies nämlich scheint mir das Wesen der Reportage zu sein: Augenblicksgeschichtsschreibung mit der subjektiven Sicht der Betroffenheit, die aus der bewußt gesuchten oder aus den Umständen erwachsenen Nähe zum Gegenstand der Beschreibung erwächst. Der Fotoreporter Robert Capa, gestorben als Kriegsberichterstatter in Indochina, pflegte zu seinen Kollegen zu sagen: „Wenn eure Bilder nicht gut sind, ward ihr nicht nahe genug dran." Er meinte das wohl nicht nur in einem räumlichen Sinn.

Die Qualität einer Reportage kann nicht daran gemessen werden, ob in ihr künftiges zutreffend prognostiziert, sondern ob Gegenwärtiges authentisch beschrieben wurde. Es soll den Historikern überlassen bleiben, rekonstruierend ein Bild zu entwerfen und dabei vom feststeheden, weil nunmehr bekannten Ende auszugehen. Dem Wesen des Reporters entspricht es, zu erleben, was hier und jetzt stattfindet und davon Zeugnis abzulegen, weil dieses Dokument nicht falsch wird dadurch, daß am Ende womöglich alles ganz anders kommt.

Es gibt so vieles Vorläufiges, das festzuhalten sich lohnt. Etwa, wie der Sandinismus in seiner — ersten? — Epoche war. Dazu die vielfältige, nur scheinbar ständigen Veränderungen unterworfene Realität an diversen anderen Punkten Lateinamerikas, wo vieles sich aufgrund gleicher historischer Hintergründe und gegenwärtiger Abhängigkeiten aufeinander bezieht, somit erst im Vergleich erkennbar und verständlich wird.

Was nun die spezielle Sicht des Berichterstatters anlangt, so ist diese zweifellos geprägt von den Orten, von denen aus er aufgebrochen ist. In diesem Sinn sind hier Texte versam-

melt, von denen vielleicht behauptet werden mag, sie gehörten nicht zusammen.

Doch, denke ich, sie gehören zusammen. Und dies nicht bloß deshalb, weil sie allesamt der Passion erwachsen sind, wahre Geschichte zu erzählen — vielleicht, um den Leser zu unterhalten. Vielleicht auch, um seine Bereitschaft zu stärken, alles immer wieder einmal anders zu sehen.

Unterwegs, im Juli 1990

Aus dem Exil

Reminiszenzen über legendäre Wiener Wirtshäuser der Gegenwart

Das ist so in Wien: die besten Geschichten spielen in der Vergangenheit. Seinerzeit, zum Beispiel, als der Qualtinger Helmut noch lebte. Der saß gerade auf der Eckbank, gleich neben dem Telefon, das auf dem Kühlschrank steht, als die Klingel anschlug. Mit festem Schritt eilte der Wirt herbei — Wein heißt er. Rudi Wein. Manchen Neuzugängen aus dem benachbarten Ausland stellt er sich als „Rotwein aus Wien" vor, was absolut ernst genommen werden darf. Dieser Mann also griff nach dem Hörer, hielt einen Moment inne und rief ins Lokal: „San olle do?"

Es hätte ja sein können, daß es einem, der gerade da war, lieber gewesen wäre, nicht erreichbar zu sein. Schließlich sind die Gäste fast durchwegs irgendwie berufstätig. Manche von ihnen sind das sogar in einer außerordentlich bedeutenden Position und müssen schon daher mitunter ins Wirtshaus flüchten.

Dieses Mal meldete sich indes keiner, um zu deponieren, daß er nicht da sei. *„Club Gutruf"*, sprach Rudi Wein in die Muschel — er pflegt dabei seine Stimme um eine Oktave zu senken.

Kurz darauf war allen Anwesenden klar, daß das Telefonat ohnedies für ihn bestimmt war und irgendwelche geschäftlichen Dinge betraf. Schließlich ist Rudi Wein nicht nur Wirt, sondern ein vielseitig tätiger Geschäftsmann — das heißt, eigentlich ist er gar kein Wirt. Jedenfalls pflegt er Leuten, die ihn einen *Nobelwirt* nennen, mit Bestimmtheit kundzutun, daß er weder nobel noch Wirt sei. Doch das erklären wir später.

Unter Garantie ist er desweiteren ein auf unterschiedlichen Forschungsgebieten tätiger Erfinder. Daß er ein Spion (Ost!) sei, wird ihm desöfteren nachgesagt. Aber das hat wohl damit zu tun, daß er seine Kindheit im KZ verbrachte. Sowas wird einem in Wien nicht so schnell verziehen.

Rudi Wein stand also am Telefon und versuchte, ein ernsthaftes geschäftliches Gespräch zu führen. Da begann Qualtinger keinen Meter weiter eine seiner unnachahmlichen Massenszenen für einen Solisten zu spielen — diesfalls ein Staatsbegräbnis an der Kremlmauer. Das Gelächter von den Rängen ringsum schwoll mehr und mehr an — Rudi Wein noch immer ernsthaft in Geschäftsdingen parlierend. Deretwegen unterläßt er es mitunter sogar, einen Witz zu erzählen.

Qualtinger nuschelte gerade im beflissenen Tonfall eines öffentlich-rechtlichen Rundfunkreporters etwas in Sachen „schwere Zerwürfnisse im Obersten Sowjet", als der Herr des Hauses sich zu handeln genötigt sah. „Einen Moment, bitte", sprach er verbindlich in die Muschel, deckte die dann mit der Hand ab und wandte sich mit aufgebrachter Miene an Qualtinger: „Na wart', heut auf'd Nacht komm i ins Theater!"

Die Drohung hatte gesessen.

Für den Wien-Kenner hätte es der Erwähnung des Lokals nicht bedurft, um zu wissen: das kann sich nur im *Gutruf* abgespielt haben, wo der österreichischen Bundeshauptstadt umstrittenster Tresen steht. Der ist sehr kurz — wie das Lokal insgesamt eher klein ist — und naturgemäß nicht an sich die Ursache dafür, daß das *Gutruf* verläßlich immer wieder ins Gerede kommt. Das liegt vielmehr an der Mischung der Leute, die ihn umzingelt halten — von Rudi Wein abwärts, der es auch seinen Gästen gegenüber mit Lenin hält: „Vertrauen ist gut, Kontrolle ist besser."

Dabei befinden sich unter dem *Gutrufianern* selbst zu schlechten Zeiten amtierende Minister, Intendanten und sonstige Zelebritäten an der Zahl — doch fast lauter solche von der Minderheitsfraktion der lockeren Sorte.

Ein Kolumnist eines weitverbreiteten Wochenblattes — auch er in seiner Redaktion ein Mann der Minderheit, also praktizierender *Gutrufianer* — definierte die *Gutruf*-Ideologie gar einmal als ausgewogene Mischung von bewußtem Antifaschismus und unterschwelligem Alkoholismus.

Das geschah freilich nicht ohne Anlaß. Hatte sich doch gerade der dazumalen amtsführende Generalsekretär der ÖVP veranlaßt gesehen, die Öffentlichkeit allen Ernstes — der Mann spaßte nie, und wenn, dann unbewußt und auf eigene Kosten — vor dem zunehmenden Einfluß des *Gutruf-Kommunismus* zu warnen.

Allerdings muß man konzedieren, daß von diesem Beisl — als *Club* führt es Rudi Wein, damit er keines Vorwandes bedarf, wenn er jemandem die Tür weisen will — schon Sprüche ihren Ausgang genommen haben, die nicht ohne Folgen blieben. Es war an einem Samstag am Beginn des jüngsten Präsidentschaftswahlkampfes — die Kalamitäten eines Kandidaten waren erst bis zum Gerücht gediehen, er habe einem SA-Reiterverein angehört —, als im Zug allgemeinen Schmähführens die gewundenen Waldheim-Dementis auf den Punkt gebracht wurden: Nicht er war bei der SA, sondern nur sein Pferd.

Da zu den Stammgästen etliche hauptberufliche SPÖ-Menschen zählen, war es nur logisch, daß schon am folgenden Montag der damalige Bundeskanzler Fred Sinowatz — bei einer Pressekonferenz auf die Gerüchte um den Kandidaten der Gegenpartei angesprochen — in aller Unschuld erklärte, er nehme zur Kenntnis, daß nicht Herr Waldheim bei der SA gewesen sei, sondern bloß sein Pferd.

Das hat man wiederum Sinowatz in staatstragenden Kreisen nie verziehen. Seinen Job ist er längst los, aber mit Gerichtsverfahren, die ihren Ursprung in der Waldheimat haben, wird er noch immer behelligt.

Das *Gutruf* — soviel sollte damit klargestellt sein — ist zweifellos Wiens produktivster Brutplatz des *Schmähs*. Diesen

Begriff unverständigen Ausländern zu erklären, scheint schlechterdings unmöglich. Da müssen wir uns an Wittgenstein halten, der zwar kein *Schmähführer,* aber ein großer Philosoph war — somit irgendwie vom Metier: „Wovon man nicht sprechen kann, darüber muß man schweigen."

Was hingegen die Produktivität dieses Brutplatzes anlangt, so ist sie in zweierlei begründet: der hochgradigen Präsenz handverlesener *Schmähführer* ebenso wie der relativen Enge des Raumes, die bedingt, daß im Grund stets alle Anwesenden mit allen kommunizieren, der *Schmäh* somit im Kreis läuft und gelegentlich — wie bei einer hochklassigen Billard-Partie — über die Bande gespielt werden kann. Jeder kann etwas beitragen, bis die äußerste Erlesenheit des *Schmähs* erreicht ist, der dann — zum *Gut-Ruf* nobilitiert — in die Erinnerung der Stammgäste eingeht.

Damit diese Qualität nicht verwässert wird, funktioniert ein subtiler Ausgrenzungsmechanismus gegenüber nicht ausreichend gefestigten Charaktären. Dies sei am Beispiel der Kartenrunde expliziert, welche sich nachmittags im engen Durchgang vom Tresen zur Toilette zusammenzufinden pflegt, um den beliebten österreichischen Volkssport des *Bauernschnapsens* zu frönen.

Dem Vernehmen nach soll im *Gutruf* das Koloratur-Bauernschnapsen erfunden worden sein.

Gespielt wird ausschließlich um Wein und vermutlich weiß einzig Rudi Wein, wer gerade wem wieviele Hektoliter schuldet. Das wußte man indes in Wiener Berufsspielerkreisen nicht und so konnte es nicht ausbleiben, daß sich eines Tages ein Spähtrupp im *Gutruf* einfand, um im Kreis einer örtlichen Kernmannschaft die Karten zu heben.

Da kamen sie an den Richtigen. An Chung, von Geburt zwar Chinese, aber im Hauptberuf schon seit vielen Jahren als anerkannter Meister seines Faches an der kleinen Kochplatte hinter dem *Gutruf*-Tresen tätig, weshalb er — nebstbei — längst weiß, daß das hier nicht *Kartoffeln,* sondern *Erdäpfel* heißt. Auf die Reinheit der österreichischen Sprache legt der Chef großen Wert.

Chung jedenfalls, der gerade etwas Zeit hatte, fertigte die Wiener Berufsspieler souverän mit einem Schneider ab. Die Leute wurden nie wieder im *Gutruf* gesehen — verständlich, wenn man die in der Wiener Halbwelt vorherrschenden Hausherrenmentalität kennt. Und dann von einem Chinesen im *Schnapsen* deklassiert zu werden …

So etwas hätte freilich auch kein *Gutrufianer* in der Frühgeschichte des *Gutruf* geahnt. Die reicht weit zurück bis in eine Delikatessenhandlung, die diesenorts domizilierte. Es wurde häufig behauptet, Helmut Qualtingers legendärer *Herr Karl* spiele im alten *Gutruf*. Das stimmt nicht, hat mir der Schöpfer und unerreichte Interpret dieser Inkarnation des Wieners versichert. Wahr ist allerdings, daß damals im *Gutruf* nicht nur Delikatessen verkauft wurden. Im hinteren Bereich des Ladens begannen sich irgendwann ausgesuchte Tagestrinker einzunisten, um ein *g'schwind's Acht'l* zu sich zu nehmen. Schließlich lautet die Adresse Milchgasse 1.

Als der alte Delikatessenhändler in die Rente ging — das muß Anfang der Siebziger gewesen sein —, übernahm einer der Herren von den hinteren Stehplätzen das Lokal und machte daraus den *Club Gutruf*. Rudi Wein eben — kein Wirt, sondern der zuverlässigste Stammgast, der daher nun den Laden schupft, wie das in Wien heißt.

Aber schon im alten *Gutruf* sollen sich bemerkenswerte Dinge zugetragen haben. Etwa eine Begebenheit, die man den Beginn einer typischen Wiener Freundschaft nennen könnte. Im Zentrum der Ereignisse stehen zwei Männer, die man heute weithin kennt. Helmut Zilk ist nun Bürgermeister von Wien, Teddy Podgorski Generalintendant des ORF. Damals, in den späten Sechzigern, waren sie beide Mitarbeiter des Fernsehens, doch nur Podgorski bereits ausgewiesener *Gutrufianer*. Eine Generalreform in Österreichs größtem Medienbetrieb stand an und die Mär ging um, Zilk werde Fernsehdirektor.

Podgorski — im privaten Umgang ein Mann betont volkstümlicher Ausdrucksweise — mochte diesem Gerücht keinen Glauben schenken. „Seid's es deppat? Des Oaschloch! Der Trottl!“ hielt er den Kolporteuren entgegen.

Sowas spricht sich in Wien rasch herum. Zilk wurde tatsächlich zum Fernsehdirektor berufen und Podgorski machte sich mit dem Gedanken vertraut, einen neuen Arbeitsplatz suchen zu müssen. Als er eines Vormittags ins *Gutruf* kam, sah er hinten bei den Acht'ltrinkern den dort noch nie gesehenen Zilk.

Podgorski trank sein Acht'l an diesem Tag vorne bei den Delikatessen und ging bald wieder. Kaum stand er auf der Straße, hatte ihn Zilk gestellt: „I hör', Sie sagen, i bin a Trottl und a Oaschloch!" Der Mann verfügt über einen dröhnenden Baß.

Podgorski, polnischer Abstammung, also mitunter zum Fatalismus neigend: „Jo, i waß ned, warum i des leugnen soll — es is mei Überzeugung."

Daraufhin Zilk mit ausgestreckter Hand: „Sam'ma per Du!"

So hat mir die Geschichte jedenfalls einer der beiden Beteiligten erzählt — an einem Vormittag bei einem g'schwinden Acht'l im *Gutruf*. Der Herr Bürgermeister war gerade nicht da, obwohl er längst Stammgast ist.

Im *Gutruf* sind aber auch schon Freundschaften zerbrochen — so die der alten Hawerer Helmut Qualtinger und Kurt Sowinetz. Quasi hatte seinen Kollegen aus nichtigem Anlaß „Du Burgschauspieler!" geschimpft.

Oh ja, der Rudi Wein könnte einiges berichten, wenn er einmal auspacken würde. Das tut er aber nur unter Stammgästen. Er hat viel erlebt. Und sei es Stammgäste wie den, der eine enorme offene Rechnung stehen hatte und sich wochenlang nicht blicken ließ. Als er plötzlich wieder kam, betrat der Mann das Lokal mit der Frage an den Chef: „Schreibst du an?"

„Na, kommt nicht in Frage!" gab sich Rudi Wein streng — um als nächstes zu hören: „Dann merk's dir halt — a Viert'l rot!"

Mit den Finanzen ist das eine eigene Sache. Nicht, daß für den *Gutruf*-Chef beim Geld die Freundschaft rigoros aufhörte, aber er kann sehr einkommens- und ausgabenbewußt denken. Einerseits. Andererseits darf ihm eine stark ausgeprägte soziale Ader nicht abgesprochen werden. Da prallen die Elemente schon manchmal in ihm zusammen. Was dargestellt werden kann am Beispiel einer Begebenheit, in deren Mittelpunkt ein Mann steht, der ein Fall ist, den man in Wien *a tragische G'schicht* zu nennen pflegt. Welcher Feststellung gewöhnlich ein versonnenes kurzes Auflachen folgt.

Der nämliche Zeitgenosse — nennen wir ihn B. B., obwohl er keine Gelegenheit mehr haben dürfte, Wirtshäuser aufzusuchen — galt einmal als genialer Bursche, war Journalist, Fernsehsprecher, Schauspieler und dergleichen, dazu aber einer, der sich alles mögliche Zeug einwarf. Daher tat er mitunter Dinge, wie auf den Dachfirst des Eckhauses *Am Lugeck* zu klettern und den alarmierten nachsteigenden Feuerwehrleuten zu erklären, sie müßten sich um ihn keine Sorgen machen, er sei der Erzengel Gabriel.

Ein andermal schaffte es B. B., bis ins Amtszimmer eines dazumalen mächtigen Ministers und Gewerkschaftsführers (mit Vornamen Karl) vorzudringen, indem er den Portier mit forscher Jovialität die Frage stellte: „Is da Koal do?" — und daraufhin umgehend mit aller Beflissenheit zum Chef geleitet wurde.

Über solche Begebenheiten hat man auch im *Gutruf* sehr gelacht. Allerdings brachten sie B. B. immer häufiger in die psychiatrische Klinik *Am Steinhof* — die gilt in Wien als erste Adresse, um verrückt zu werden. B. B. wurde dort vorerst einmal zum stadtbekannten Schnorrer. (Was sonst noch, erzählen wir ein Acht'l später.)

Gerade wieder einmal vom *Steinhof* zurück, schoß B. B. mit seinen charakteristischen schnellen kurzen Schritten eines Vormittags ins *Gutruf* und stürzte auf den Chef zu: „Rudi, du mußt mir einen Hunderter borgen! Ich hab einen Job in Aussicht und muß mich vorstellen geh'n, komm' aber zu spät, wenn ich nicht mit dem Taxi fahren kann!"

Natürlich glaubte das keiner der Anwesenden — schon gar nicht Rudi Wein. Aber weil man's ja doch nie so genau weiß und der arme Teufel nicht um seine Chance gebracht werden sollte, bloß weil ihm das Geld für's Taxi fehlte, rückte Rudi Wein mit Zweiflermiene einen Hunderter heraus.

Er sollte nicht enttäuscht werden. B. B. setzte sich seelenruhig hin und bestellt ein Bier. Rudi Wein — nun wieder mehr kostenbewußt denkender Geschäftsmann denn Nothelfer — begann wie ein gereizter Tiger im Lokal auf und ab zu gehen, bis er sich dazu durchrang, B. B. zu stellen: „Ja, ich hab g'laubt, du mußt dich vorstellen geh'n!?"

Darauf B. B.: „Ach ja", ruft „Zahlen!" und zieht einen Fünfhunderter aus der Tasche.

Geizhals ist Rudi Wein sicher keiner. Einmal lud er kurz vor Weihnachten alle Stammgäste zu einem Ausflug auf das Weingut ein, von dem er selbigen bezieht. Ein Autobus voller schwererziehbarer Erwachsener ging auf die Reise und am Ziel angelangt, war gleich zu erkennen, daß aus nobler Umgebung kommt, was im *Gutruf* ausgeschenkt wird. Es empfing ein Herr in gediegenem Jagdleinen und erklärte im schönsten Schönbrunnerisch, warum er die von ihm geleitete *Winzergenossenschaft* lieber *Weinbauverband* genannt wissen wolle: *Winzer* sei nämlich ein so deutsches Wort und *Genossenschaft* klinge überhaupt gleich nach Sowjetwirtschaft.

Spontanes Gelächter aus vielen *Gutrufianer*-Kehlen lohnte ihm diese Pointe. Nur Rudi Wein — jeder Zoll ein Delegationsleiter — bemühte sich, die Contenance zu wahren und fauchte letztendlich seine Gefolgschaft an: „I waß gar ned, was ihr habts!"

Dem Vernehmen nach ahnte der vornehme Herr von der Winzergenossenschaft auch nach dieser Episode nichts von der politischen Heimat und dem bevorzugten Geschäftsrevier seines Weinkunden, der zur Zeit der *Leipziger Messe* stets die Leitung des *Gutruf* in die bewährten Hände von Chung zu legen pflegt.

Auch andere Stammgäste müssen mitunter verreisen. Manche weitweg und auf unabsehbare Zeit — wie Udo, so wird er im *Gutruf* schlicht genannt. Udo Proksch ist zwar schon seit Jahren kein Trinker mehr, aber im *Gutruf* verkehrte er regelmäßig, bis es dem Anwalt einer selbst von Skandalen gebeutelten Versicherungsanstalt mit etwas Geld und guten Worten, sowie unterstützt von einer ohne sonderliche Berührungsängste angeworbenen Hilfstruppe nach zehnjährigen Bemühungen endlich gelungen war, einer Reihe wichtigen Meinungsmachern und Rechtspflegern einzureden, Udo habe ein Frachtschiff mit wertlosem Schrott volladen lassen, diese Ladung hoch versichert und — um die Versicherungsprämie zu kassieren — den Kahn im Indischen Ozean in die Luft gejagt.

Womöglich von der *k. k. Hofzuckerbäckerei Ch. Demels Söhne* am Wiener Kohlmarkt aus, deren Geschäftsführer Udo nebst anderem war.

Natürlich glaubt den Unsinn kein echter *Gutrufianer* — auch wenn sich ein parlamentarischer Untersuchungsausschuß redlich mühte, die kannibalischen Begierden der Kundschaft zu befriedigen und im fernen Hamburg *Der Spiegel* — angereichert mit der für das Blatt typischen Häme über die alpenländischen Gartenzwerge — in Serie abschrieb, was zuvor in Wiener Anwaltskanzleien und Redaktionsstuben an Verschwörungstheorien zusammenphantasiert worden war.

Für Udo, der keine Lust hatte, über Monate oder noch länger in Untersuchungshaft ein Gerichtsverfahren abzuwarten, blieb keine andere Wahl, als abzureisen. Wenn danach im *Gutruf* das Telefon klingelte und Rudi Wein in die Runde gefragt hatte, ob alle da seien, passierte es mitunter, daß von irgendwo weither eine vertraute Stimme fragte: „Hello Boy, wie geht's — was machen die Komiker in Wien?"

Dann ging ein Stammgast nach dem anderen ans Telefon, um Udo zu versichern: „Wir bleiben die Alten!"

Für einige vor Ort erscheinende periodische Druckschriften war das ein Grund mehr, Rudi Wein und das *Gutruf* in den Mittelpunkt wüster Spekulationen zu rücken. Den Rudi regt sowas längst nicht mehr auf. Er hat sich schon einmal, als eine Zeitschrift Despektierliches über ihn meldete, auf den ruhigsten Ort des *Gutruf* zurückgezogen und folgenden Leserbrief verfaßt: „Ich sitze am Häusl und habe Ihr Blatt vor mir. Gleich habe ich es hinter mir".

Abends konnte man den Udo übrigens häufig in einem

Wirtshaus antreffen, dessen Gründer und Chefideologe tagsüber häufig im *Gutruf* anzutreffen ist. Wer sich in Wien halbwegs auskennt, weiß, wir sind bei *Oswald & Kalb* in der Bäckerstraße gelandet — „Speisen und Getränke" kündigt das Schild über dem Eingang zu den ebenerdig gelegenen Gewölben an. Der Spiritus rector heißt Kurt Kalb und soll irgendwie aus Vorarlberg stammen — was in Wien gewöhnlich nicht als Reputation gilt. Doch Genaues weiß man ohnedies nicht — nur Gerüchte, denen zufolge Kurti Kalb im Arlbergtunnel entweder gezeugt oder geboren worden sein soll.

Jedenfalls kam er schon als ganz junger Mensch nach Wien — das muß in der unmittelbaren Nachkriegszeit gewesen sein — und startete seine Karriere an lenkender Stelle eines Handkarrens. Mit dem transportierte er vorrangig die Ware von Kunsthändlern, die es damals auch schon oder schon wieder gab. Jedenfalls begriff Kurti Kalb rasch, daß dieses Gewerbe keine Hexerei ist und beförderte sich zum selbständigen Kunsthändler. „Seither hab i' immer a Geld g'habt", pflegt er zu erzählen.

Man muß zu seiner Ehre anmerken, daß er dieses Geld stest umgehend mit den richtigen Leuten auszugeben wußte. Und als Kunsthändler nahm er sich schon zu seiner Zeit der Wiener Avantgardisten und Aktionisten an, als sich für diese ansonsten allenfalls die Sittenpolizei interessierte.

Kurzum: Kurt Kalb kann mit Fug und Recht ein begnadeter Trinker genannt werden — dem nur lange Zeit in Wien das ihm gemäße Abendwirtshaus fehlte. Auch das mußte er selbst machen und dazu tat er sich mit seinem illegitimen Schwiegervater zusammen, dem weit über die engeren Grenzen seiner steirischen Heimat hinaus bekannten Gastwirt Emmerich Oswald, der nebst Sachkunde, steirischem Kernöl, direkt beim Bauern eingekauftem Fleisch und schwarzgebrannten klaren Schnäpsen seine nächste weibliche Verwandtschaft in das Unternehmen einbrachte: genannt die Tanten, die der Küche von *Oswald & Kalb* rasch einen legendären Ruf bescherten.

Es waren durchwegs ausgesuchte Leute, die dieses Wirtshaus Lokal-Geschichte machen ließen. Das begann vorne am

Tresen, hinter dem echten *Sirs* mit weißer Schürze vor dem Bauch die Tränke bedienten: Emmi Oswald selbst, dieser geborene Wirt, daneben Atila, Neffe des amtierenden Bundespräsidenten (der hieß damals keineswegs Waldheim!) und Sepperl Ziegler, ein Mann von herbem Charme, der tagsüber in der Kapuzinergruft die Särge der Habsburger restauriert — eine Lebensstellung.

Wir sehen, das waren Männer, die nicht beruflicher Zwänge wegen, sondern aus Berufung hinter dem Tresen standen.

Dann erst die beiden Kellner, die selbst in der größten Sommerhitze im Smoking in den hinteren Räumen auftischen — Wanja und Szabo, zwei Montenegriner und ungekrönte Weltmeister. Entdeckt hat sie Kurti Kalb in einem urwüchsigen Jugo-Beisl im 3. Bezirk. Inzwischen sind sie Stars, um deren Gunst hochmögende Herrschaften buhlen.

Ihr früherer Chef fiel mitunter samt seiner jugoslawischen Großfamilie bei *Oswald & Kalb* ein, wenn in seinem eigenen Wirtshaus gerade Ruhetag war. Da wurde dann im Gewölbe vor der Küche, wo der große Haustisch für die Stammgäste steht, nach bester Balkansitte mulatiert. Einige, die nicht dabei waren, erzählten davon noch tagelang und schmückten die versäumten Begebenheiten prächtig aus.

Als Kurti Kalb eines Abends am Haustisch die Bemerkung fallen ließ, er hätte gerne einen Orden der Sozialistischen föderativen Republik Jugoslawien, war mir das somit spontan einsichtig und ich begann, bei der örtlichen Botschaft besagter Republik zu antichambrieren. Doch man soll in Wien nichts wörtlich nehmen. Nachdem es mir endlich gelungen war, den Kulturattaché für diesen Fall zu interessieren und dieser sich bereit erklärt hatte, das *Oswald & Kalb* samt dem um Jugoslawien verdienten Kulturträger Kurt Kalb in Augenschein zu nehmen, wurde ein klärendes Gelage anberaumt. Da kniff Kurti Kalb aus unerfindlichen Gründen im letzten Moment. Das war der einzige mühselige Abend, den ich in diesem Wirtshaus verbracht habe.

Allerdings hätte ich durch eine vorangegangene Episode

gewarnt sein sollen, die sich im Vorfeld einer Wiener Kommunalwahl abspielte. Irgendwer war auf die Idee gekommen, Kurti Kalb sollte zum Bezirksvorsteher des 1. Bezirkes gewählt werden. Die Idee wurde zum Gerücht und verbreitete sich rasch. Aus dem Lager der traditionellen Parteien meldeten Späher zunehmende Nervosität. Die Dinge, so schien es, begannen ihren eigendynamischen Lauf zu nehmen und eines Nachts wurde nach etlichen *Weinenbierenschnäpsen* am Haustisch von *Oswald & Kalb* beschlossen, unverzüglich mit der Wahlkampagne zu beginnen.

Sogar den Heimvorteil gaben wir leichtfertig auf und verlegten die erste Wahlkundgebung zu *Bane,* einem Jugo am Eingang der Schönlaterngasse. Auf dem Weg dorthin versprachen wir allen Passanten eine Gemeindewohnung in der Innenstadt, wenn sie Kurti Kalb wählten und am Veranstaltungsort fiel mir die ehrenvolle Aufgabe zu, die einleitende Ansprache zu halten, die in den logischen Appell mündete: „Wählt's keine Ochsen, wählt's den Kalb!"

Leider war unser Kandidat an diesem Abend ausnahmsweise etwas betrunken und nur noch in der Lage, zu demonstrieren, daß er nichts zu verbergen habe. So brach diese Volksbewegung schon in den Ansätzen zusammen.

Ein andermal wiederum endete eine am Haustisch geborene Initiative mit zweifelhaftem Erfolg. Ein Besuch des Papstes in Wien war angekündigt — des Polen und bekannten Flughafenküssers: sicher haben Sie schon von ihm gehört. Ein nicht unbeträchtlicher Teil der Bevölkerung schien auf diese Nachricht mit geistiger Umnachtung zu reagieren. Die *Kronenzeitung,* bei jedem irrwitzigen Volksauflauf in der Spitzengruppe zu finden, verbannte das seit Jahrzehnten täglich auf Seite 5 zu findende Foto einer barbusigen jungen Frau vorübergehend aus dem Blatt.

Kurzum, die Zeit verlangte danach, daß ein Zeichen der Vernunft gesetzt werde und Kurti Kalb beschloß — beraten von den politisch hellsichtigsten Köpfen aus den Reihen der Stammgäste — gegen den Papst ein Lokalverbot für *Oswald & Kalb* auszusprechen. Im ersten Eifer wurde erwogen, diese

Maßnahme auf die benachbarten Lokalitäten *Die Bar* und *Enrico Panigl's Nachf.* auszudehnen, was aber nach einer Begehung der fraglichen Örtlichkeiten als Zeichen guten Willens verworfen wurde.

Da in Wiener Presseerzeugnissen stets alles Berichtenswert berichtet wird *(All the News That's Fit to Print!),* meldete ein Wochenblatt das gegen den Papst bei *Oswald & Kalb* in Wirkung getretene Lokalverbot, was wiederum ein anderes — besonders katholisches — Wochenblatt zu einem empörten Aufschrei und der Behauptung veranlaßte, ehrsame Wiener Bürger mieden dieses Lokal nunmehr, was dramatische Geschäftseinbußen zur Folge habe.

Wenn in Wien angeblich irgendwo etwas los ist, pflegen die Wiener in Scharen hinauszuströmen, um sich das anzusehen. Also zogen sie nun in dichten Pulks zu *Oswald & Kalb,* um zu sehen, ob tatsächlich keiner mehr hingeht. Das Gedränge begann dort bedrohlich zu werden und selbst als Stammgast der ersten Stunde mußte man an manchen Abenden um seinen Platz kämpfen. Das hat der Kurti Kalb so sicher nicht gewollt und es kam der Tag, an dem er beschloß, hinkünftig in diesem Wirtshaus nur noch Gast und allenfalls ideologischer Ratgeber aus dem Hintergrund sein zu wollen.

Wanja und Szabo kauften ihm den Laden zusammen mit einem anderen verdienten Mann des österreichischen Wirtshauswesens ab — Teddy Daimler, der leider nach einiger Zeit ausscheiden mußte, weil er in Udos Sache hineinverwurstelt wurde, also vernünftigerweise auch abreiste.

Dem Geschäftsgang bei *Oswald & Kalb* konnten solche Episoden keinen Abbruch tun. Das Wirtshaus ist voll wie eh und je. Nur — die Disziplin der inneren Choreographie ist nicht mehr wie früher. Irgendwie haben es dort in den Anfangsjahren allenfalls mit Spott und Hohn bedachte Lemuren geschafft, sich sogar am Haustisch zeitweilig breitzumachen und das große Wort zu führen.

Doch es lohnt nicht, in larmoyante Klage zu verfallen — es muß ja noch die Geschichte betreffend B. B. zu Ende erzählt werden, der uns schon im *Gutruf* begegnet ist. Wie gesagt, nach seinen ersten Aufenthalten *Am Steinhof* war er zu einem allseits gefürchteten Schnorrer geworden, der nachts durch die Wirtshäuser des 1. Bezirks streifte und keinen ihm bekannten Tresensteher ungeschoren ließ: „Geh', kannst mir an Kilo borgen?" — einen Hunderter, das war die übliche Maut. Der Mann muß einen enormen Umsatz gemacht haben. Dazu räumte er behende unachtsam abgelegte Damenhandtaschen und Börsen aus. Trotzdem duldete man seine Auftritte in den meisten Lokalen. B. B. genoß nahezu unbegrenzte Narrenfreiheit.

Eines Abends, ich tauschte mich an der Theke von *Oswald & Kalb* gerade mit einer begabten Schauspielerin und einem allseits beliebten Bühnenautor über den jüngsten Stand der Intrigen in Wiens Theaterszene aus, trat B. B. ein, und geradewegs auf uns zu. Ich war überzeugt, in diesem Monat bereits oft genug Opfer seiner Taschenpfändungen geworden zu sein und versuchte es mit einer List. Bevor B. B. etwas sagen konnte, sprach ich ihn an: „Geh', kannst mir gach an Kilo borgen?"

Überrascht hielt er in seinem Sturmlauf inne: „Seid's flach?"

„Total!", erklärten wir übereinstimmend.

„Dann wartet's einen Moment", trug B. B. uns auf, und verschwand. Wir dachten, damit sei das Problem für heute erledigt. Doch keine zehn Minuten später stand B. B. wieder da und drückte jedem von uns einen Hunderter in die Hand.

Er war sicher kein schlechter Mensch. Umso niederschmetternder schlug etliche Monate später die Nachricht in der Szene ein, B. B. habe in Klagenfurt — was er ausgerechnet dort gesucht haben mag? — den Nachtportier eines Hotels erstochen. Das hätte in den Wiener Innenstadtwirtshäusern, wo man ihn zu kennen glaubte, niemand für möglich gehalten. Ja, wenn berichtet worden wäre, B. B. habe Selbstmord verübt — das hätten alle als logisch empfunden und gesagt: „Wenn er sich's verbessern kann . . . "

Wie gesagt: *A tragische G'schicht* — auch solche gedeihen im Umfeld von Wiens Trinkerkultstätten.

Wir lernen daraus: das Leben hat viele Wechselfälle parat für Leute, denen es allemal lieber ist, als stadtbekannter Trinker denn als anonymer Alkoholiker zu gelten. Zu den freudigsten Ereignissen zählt in solchen Kreisen die Geburt einer neuen Edeltrinkerheimstätte. Ich durfte am Rande an der Entstehung einer solchen teilhaben. Vertraute Zechkumpanen — allesamt neu in der Wirtszunft — hatten beschlossen, in der Schönlaterngasse ein Lokal in der Art einer italienischen Bodega zu eröffnen und dieses — es sollte den Gästen ein persönlicher Bezug geboten werden — *Enrico Panigl* zu nennen.

Nun war nur noch die Frage zu klären, warum ausgerechnet *Enrico Panigl.* Dazu eigneten sich vorzüglich einige laue Frühlingsnächte in den Wochen vor der Eröffnung des Lokals, das bereits weitgehend gediehen, aber eben noch nicht eröffnet war. Die Betreiber lasen bei ihren Rundgängen durch andere Wirtshäuser geeignete Probegäste auf und nahmen sie mit an die Stätte ihres künftigen Wirkens, um dort ein improvisiertes Eintrinken abzuhalten.

In diesen Nächten wurde die Biographie des Enrico Panigl erarbeitet — eines typischen Altösterreichers, der ursprünglich Heinrich Panigl hieß und aus Brünn stammte. Sein Namenswechsel vollzog sich in Triest, wohin er zur k. k. Kriegsmarine einberufen wurde und wo er nach der Ableistung seines Militärdienstes verblieb, um in eine örtliche Weinhändlerfamilie einzuheiraten, deren Unternehmen als Folge seiner böhmischen Tatkraft bald derart gedieh, daß Filialen in der Reichshaupt- und Residenzstadt Wien, sowie im mondänen Karlsbad errichtet werden konnten.

Naturgemäß ergaben sich auch in der Geschichte Enrico Panigls tragische Facetten. Im unseligen großen Krieg eilte er nach 1914 abermals unter die Fahnen und geriet knapp vor Kriegsende in die Wirrnisse des Matrosenaufstandes von Cataro, wurde unglückseligerweise für einen der Rädelsführer gehalten und nach der Niederschlagung der Revolte standrechtlich erschossen, worauf der ehemals prosperierende Familienbetrieb ein Opfer der folgenden Weltwirtschaftskrise wurde.

Da man bei den Behörden auch im neuen Österreich ebenso wie in den ehemaligen Kronländern gemächlich zu arbeiten pflegt, dauerte es mehr als ein halbes Jahrhundert, bis ein von den Nachkommen dieses bedeutenden Mannes eingebrachter Antrag auf Reparation positiv beschieden wurde und die aus diesem Anlaß erstatteten Vermögenswerte in die Reaktivierung des Geschäftsbetriebes investiert werden konnten.

Zum Glück waren, als sich endlich alle Beteiligten definitiv auf diese Biographie geeinigt hatten, die Milchglasscheiben für die Eingangstüren noch nicht geliefert, in die mithin eilig der Schriftzug eingefügt werden konnte: *Enrico Panigl's Nachf. TRIEST·WIEN·KARLSBAD.*

Bei neuen Wirtshäusern ist es wie bei einer neuen Liebe: der erste Sommer ist der schönste. Wir saßen manche Nacht — das Glas in der Hand — vor den geöffneten Türen auf der Bordsteinkante, blickten auf die gegenüberliegende Hauswand und erwogen, da alles abreißen, einebnen und aufschütten zu lassen, damit vor der Tür von *Enrico Panigl's Nachf.* ein Sandstrand enstehe bis hinunter an das Ufer des Wörthersees. Dort, wo dann einmal der Semmering gewesen sein würde, wollten wir ein Opernhaus errichten und freuten uns diebisch auf die Intrigen, die mit der Bestellung des Operndirektors einher gehen würden.

Es kam anders und bei *Enrico Panigl* begannen sich nach und nach nasalierende Lodenmäntler aus Hietzing, Döbling und anderen westlichen Stadtbezirken breit zu machen. Später erfuhr ich, daß in der Bodega trotzdem weiterhin gute Arbeit geleistet wurde. Das war gelegentlich einer Verhandlung im Landesgericht für Strafsachen, zu der ich als Zeuge geladen war.

Die Richterin, eine mieselsüchtige Person und stadtbekannt für ihre Neigung, tief in den Schmalztopf zu greifen (wie eine exzessive Strafzumessungspraxis in Wien genannt wird), befragte mich nach dem Ursprung meiner Bekanntschaft mit einem gleichfalls geladenen, indes nicht erschienenen Zeugen. Die Angelegenheit ist zu kompliziert, um hier in allen Details erklärt zu werden. Ich jedenfalls antwortete wahrheitsgemäß, den Herrn vor geraumer Zeit im Zuge eines routinemäßigen Umtrunks bei *Enrico Panigl* kennengelernt zu haben.

Diese Aussage provozierte die Frau zu einem Zornesausbruch. Sie wohne direkt oberhalb dieses Lokals, tat sie kund, und finde des Lärms wegen keinen Schlaf mehr, seit der Laden bestehe.

Abgesehen von diesem schlagenden Beweis der sozialen Bedeutung von Innenstadtwirtshäusern: Wen der Anblick massenhaft nachdrängender Schickis und Mickis einen angestammten Platz am Tresen aufgeben läßt, der findet in Wien rasch eine andere Trinkerheimstätte, in der ihm solches noch nicht zugemutet wird. Nötigenfalls tun sich geeignete Persönlichkeiten zusammen, um eine solche zu schaffen. Wie Rudi Oswald, Sohn des berühmten Emmi Oswald von *Oswald & Kalb,* der zusammen mit Pierro, einem Jugo aus der Gegend von Dubrovnik, der sich gleichfalls hinter dem Tresen von *Oswald & Kalb* als Mann von Distinktion in Wien einführte, in der Bäckerstraße das legendäre *Cafe Alt Wien* aus jahrelangem Dornröschenschlaf weckte. Mit ihnen übersiedelte eine der Tanten von *Oswald & Kalb* quer über die Straße, um dafür zu sorgen, daß es im *Alt Wien* die besten Krainerwürste nordwestlich der jugoslawischen Staatsgrenze gibt.

Am wohlsten habe ich mich in diesem Lokal allerdings am Nachmittag gefühlt, wenn erst wenige Leute da waren und der Qualtinger mit unbewegter Miene aus den heimischen Tages- und Wochenblättern vorlas — jede Zeile ein Beweis, daß es in Wien noch umwerfend komische Kabarett-Autoren gibt. Sie wissen es nur nicht und treten als staatstragende Publizisten auf.

In dieser Ecke von Wien — *Ho Chi Minh-Pfad* ebenso wie *Bermuda-Dreieck* genannt — gibt es noch mehr Ausweichquartiere. *Lukas* etwa, oder *Rita.* An beiden dieser Beisl ist je ein Ensemblemitglied des *Volkstheaters* namhaft beteiligt. Den Namen des einen — ein netter Mensch — habe ich leider vergessen, der andere ist der nur unzureichend erkannte Charakterdarsteller Roger Murbach. Von Geburt zwar Schweizer, doch sieht man ihm das nicht an.

Auch die *Wunderbar* und das *Klein Cafe* dürfen nicht übergangen werden, wo Hanno Pöschl nötigenfalls den strengen Wirt gibt. Zeitweilig ist er ein gefragter Filmschauspieler.

Vielleicht wäre das überhaupt eine praktische Lösung, wenn — angesichts des weltweiten Überangebotes — mehr Schauspieler in den Wirtsberuf abwanderten. Man muß die Probleme ja nicht gleich so radikal lösen wollen wie Thomas Bernhard, der in „Holzfällen" die Frage aufwarf, warum sich nicht mehr Burgschauspieler umbrächten — wo die doch allen Anlaß dazu hätten.

Solche Überlegungen führen uns zwangsläufig ins *Santo Spirito* in der Kumpfgasse, wo der Namenspatron in Form einer ausgestopften Taube über der Theke hängt und Pfingsten alljährlich würdig begangen wird. Dies alles ist dem Spiritus rector dieser Institution zu danken, Günther Rupp, einem in einer klösterlichen Bildungsanstalt erzogenen Philosophen. Laut von ihm eigenmündig verbreiteten Gerüchten ist er Adorno-Schüler und mit Gewißheit wie dieser der klassischen Musik zugetan, welche zur Beschallung dieses Wirtshauses einzig zugelassen ist.

Wir trafen uns auf dem Weg von Mozart über Bruckner zu Mahler und kamen einander am vorderen Ende des Tresens — dort, wo der Eingang zur Küche ist — bei tiefschürfenden Gesprächen näher, denen zu folgen einem Ausländer keineswegs nur der Sprachbarrieren wegen kaum möglich gewesen sein dürfte. Zu Weihnachten hat mir Günther Rupp einmal einen Dirigentenstab geschenkt — er selbst besaß schon einen —, woraufhin es sich begab, daß wir insbesondere Stücke, die nach einer akkuraten Stabführung verlangen — Gounods *Margarethenwalzer* mag als Beispiel gelten —, vierhändig dirigierten. Es soll Gäste gegeben haben — mutmaßlich aus den Kreisen der Laufkundschaft —, die unser Tun in ungläubiges Staunen versetzte.

Allerdings gab es auch profane Momente. Etwa, wenn ein

Thekennachbar uns mit dem Ansinnen traktierte, vermittels abgebrochenen Streichhölzern zu knobeln. Aber das förderte den Absatz hochgeistiger Getränke und sicherte mithin die Arbeitsplätze des Personals, weil bei jeder Partie eine Runde auf dem Spiel stand. Eines nachts war mir ungewöhnliches Spielglück beschieden, dessen Grenzen Günther Rupp in einem direkten Duell auszuloten beschloß. Da sickerte bereits erstes Morgenlicht durch die Fenster und wir vereinbarten, jetzt gehe es um ALLES.

Ich war zu dieser Zeit ausreichend nicht bei Sinnen, um mich in Wien an der Herausgabe einer anspruchsvollen Zeitschrift zu versuchen und setzte diese ein. Günther Rupp konterte mit seinem Wirtshaus — und verlor.

Ich konnte ihm glaubhaft Trost zusprechen: wirklich ruinös wäre es für ihn erst geworden, wenn er mein Blatt gewonnen hätte. Meinen Gewinn habe ich übrigens nie angetreten und ging dann auch bald ins Exil. Von da aus höre ich, Wiens Wirtshäuser hätten diesen schweren Schlag bravourös weggesteckt.

September 1989

Nicaragua ist hier alles außer Managua

Ansichten einer unbeschreiblichen Hauptstadt

Vogelspinnen können schwimmen. Vielleicht nicht alle. Doch diese kann es — konnte es, um exakt zu sein.

Sie verdient an dieser Stelle vorgestellt zu werden, weil sie dem Berichterstatter die erste Begegnung scheinbar gefährlicher Art in der Hauptstadt des Landes Nicaragua bescherte, das mir häufig als gefährlich anempfohlen worden war.

Diese Hauptstadt heißt Managua und Spinnen benennt man hier mit dem wort *araña.*

Diese *araña* war wenige Minuten, nachdem ich mich in einem soeben angemieteten, rundum gemauerten und auch ansonsten sauber und ordentlich aussehenden Haus im *Barrio* Altagracia seßhaft zu machen begonnen hatte, an der Innenwand des Geschirrschranks in mein Leben getreten.

Dürre schwarze und häßlich behaarte Spinnenbeine tapsten in der Senkrechten von oben nach unten und waren hinter Tellern, Schalen und Gläsern — allesamt penibel in jenem Mietvertrag aufgelistet, der zuvor im bunt bemalten Holzverschlag eines Rechtsanwaltes und Notars abgeschlossen worden war — verschwunden, bevor der neue Hausherr, als der ich nun diesenorts gelten durfte, so richtig vom Schreck erfaßt wurde.

Also blieb mir nun noch, die Schranktür eilig und fest zu schließen — und zu hoffen, daß dieses Problem sich auf jene

Art löse, auf die man in dieser Stadt häufig Unbill beseitigt: indem man die anstehende Sache souverän ignoriert und auf die heilende Kraft der Zeit vertraut.

Angesichts der Wirrnisse, die der Einzug in ein neues Haus — zumal, wenn dieses in einer noch sehr fremden Stadt steht — mit sich bringt, gerät manches rasch in Vergessenheit. Auch Vogelspinnen — zu Unrecht.

Als ich etwas später — es mag keine volle Stunde seit dem oben geschilderten Vorkommnis vergangen sein — gerade dabei war, meinen neuen Arbeitsplatz auszugestalten, eilte ich wieder zum Geschirrschrank, um ein zur Aufbewahrung von Bleistiften, Füllfedern und Kugelschreibern geeignetes Behältnis zu suchen. Mein Blick fiel auf ein rot getöntes Trinkglas, das ich als passend für mein Vorhaben erkannte und an mich nahm — um im nächsten Moment im Inneren ds Glases ein zusammengekauertes schwarzes Etwas wahrzunehmen, das sich zu bewegen begann und dabei behaarte Beine von sich streckte.

Das Glas wurde ins Küchenspülbecken geschleudert (wobei es nicht zerbrach!) und über die hervorkriechende Vogelspinne ergoß sich der in voller Stärke aufgedrehte Wasserstrahl, bis das Becken nahezu randvoll gefüllt war.

Langsam sank die *araña* auf den Beckengrund, zog dabei ihre Beine ein und vermittelte solcherart einen beruhigend leblosen Eindruck.

Als Neuling in tropischen Angelegenheiten glaubte ich, einen raschen Sieg über die Unbilden der Natur errungen zu haben und wandte mich bereits der Überlegung zu, womit und wohin ich den Spinnenkadaver wegschaffen könne, als die *araña* ihre Beine abermals zappelnd von sich zu strecken begann und zur Wasseroberfläche hochtrieb.

Vermittels einer als Hiebwaffe eingesetzten Bratpfanne gelang es mir schließlich, das Vieh zu entleiben und mit diesem Instrument schaffte ich auch die Leiche vor das Haus an den Gehsteigrand, wo sich die Müllsäcke türmten, die von der Müllabfuhr schon vor Stunden abgeholt werden hätten sollen.

Die an jedem der Schritte des neuen Nachbarn ein ungeniertes Interesse zeigenden Anrainer — ein gemischtes Publikum, das vom kaum noch praktizierenden Arzt über den revolutionär gesinnten Kellner bis zur freischaffend tätigen *Tortilla*-Bäckerin samt zahlreichem Anhang reichte — nahm den Vorgang ohne erkennbare Reaktion zur Kenntnis und schickten alsbald ihre Nachkommenschaft aus, auf daß diese unter dem Vorwand des Sammelns leerer Zigarettenschachteln ein paar exotische *Gringo-cigarillos* erbeute.

Die Verhältnisse, lernte der Berichterstatter, sind hier tatsächlich so.

Als ich anderntags zur frühen Morgenstunde am stillsten Ort meines neuen Heimes verweilte und durch die offenstehende Tür die im *patio* tollenden Katzen beobachtete, dabei durch ein absonderliches Jucken an den Zehen des rechten Fußes abgelenkt wurde, diesen demzufolge aus dem Pantoffel zog und in diesem Moment eine fette *cucaracha* (eine lateinamerikanische Base der Küchenschabe) aus meinem Schuhwerk eilen sah, war mir dieser Zwischenfall schon keine Aufregung mehr wert.

Auch das nächtliche Trampeln und Poltern auf dem Dachboden über der dünnen Schlafzimmerdecke irritierte mich nur so lange, bis ich an einem der folgenden Tage einen — dabei scheinbar die Gesetze der Schwerkraft aufhebenden — quer über eine Außenmauer dem Dach zustrebenden Leguan sah und mir daraufhin erklären konnte, wer nächtens über meinem Haupt herumtobt.

Diesem Tier sollte ich wenige Tage später vermittels obstinater Untätigkeit das Leben retten, als der Leguan — aufgeschreckt von einem der plötzlich mit rasender Heftigkeit losbrechenden Regenschauer, die in diesem Land zwischen Mai und Dezember anzeigen, daß es nun hier gewissermaßen Winter ist — vom *patio* in die *sala* (eine reichlich emphatische Bezeichnung für die in Europa *Wohnzimmer* genannte Örtlichkeit) eilte, wo sich gerade die besuchshalber anwesende Hausvermieterin aufhielt. Diese Frau, eine kleingewachsene drahtige ehemalige nationale Basketballgröße von noch immer beachtlicher lokaler Popularität, verlangte angesichts des verwirrt unter dem Eßtisch verharrenden Leguans von ihrem Mieter, daß er auf der Stelle einen Nachweis seiner Männlichkeit ablege, indem er dieses Vieh, das sich zu einer köstlichen Suppe verarbeiten lasse, erschlage.

Als sie diese Aufforderung mit der Einladung zum Verzehr dessen verband, was an diesem Geschöpf sterblich ist, war das Schicksal der Hausechse endgültig zu deren Gunsten entschieden.

Allerdings war ich zu dem Zeitpunkt auch kein völliger Neuling mehr hinsichtlich des Umgangs mit der hauptstädtischen Tierwelt. So war ich einige Tage zuvor gelegentlich der Einholung meiner Rumration auf dem Gehsteig vor dem Laden des benachbarten Gemischtwarenhändlers eines schwarzen Dinges gewahr geworden. Eine *araña pica caballo* sei das, sagte man mir — eine Spinne, die sogar Pferde töte. Da galt meine Reaktion bereits in erster Linie der Vertiefung meiner Spanisch-Sprachkenntnisse. Hatte ich doch soeben erfahren, wie eine Vogelspinne in diesem Land genannt wird.

Auch im Hinblick auf die sozialen Gepflogenheiten in dieser Stadt lernte ich aus diesem Anlaß etwas: die Pferde tötende Spinne wurde von der Sippe des Handelsmannes unter dem Einsatz mehrerer Wassereimer in den Rinnstein gespült — und das aufgetretene Problem solcherart ein paar Häuser weiter in Richtung *Lago* befördert.

An jenem Sonntagmorgen dann, als ich meine Katzen im Wohnzimmer mit dem Kadaver eines Skorpions spielend vorfand, fiel meine Überlegung, derzufolge dieses Tier diesen Raum lebend betreten haben dürfte, bemerkenswert emotionslos aus.

Kurzum, ich fühlte mich da schon recht heimisch in Managua. Für die europäischen Besucher, die angesichts der auf den Märkten der Stadt und der Umgebung zum Verkauf ausliegenden Taschen aus Aligatorenleder, sowie Schuhe und Gürtel aus Schlangenhaut von der Abscheu engagierter Tier- und Naturschützer erfaßt werden, konnte ich allerdings kein Verständnis mehr aufbringen.

Jedenfalls war mir inzwischen klargeworden, daß meine

häufigen Zusammentreffen mit Viehzeug, dem ich keinerlei positiven Reize abgewinnen kann, keineswegs direkt gegen mich insbesondere oder Fremde im allgemeinen gerichteten Akte heimtückisch zum Ausdruck gebrachter Fremdenfeindlichkeit waren, sondern nur die logische Folge der Verhältnisse, die in dieser Stadt herrschen.

Von einer Stadt zu sprechen, ist im Fall von Managua ohnedies problematisch, was am Beispiel der ersten Eindrücke eines Besuchers beschrieben sein mag, der sich eines der nahe des Flughafens befindlichen Hotels als Unterkunft erwählt hat und der sich nun in die Betriebsamkeit dieser Capitale zu stürzen gedenkt.

Er wird sich ein Taxi kommen lassen und den Fahrer mit dem Auftrag versehen, ihn ins Zentrum zu fahren. Ungerührt wird der *taxista* sein — im Regelfall zerbeultes, mitunter nur noch mit einer Wagentür versehenes und von kunstvoll verfertigten Drahtgeflechten zusammengehaltenes — Gefährt auf die *Carretera norte* und in Richtung Managua-See steuern.

Links und rechts der Fahrbahn wird der Besucher gesichtslose Lagerhallen und Betriebsanlagen, dazwischen aus Holzbrettern zusammengefügte, ab und an bunt bemalte Unterkünfte, sowie die Holzverschläge wahrnehmen, die Getränkehändlern und Garköchinnen, Vulkaniseuren und Wasserleitungsinstallateuren — welche die Berufsbezeichnung *fontanero* führen —, Schuhmachern und Autoreparateuren als Betriebsstätten dienen. Den Wildwechsel der zuvorkommendsten Damen der Stadt über just diese und keine andere Straße zu beobachten, wird dem Passagier allerdings nur dann vergönnt sein, wenn er diesen Weg nach Einbruch der Dunkelheit zurücklegt.

Wenn er rechterhand die *Coca Cola*-Abfüllanlage, sowie etwas später linkerhand die Brauerei *Victoria* passiert, kann nur der entsprechend vorgebildete Besucher wissen, daß er soeben der beiden lukrativsten Unternehmen des gesamten Staates (in dessen Besitz sich nunmehr auch beide befinden) ansichtig wurde.

Gleich hinter der Brauerei wird er auf ein weithin freies

Gelände stoßen, aus dessen meterhohem Gras- und Unkrautbestand da und dort Gesteinsbrocken, Bauelemente aus Beton, sowie ganze Skelette von in Unordnung geratenen Betonbauten aufragen. Er wird meinen, von einer Art Vorstadt, wie er sie aus verschiedenen Zentren der Dritten Welt kennt, in eine noch weiter abseits gelegene Vorstadt ihm bis dato unbekannten Stils gelangt zu sein.

Sobald sich dann allerdings links ein Hochhausturm und rechts ein im Kolonialstil errichteter Gebäudekomplex auftun, der dank seiner Aufschrift als Nationalpalast identifiziert werden kann, und in dessen Weichbild das Gemäuer einer Kathedrale ohne Dach steht, hat der Besucher im Grund alles von Managua gesehen. Er weiß das nur noch nicht, während der Taxifahrer hinter der nächsten Kurve am *Parque central* mit der unglaubwürdig erscheinenden Versicherung hält, hier und nirgendwo anders sei das Zentrum der Stadt.

Wenn ihm die Inspiration gegeben ist, nun alle weiteren augenscheinlichen Erkundigungen im Sinn konventioneller Stadterforschung einzustellen und sich statt dessen in das Gemäuer der Kathedrale zu begeben, wo sich über der nichts mehr tragenden Dachkonstruktion ein makellos blauer Himmel wölbt, während zwischen den Steinquadern, die den Boden des Domes bedecken, sowie rund um die marmornen Altarblöcke sattgrüne Grasbüschel und andere Pflanzen wuchern, wird der Besucher berichten können, den spirituellsten Ort der Welt kennengelernt zu haben, der je mit dem Anspruch versehen wurde, ein Gotteshaus zu sein.

Dieses eigenwillige Stadtbild hat seine Ursache großteils in jenem furchtbaren Erdbeben, das in der Abenddämmerung des 23. Dezember 1972 Managua in Schutt und Trümmer legte. Im Zentrum, das es in einem herkömmlichen Sinn bis dahin durchaus gegeben hatte, wie alten Photographien zu entnehmen ist, überdauerten nur das Hochhaus der *Banco de America* und die pyramidenförmige Anlage des Hotels *Intercontinental*, sowie der Nationalpalast dieses Naturereignis — das an diesem Ort nicht das erste seiner Art und Intensität war — ohne schwere Schäden.

Dieser Zustand Managuas geht aber auch auf einen Diktator namens Anastasio Somoza zurück, der die nach dem Erdbeben aus aller Welt eingetroffenen Hilfsgelder einsackte und nicht einmal die Trümmer der Bebenruinen beseitigen ließ.

Er schlug damals vor, die Hauptstadt Nicaraguas — zu der Managua erst 1852 geworden war, weil sich die führenden Familien der beiden traditionellen Zentren Granada und Leon nach langem Tauziehen zu diesem Kompromiß gezwungen sahen — etwas westlich des bisherigen Standortes neu zu errichten. Wo alles Bauland Privateigentum der Familie Somoza war.

Der Diktator kam nicht mehr dazu, diesen Plan zu realisieren. Doch bevor er am 17. Juli 1979 samt Vasallen ins Tal der gestürzten Tyrannen, nach Miami also, flüchten mußte, weil die sandinistischen Revolutionäre unmittelbar vor ihrem Sieg standen, ließ Somoza seine Luftwaffe noch jene Wohnviertel bombardieren, in denen die Hungrigen und daher Aufbegehrenden zu Hause waren. Dort, im Osten und Norden Managuas, kann heute niemand mehr so genau sagen, welche Ruine im Erdbeben und welche im Herbst des Patriarchen ihren Urheber hat.

In Managua ereignete sich demnach viel, das für Nicaragua von Belang war — was zu keinen Mißverständnissen Anlaß geben sollte: „Nicaragua ist hier alles außer Managua", lautet die glaubwürdige Erkenntnis eines europäischen Weggefährten der Revolution, der sich dauerhaft in dieser Stadt niedergelassen hat, die großteils von Zuwanderern bewohnt wird.

Augusto Sandino, der in den späten Zwanzigerjahren an der Spitze eines Bauernheeres gegen die nordamerikanischen Besatzungstruppen kämpfte und zum Namenspatron der nicaraguanischen Revolution wurde, zitierte häufig die im Norden des Landes — den *Segovias* — beliebte Redensart, wonach „Gott durch die Segovianer sprechen wird".

Über Managua sagte Sandino nichts dergleichen — in Managua wurde er im Auftrag des Gründers der Diktatorendynastie Somoza ermordet, der sich zuvor beim örtlichen US-Botschafter rückversichert hatte.

Die Hauptstadt stand allezeit im Ruf, das Zentrum der Spekulanten und Opportunisten, der Parasiten und Tagediebe zu sein. Der Widerstand gegen Diktatur und Fremdherrschaft, schließlich die Revolution in Sandinos Namen, war in den entlegenen Regionen des Landes und in den Provinzstädten aufgekeimt — die Capitale erreichte sie erst durch junge Zuwanderer, vor allem die Schüler und Studenten unter ihnen.

Von den neun *Comandantes de la Revolucion,* die nun das Nationale Direktorium der *Frente Sandinista de liberacion nacional* — faktisch das bedeutendste Gremium des neuen Staates — bilden, gibt nicht einer Managua als seinen Geburtsort an. Doch hier ist jetzt der Sitz der Institutionen der revolutionären Regierung, der etliche Träger der Namen jener seit Generationen bedeutendsten Familien Nicaraguas (die Cardenals, die Chamorros . . .) angehören, die ursprünglich als Kolonialisatoren unter dem Schutz der Krone Spaniens eingewandert waren und sich in Granada niedergelassen hatten.

Als ich hierher zog, hieß der Bürgermeister Managuas Moises Hassan Morales. Seine familiären Wurzeln reichen gar nach Palästina. Ich lernte ihn als Mann von jener gönnerhaften Leutseligkeit kennen, die schon in jungen Jahren zur bedeutenden Persönlichkeit gereifte Menschen auszeichnet. Wir wurden einander auf einer privaten Fiesta vorgestellt und als der Bürgermeister meinen Herkunftsort erfuhr, offenbarte er umgehend eine zurückliegende Liaison mit einer an meinem alten wie an meinem neuen Wohnort durch angewandte Kontaktfreude hervorgetretenen Dame. Wir konnten uns also in gewissem Sinn als verschwägert betrachten und diese Wahlverwandtschaft sollte mir hinkünftig manches ein wenig erleichtern.

Als ich kurze Zeit nach der Begegnung mit dem ersten Bürger der Stadt bei der Beantragung einer längerfristigen Aufenthaltsgenehmigung drei Einheimische namhaft machen sollte, die für mich bürgen könnten, schrieb ich an erster Stelle den Namen des Bürgermeisters von Managua auf das Antragsformular. Der scheint sich zumindest nicht gegen den Antragsteller geäußert zu haben.

Was indes nur logisch ist in einem Land, in dem Familienbande traditionell eine bedeutende Rolle spielen — und in einer Stadt, in der großteils Zugewanderte leben, die mangels ortsansässiger Sippschaft auf Wahlverwandtschaften ausweichen müssen, wenn sie den Herausforderungen des Lebens im Schutz eines Clans begegnen wollen. Was am Beispiel der Existenz und des Wirkens von Anibal illustriert werden kann.

Anibal ist *taxista,* ein selbständiger Taxifahrer also, zugleich Gründungsmitglied der Taxifahrerkooperative Carlos Fonseca (der wiederum einer der Gründer der *Frente Sandinista* war) und mit dem Berichterstatter in gewisser Weise verwandt.

Wir hatten einander kennengelernt, als ich — gerade in der Stadt angekommen — einige der in den Annonceteilen der örtlichen Tageblätter zum Verkauf ausgelobten Autos besichtigen wollte, daher ein Taxi benötigte und der telefonisch von der Kooperative herbeigerufene Wagen von Anibal gelenkt wurde.

Naturgemäß holte ich gelegentlich dieser Besichtigungstour den fachmännischen Rat des Berufskraftfahrers ein, womit die Grundlage für ein Vertrauensverhältnis geschaffen war. Als schließlich meine Kaufentscheidung — auch Anibals Urteil folgend — zu Gunsten eines zerbeulten, aber offenkundig mit einem funktionstüchtigen Motor ausgestatteten Jeep des Baujahres 1970 gefallen war und der verlangte Kaufpreis von 1,8 Millionen Cordoba (was zu dem Zeitpunkt — je nach Wechselkurs — an die 1500, oder aber nur 800 Dollar sein konnten) zu möglichst günstigen Konditionen — mithin nicht unbedingt auf dem in den einschlägigen Vorschriften vorgesehenen Weg — in der Landeswährung beschafft werden mußten, traten erste Probleme auf. Zwar hatte ich über Vermittlung anderer einheimischer Bekannter, deren nicht allzu engherzige Auslegung der revolutionären Grundsätze — was geschäftliche Fragen angeht — inzwischen auch mir bekannt war, rasch jemanden gefunden, der eine entsprechend große Dollarsumme zu einem entsprechend höheren Wechselkurs ankaufen wollte. Doch dieser Geschäftspartner schien seine Liquidität oder Bonität überschätzt zu haben.

Kurzum: Der Autoverkäufer drängte und Anibal (bis dahin im Glauben gelassen, das Geld käme vom Wechselschalter der Bank) war durch kein Manöver davon abzubringen, in den schweren Stunden des Wartens auf die Geldanlieferung an meiner Seite auszuharren. Bald hatten wir mithin nur noch wenig voreinander zu verbergen.

Als der Autokauf endlich doch perfekt und nebstbei mit Anibal eine Generalvereinbarung über die weitere Pflege der durch die Gunst des Zufalls zustandegekommene Geschäftsverbindung abgeschlossen war, trat er mit einem Wunsch an mich heran: Seine 14 Monate alte Tochter (die Nummer 8 im Reigen der von ihm legitim gezeugten Kinder) solle in wenigen Wochen getauft werden, begann der *taxista* behutsam darzulegen — und ein europäischer Taufpate wäre hierorts eine beeindruckende Sache.

Ich überschulg kurz im Kopf, wieviel mich dieser Einfall meines neuen Bekannten kosten würde und veschwieg — meinem Schicksal längst ergeben — die Tatsache, daß ich in meiner europäischen Heimat vom Staat als Heide registriert bin.

Zwei Wochen später erinnerte sich Anibal des Umstandes, daß auch sein Kind Nummer 7 — ein männlicher Nachkomme im Alter von eineinhalb Jahren — noch nicht getauft sei ...

Beide Kinder wurden aus meinen Dollar-Reserven in der für Devisen besitzende In- und Ausländer eingerichteten *tienda diplomatica,* wohin Anibal samt Frau und Nachkommenschaft den designierten Paten gelockt hatte, mit herzerfrischend bunten Dingen eingekleidet und eines Sonntags (jenem Tag, der laut religiösen Geboten — hatte ich bis dahin geglaubt — dafür vorgesehen ist, daß sich der Christenmensch einmal ordentlich ausschlafen kann) fand ich mich um zehn Uhr morgens in der ernüchternden Betonhalle einer neuerbauten Kirche wieder.

An die drei Dutzend aus Kindseltern und Paten bestehende Personengruppen waren dort jede für sich damit beschäftigt, an die drei Dutzend dem Säuglingsalter längst entwachsene Täuflinge zu einer der Würde des Anlasses gemäßen Räson zu bringen.

Zwischen den Bankreihen eilten auf Zehenspitzen einheimische Lichtbildner herum und priesen im Flüsterton — vorne am Altar hatte der Priester seine Tätigkeit bereits aufgenommen — ihre Dienste im entscheidenden Augenblick an, welche Angebote durch die Vorlage von Musterexemplaren farbiger Fotos bekräftigt wurden, auf denen Taufgemeinschaften abgebildet waren.

Da ein Entrinnen offenkundig unmöglich war, engagierte ich für 14.000 Cordoba den Fotografen, der mir unter allen anwesenden am ungeschicktesten mit seinem Handwerkszeug umzugehen schien. Ich tat dies in der klammheimlichen Hoffnung, durch diesen Schachzug bei meinem Ausflug ins kirchliche Leben keine als Beweismittel geeigneten Spuren zu hinterlassen.

Mit meinen Patenkindern hatte ich es gut getroffen. Sie verhielten sich eine ganze heilige Messe lang vergleichsweise ruhig und starrten mich zumeist aus großen dunklen Augen an — um sich sofort hinter ihrem Vater zu verbergen, sobald ich den Blick erwiderte. Ihr Pate — groß, hellhäutig, blondhaarig und bärtig, was gewöhnlich kein Einheimischer ist — war ihnen offenkundig nicht geheuer.

Zum Zeitvertreib versuchte ich mir ein durchschnittliches mitteleuropäisches Taxifahrerkind vorzustellen, das erstmals im Leben aus nächster Nähe mit einem leibhaftigen Neger konfrontiert wird und das dazu von seinen Eltern die Handlungsanleitung erhält, zu diesen ungewohnt aussehenden Wesen — dessen beeindruckende Finanzkraft nebstbei gewürdigt wird — lieb und nett zu sein . . .

Die Zeremonie verlief ohne Zwischenfälle. Es gelang mir ohne jeden Fehlgriff, die Kinder solcherart über das Weihwasserbehältnis zu halten, daß ihnen der Priester aus einer Muschelschale etwas Wasser aufs Haar schütten konnte — auch das ließen sie ohne Feindseligkeit über sich ergehen — und anschließend stieg im Hause der Kindseltern im Kreis von Verwandten, Nachbarn und Bekannten eine *Fiesta,* deren Kosten zu begleichen einer bewährten Tradition folgend zu den Obliegenheiten des Taufpaten gehört.

Wie sehr ich nun schon zur Familie gehörte, erkannte ich daran, daß meine Zigarette von Anibal mit ungekünstelter Gönnerhaftigkeit unter den Männern der Gesellschaft verteilt wurden.

Also beschloß ich, mich in diesem aus zwei Räumen bestehenden, auf einem Zementfundament ruhenden und mit einem Steinboden ausgestatteten Holzhaus am Friedhof *Monseñor Lescano* heimisch zu fühlen. Ich lehnte mich in jenem der vier Schaukelstühle zurück, der für mich reserviert worden war (der Großteil der Anwesenden mußte mit behelfsmäßigen Sitzgelegenheiten vorlieb nehmen), ließ meinen Blick über die mit Plastikblumen und Heiligenbildern geschmückten Innenwände schweifen und registrierte das restliche Inventar dieses Wohnzimmers: einen Fernsehapparat, einen nicht mehr ganz neuen, doch unüberhörbar leistungsfähigen Plattenspieler mit Kassettendeck, sowie eine Propangas-Kochplatte. Eben alles, was hierorts im Haushalt eines Angehörigen der unteren Mittelschicht zu finden ist.

Wenige Wochen zuvor hätte mich ein Blick in diesen Raum und hinter den Türvorhang in das von der gesamten Familie benütze Schlafzimmer, sowie in den Hinterhof mit Wasserleitung, Spülbecken und Plumpsklo aufgrund einer noch zu sehr europäisch geprägten Vergleichsperspektive wohl vermuten lassen, meine neue Verwandtschaft sei eher den Unterschichten zuzuordnen. Inzwischen hatte ich indes erfahren, daß in Managua nur bedingt von den Wohnverhältnissen auf die Finanzkraft eines Einheimischen geschlossen werden kann.

Bei der Besichtigung eines Krankenhauses war ich von einem Arzt dahingehend informiert worden, daß die vor diesem Spital ihren Standplatz habenden, durchaus ärmlich wirkenden Verkäufer von Erfrischungsgetränken zumeist ein höheres Einkommen erzielen, als die in diesem Gebäude praktizierenden *Doctores* der gesamten Heilkunst.

Doch während der Arzt, hatte ein solcher versichert, privat in einem der besseren *Barrios* in den höheren südlichen und westlichen Lagen der Stadt anzutreffen sein werde, investiere der Straßenverkäufer seinen Gewinn zuletzt in die Verbesserung seiner Wohnverhältnisse: der wisse gar nicht, was es da zu verbessern gäbe, solange der Fernsehappart funktioniere und die Musikerzeugungsmaschine eine angemessene Lautstärke schaffe.

Auch die Gäste bei dieser Tauf-Fete in Anibals Haus — Taxifahrer, Mechaniker, Lagerhalter — würdigten neben der Güte von Speis' und Quantität von Trank die Beschaffenheit des Hauses ihres Gastgebers, wenn sie nicht gerade über steigende Preise und mangelhaftes Warenangebot in ihrem Land klagten oder mich über jene Neuheiten auf dem Gebiet der Unterhaltungselektronik auszufragen versuchten, die Nicaragua mangels der Verfügbarkeit konvertierbarer Zahlungsmittel und als Folge des von den USA verhängten Wirtschaftsembargos seit Jahren nicht mehr erreichen.

Es stünde nicht gut um sie in ihr Land, lautete die mit zunehmendem Rum-Konsum bewegter werdende Klage, die langsam die Gespräche in dieser Runde dominierte. Auch Anibal wollte da mit der Nennung belegender Beispiele nicht zurückstehen.

Als dann wenige Wochen später seine zwölfjährige Tochter zur Erstkommunion geführt wurde, rückte die Anibal-Sippe an diesem Sonntag noch vor dem Kirchgang beim Berichterstatter an, um die *muchacha* in der aus dem genannten Anlaß angeschafften Garderobe zu präsentieren: im bodenlangen weißen Kleid mit Schleier stand sie da wie die Prinzessinnen-Darstellerin einer ländlichen Laientheatergruppe und Anibal nannte stolz die Summe, die dieses Kleid gekostet habe — etwa zwei Monatsgehälter eines Buschauffeuers. Die zählen zu den bestverdienenden unselbständig Erwerbstätigen in dieser Stadt.

So wie diese gab es manche Wahrnehmung, die mich bei der Beurteilung der in dieser Stadt vorherrschenden Gesinnungs- und Bewußtseinslage nicht gleich klarkommen ließ. Beim flüchtigen Blick hinter den Türvorhang in den Schlafraum von Anibals Haus hatte ich beispielsweise dort ein verblichenes Plakat an der Wand hängen sehen, mit dem sich Managuas Erzbischof Miguel Obando y Bravo huldigen läßt. Und über den hatte ich den *taxista* schon recht despektierlich reden gehört — was allerdings nicht ohne zuvor gelieferte Stichworte geschehen war.

Als wieder einmal der zu dieser Zeit noch bevorstehende Taufakt zur Debatte stand und Anibal nebenbei erwähnte, wann *Monseñor Miguel* seine nächsten Taufmessen lesen würde, hatte ich dem Kindsvater verwundert die Frage gestellt, ob er denn diesen *Yankee*-Knecht von einem Kardinal mit seinen Fettsackhänden an seine unschuldigen Kinder heranzulassen gedenke.

Nie im Leben, hatte Anibal eilig geantwortet. Diesen *Yanqui*-Knecht mit seinen Fettsackhänden würder er keinesfalls an seine Kinder heranlassen. Die dürften nur von einem nachweislich revolutionär gesinnten *Padre* getauft werden — ob das wohl im Sinn des *Padrino* sei?

Alles in allem war die geschilderte Taufe jedenfalls ein unbestreitbarer Erfolg, denn seither kann ich mit Anibal bedenkenlos Geschäfte aller Art tätigen. Wenn der mit einem Vorschlag auftaucht, der von einem kleingläubigen Gemüt als Versuch der Übervorteilung ausgelegt werden würde, so unterläuft Anibal solche Befürchtungen mit der Erklärung, daß er — beim Augenlicht seiner Kinder! — den *Padrino* seiner Jüngsten nie und nimmer betrügen könne.

Das ist wichtig für den über den verwandtschaftlichen Bereich hinausgehenden Teil unserer Beziehungen, die auf einer der drei Grundsäulen des Neuen Nicaragua ruht, zu denen das Nationale Direktorium der *Frente Sandinista* Blockfreiheit, Pluralismus und gemischte Wirtschaft deklariert hat.

Weil ausländische Nicaragua-Kritiker so gerne daran zweifeln, versichert jede Woche ein anderer der neun *Comandantes de la revolucion,* daß von diesen drei Grundprinzipien nicht abgewichen werde.

Die Sache mit der Blockfreiheit kann man ihnen getrost glauben und hinsichtlich des Pluralismus kann sich jeder Mensch von der lebendigen Existenz dieses Prinzips überzeugen, der in Managua eine Behörde aufsucht: er wird dort keine zwei Beamten finden, die ihm in derselben Angelegenheit dieselbe Auskunft erteilen.

Was schließlich den dritten Punkt anlangt, kann ich nunmehr aus eigener Erfahrung bestätigen, daß es sich diesbezüglich um angewandte Realität handelt. Abgesichert durch die verwandtschaftliche Bande bin ich mit Anibal in einen gemischten Wirtschaftspakt eingetreten: der *taxista* beliefert mich mit Benzin (das auf offiziellem Weg nur in geringen Mengen zu haben ist), Autoersatzteilen (die es häufig nicht oder nur auf dem Schwarzmarkt gibt, wo dem Ausländer im Fall seines persönlichen Auftretens zumindest das Dreifache des Betrages abgeknöpft wird, den man von einem Einheimischen verlangt), im Fall weiterreichender Versorgungsengpässe auch mit Brot, Eiern, Fleisch, Hühnern und Milch, wechselt Dollars zu einem günstigeren Kurs in *Cordoba* um, als ihn die *Banco nacional de desarollo* bietet und liefert Tips zur Lösung sonstiger versorgungstechnischer Probleme.

Anibal wiederum bezieht über mich ausländische Zigaretten (wovon er immer etwas mehr benötigt, als ein starker Raucher selbst vertilgen kann) und sonstige Güter, die in Managaua nur in den *Dollar Shops* der Ausländerhotels oder der *tienda diplomatica* gegen Devisen erhältlich sind. Auch von diesen Dingen will er immer etwas mehr, als für den Eigenverbrauch bestimmt sein kann.

Da Anibal daneben noch immer seiner Berufung als *taxista* folgt, läßt er sich desweiteren Ausländer aus dem Bekanntenkreis des *Padrino* seiner Jüngsten als Großkunden zuführen. Wenn diese Fahrgäste dann allerdings mit festen Preisvorstellungen angerückt kommen, die nicht allzusehr über den vom Transportministerium verfügten Preisen liegen, äußert Anibal mitunter vorsichtig seine Zweifel an der Kraft verwandtschaftlicher Bindungen bei Europäern.

Doch nicht nur hinsichtlich seines breiten Interessensspektrums in geschäftlichen Angelegenheiten und seiner Verankerung in dem nichts produzierenden Dienstleistungsgewerbe ist Anibal ein geradezu typischer Bürger Managuas: er ist dies auch insofern, als er nicht von hier, sondern aus Leon stammt.

Doch dort, berichtet er — eingebettet zwischen wahren Elogen auf Leon —, „gehen die Leute mit einer Zehn-Kilo-Last auf dem Kopf kilometerweit zu Fuß und wenn in Managua jemand nur bis zum übernächsten Häuserblock muß, ruft er schon ein Taxi."

Der Großteil der Managuense ist aus den ländlichen Gebieten Nicaraguas zugewandert — nicht um eine Arbeit, sondern eine günstige Verdienstmöglichkeit zu finden. Unlängst verlautbarte die städtische Müllabfuhr, daß sie zumindest 107 Leute benötige — aber nur 41 Mitarbeiter zur Verfügung habe.

Señor Eduardo Bernheim, Nachkomme deutscher Einwanderer und Beauftragter der Regierung zur Eindämmung des wilden Wachstums der Hauptstadt, hat erhoben, daß in Managua 65 Prozent aller Fixangestellten ihr Gehalt von Behörden und sonstigen öffentlichen Institutionen beziehen: „Das heißt, der Großteil von ihnen betätigt die Schalter von Kaffeemaschinen oder Ventilatoren."

30 Prozent der Lohnempfänger sind bei irgendwelchen Reparatur- oder sonstigen Dienstleistungsbetrieben beschäftigt — aber nur fünf Prozent in der Nahrungsmittelproduktion. Doch während 1950 noch zehn Prozent aller Bewohner Nicaraguas in Managua lebten, sind das heute über 30 Prozent — die an die 50 Prozent der Nahrungsmittelproduktion des Landes konsumieren.

Die Angestellten, von denen wir bisher gesprochen haben, machen nur 57 Prozent der arbeitsfähigen Bevölkerung der Hauptstadt aus. Die anderen 43 Prozent sind *Selbständige:* sie verkaufen von Plastiksäcken mit geeistem Wasser bis hin zu Gebrauchtwagen alles, was in einer städtischen Gesellschaft verkäuflich ist.

„Alles in allem ergibt das eine hohe Konzentration von Geld in Händen, die nichts produzieren", sorgt sich Señor Bernheim.

Diese Tatsache hat sich im ganzen Land herumgesprochen. Managua hatte 1970 etwa 400.00 Einwohner, im Revolutionsjahr 1979 bereits 600.000 und sieben Jahre später sind es schon um eine Million — pro Jahr kommen gegenwärtig etwa

50.000 hinzu. Unter den Neuzuwanderern sind solche *Campesinos* und Landarbeiter aus den Nordregionen, die durch den Krieg der Contra dort ihre Lebensgrundlage verloren haben, in der Minderheit. Die Mehrheit kommt zwar aus diesen umkämpften Gebieten — doch in erster Linie folgt sie dem Ruf des angeblich leicht zu verdienenden Geldes.

„Wir haben gehört, daß man da auf den Märkten gute Geschäfte machen kann und die Arbeit nicht so schwer ist, wie auf den Feldern", berichtet Maria Auxiliadora, eine beinahe so breite wie hohe Mittfünfzigerin, die samt ihrer — alles in allem — sechzehnköpfigen Familie seit zwei Jahren eine aus ungehobelten Holzbrettern errichtete Hütte im *Barrio Enrique Schmidt* zwischen der *Carretera sur* und dem *Reparto Belmonte* bewohnt.

Dort, gleich neben dem *Mercado Israel Lewittes,* stehen wenigstens drei Dutzend solcher Hütten — dort ist eine der vielen *Spontanen Siedlungen* entstanden, die inmitten und im Weichbild Managuas buchstäblich über Nacht aus dem Boden gestampft wurden.

Registriert leben 22.000 Familien in solchen *Spontanen Siedlungen.* Das sind wenigstens 135.000 Menschen oder 15 Prozent aller Einwohner der Hauptstadt.

Als diese Zuwandererwelle um 1984 in größerem Umfang einsetzte, wurde die Stadtverwaltung davon überrumpelt — und stellte von dem reichlich zur Verfügung stehenden Brachland zwischen den Erdbebenruinen großzügig Grundstücke zur Besiedlung bereit. Strom und Wasser wurden mit untypisch unbürokratischer Zügigkeit zu diesen Arealen geleitet. Das alles kostenlos.

Man habe diese Leute doch nicht einfach verkommen lassen können, rechtfertigt Moises Hassan, der Bürgermeister, diese Politik. Obwohl er betont, daß die explodierende und in Managua mündende Landflucht nicht den Intentionen der Regierung entspräche, die nun einen gegenläufigen Trend auszulösen versuche.

Die Abwasserkanäle, die Strom- und Wasserleitungen der Stadt sind der entstandenen Überforderung längst nicht mehr gewachsen. In jedem *Barrio* muß an zwei Tagen der Woche die Wasserzufuhr abgeschaltet werden. Ein dritter wasserloser Tag wurde bereits angedroht, nachdem alle Sparappelle nichts fruchteten. Das Stadtgebiet weitet sich auf einer immer größeren Fläche aus. Das öffentliche Transportwesen befindet sich ständig am Zusammenbruch.

Die mannigfachen Folgen dieser Zuwandererwelle konnte ich schon bald nach meiner Ankunft in Managua auf unmittelbare Weise kennenlernen, als mein Wagen gerade wieder einmal in einer Reparaturwerkstätte stand. Also begab ich mich zur nächsten Busstation, wo eine schon gut zwanzig Meter lange Schlange von Wartenden stand.

Zuerst einmal kam eine halbe Stunde lang überhaupt kein Bus. Dann kamen zwei, deren Lenker angesichts der auf Einlaß harrenden Menge vorbeipreschten. Schließlich blieb einer stehen und in diesem Augenblick war aus der diszipliniert ausgerichteten Schlange ein Menschenknäuel geworden, das in den Bus drängte. Mit List, Tücke und engagiertem Körpereinsatz war es auch mir gelungen, in das Innere des Fahrzeuges zu gelangen.

Da stand ich nun eingepfercht zwischen gut viermal so vielen Menschen, als Passagiere zugelassen wären, konnte erleben, wie eine dralle *muchacha* ihre Stoßdämpfer gegen mich preßte und zugleich den aromatischen Atem eines Fuselliebhabers inhalieren, während ich darauf achtete, eine Hand schützend an meiner Brieftasche zu haben und mich mit der anderen an einem Haltegriff festzuhalten versuchte, wenn der Buslenker sein Gefährt wieder einmal mit Vollgas in eine Kurve driften ließ.

In einer solchen Situation geschah es dann, daß sich zu den Tücken der Schwerkraft ein gezielter Stoß eines Mitfahrers gesellte, der mich für Augenblicke dazu zwang, auch mit der zweiten Hand sicheren Halt zu suchen.

Als ich nur Sekunden später wieder zur Brieftasche greifen wollte, war da nichts mehr — nur noch mehr Gedränge im Bus, weil zwei Männer sich zum hinteren Ausgang durchkämpften und auf ihr Poltern an der Falttüre hin vom Lenker prompt beim nächsten Stop an einer Ampel hinausgelassen wurden.

Man müsse leider einräumen, daß die Zahl der Eigentumsdelikte seit dem Entstehen der *Spontanen Siedlungen* in einem unaufklärbaren Ausmaß zugenommen habe, erfuhr ich anschließend bei der Polizei. Ein beim städtischen Transportunternehmen tätiger Entwicklungshelfer erzählte mir später, die meisten Busfahrer seien nicht in der sandinistischen, sondern in der chistlichsozialen Gewerkschaft organisiert, hätten massenhaft Fahrgeld unterschlagen, bis endlich ein Weg gefunden worden sei, ihnen das unmöglich zu machen, und müßten zu einem großen Teil als subversive Elemente betrachtet werden.

Die Revolution hat gesiegt — die Geburt des *Neuen Menschen* dauert etwas länger. „Ein paar Jahre sind gar nichts bei der Erziehung eines ganzen Volkes, das keineswegs in seiner Gesamtheit am Tag des Sieges der Revolution als moralisch gefestigte Revolutionäre aufgewacht ist", höre ich immer wieder von sandinistischen Kadern, denen ich von meinen Alltagserlebnissen in der Hauptstadt des sandinistischen Staates erzähle.

Das sind zumeist ernsthafte jüngere Leute, die sich kaum ein Privatleben gönnen, weil sie von früh bis spät unterwegs sind, um die allerorten klaffenden Lücken an fachkundigen und engagierten Kräften notdürftig zu füllen und dafür Minimalgehälter beziehen. Offenkundig leben sie nach dem Prinzip: Über Geld spricht man nicht — das hat man ganz einfach nicht.

Was freilich nicht heißt, die Managuense hätten in ihrer Mehrheit ihre Geschäftstüchtigkeit eingebüßt, die sie mitunter den Blick für die wahren Probleme des von ihnen ins Auge gefaßten Geschäftspartners verlieren läßt. Nicht erst einmal ist es mir passiert, daß mein Wagen ausgerechnet in den unwirtlichsten Gegenden dieser Stadt plötzlich nicht mehr weiter wollte. Während ich schwitzend und fluchend unter der geöffneten Kühlerhaube wühlte, um die Ursache des technischen Ausnahmezustandes zu ergründen, tauchte wie aus dem Nichts inmitten der Erdbebenruinen ein Einheimischer auf und eilte freudig erregten Blickes auf mich zu, um mir ein kleines Geldwechselgeschäft vorzuschlagen — womöglich zu einem Wechselkurs, den nicht einmal ein Drei-Tage-Tourist akzeptieren würde.

Hat man diesen windigen Gesellen endlich verscheucht, bricht aus den Ruinen garantiert eine muntere Kinderschar hervor, die scheinbar hilfsbereit Anstalten macht, das lahmende Gefährt anzuschieben — und dabei versucht, dem schwitzenden *Gringo* die Armbanduhr abzumontieren.

Ist auch dieser Spuk verjagt — der freilich hinter einem Gebüsch auf seine nächste Chance lauert —, taucht sicher irgendwann ein Mensch auf, der artig ein Dokument hervorzieht, das ihn als technische Fachkraft ausweist, und dann mit wenigen Handgriffen den Schaden behebt — worauf er nicht nur keine Bezahlung für seine Hilfeleistung annimmt, sondern auch freundlich aber bestimmt die angebotenen Zigaretten zurückweist.

Als Folge solcher Begegnungen erinnert sich der ansonsten häufig angesichts der in dieser Stadt herrschenden Zustände fassungslose Fremde daran, daß — im Gegensatz zu fast allen anderen Großstädten Lateinamerikas — in Managua die Gewaltkriminalität noch keine Selbstverständlichkeit ist, hier keine Kinder auf und von den Müllkippen leben oder im Bedarfsfall jeder auch dann ärztliche Behandlung findet, wenn er kein Geld vorweisen kann. Und daß hier die Korruption zwar noch nicht ausgerottet — aber nicht mehr ein Herrschaftsprinzip der Regierenden ist. Was angesichts der in den Nachbarländern vorherrschenden Lage nicht genug gewürdigt werden kann.

Etwas Geduld läßt sogar den Fremden eine Hausangestellte finden, die nicht nach und nach alles wegschleppt, das sich in dieser Stadt verkaufen läßt. Dieser Perle eilte freilich der Ruf voraus, daß sie nicht nur „sehr katholisch“ — so sehr, daß das sogar den kreuzkatholischen Durchschnittsnicas eine besondere Erwähnung wert war —, sondern auch nicht ganz richtig im Kopf sei, weil sie gelegentlich des Erdbebens längere Zeit verschüttet unter den Trümmern ihres Hauses zugebracht habe.

Tatsächlich verfolgt diese *empleyada* die Katzen des Hauses mit heimtückischem Haß, führt während der Arbeit von sonderbarem Gelächter unterbrochene Selbstgespräche und erscheint ausgerechnet dann nicht zum Dienst, wenn alle Hausbewohner mit einer fiebrigen Grippe im Bett liegen. Doch dafür taucht sie dann mit einer schriftlichen Bestätigung eines Pfarrers wieder auf, der bescheinigt, daß sie einige Rosenkränze für das Wohlergehen ihres Dienstgebers gebetet habe. Und sie stiehlt nicht. Was hier schlicht unbezahlbar ist.

Anibal, der uns verwandtschaftlich verbundene *taxista,* kann zwar zumeist nur noch die Augen zum Himmel drehen, wenn er gelegentlich eines Hausbesuches die Ansagen dieser *empleyada* hört — doch er ist eben nicht nur katholisch, sondern irgendwie auch ein Sandinist.

Als solcher gibt er sich zu erkennen, wenn er glaubt, das dafür geeignete Publikum vor sich zu haben. Dann erzählt er Geschichten von seinen ältesten Söhnen, die im Untergrund für die *Frente* tätig gewesen seien und ihn solcherart in verzwickte Situationen gebracht hätten. Woraus sich für ihn logisch ergab, daß diese Sandinisten keine schlechten Kerle sein können.

Zwar hat er vieles an deren nunmehrigen Regierungskünsten auszusetzen — doch in Augenblicken nationalen Überschwangs steht er fest an ihrer Seite. Wenn der Rundfunk meldet, daß die Armee in den Bergen ein Flugzeug mit *Yanqui*-Söldnern an Bord abgeschossen habe, findet sich Anibal umgehend beim Berichterstatter ein, um anzuregen, daß die Neuigkeit auch in Europa gebührend verbreitet werde.

Aus diesem Anlaß gibt sich Anibal als Vater von zwei gerade in den Bergen kämpfenden Soldaten der *Sandinistischen Volksarmee* zu erkennen und lenkt das Gespräch anschließend auf einen weiteren seiner Söhne, der gerade in Kuba studiere — und den er mitunter mit etwas Geld sponsern müsse, weil der dort drüben real existierende Sozialismus gewiß eine beeindruckende Angelegenheit, aber das Leben ohne *dolares* auch auf Kuba nicht ganz einfach sei.

Übrigens, der Kurs sei gerade sehr günstig, kommt er zuletzt zur Sache ...

Von dem soeben getätigten Geschäft beflügelt, setzt sich Anibal hernach wieder in seinen japanischen Kleinwagen und steuert souverän Adressen an, die in dieser Stadt erst einmal gefunden werden wollen, in der Hausnummern eine Seltenheit und die meisten Straßen und Wege aus verschiedenen Gründen, nur nicht als Folge von Planung entstanden sind. Somit sind sie zumeist auch mit keinem Namen versehen — und wenn, kennt den keiner.

Eine typische Adresse lautet in Managua — wie im nächstliegenden Fall — *seis y media cuadros al sur del restaurante Los Ranchos.* Sechseinhalb Blocks südlich des Restaurants *Los Ranchos.* Wobei als Block gilt, was sich so alles an Häusern und Hütten zwischen zwei Quergassen angesammelt hat.

Schon der erste Brief aus Europa, der so adressiert war, wurde tatsächlich von einem — von neugierigen Kindern und ratgebenden Erwachsenen umringten — Postboten nach heftigem Gerüttel am Gartentor um acht Uhr morgens zugestellt.

Nachdem er zuerst einmal dem Fremden das Luftpostkuvert mit fragendem Blick hingehalten und ich bestätigt hatte, daß der auf den Briefumschlag geschriebene Name der meine sei, atmete der Briefträger kräftig durch, blickte triumphierend in die am Gartentor versammelte Runde und deklamierte schließlich ein *correcto,* in dem der kollektive Stolz eines ganzen Berufsstandes mitschwang.

Seither will er jeden Luftpostbrief, der ihm in die Hände fällt, hier abliefern.

Die genannte Adresse ist aber auch vergleichsweise simpel. Das dürfte den Mann von der Fremdenpolizei, der eine Wohnsitzbestätigung ausstellte, dazu bewogen haben, die Sache von der anderen Seite her anzugehen. Er wählte als Ausgangspunkt der Ortsbestimmung ein übel beleumdetes Nachtlokal — eines der letzten seiner Art in Managua.

Worauf dem Berichterstatter amtlich bestätigt wurde, er

wohne *del Racachaca dos cuadros arriba y un abajo* — vom *Racachaca* zwei Blocks hinauf und einen hinunter. Wobei mit *hinauf* immer die Richtung gemeint ist, in der die Sonne aufgeht — und mit *hinunter* die, wo sie untergeht.

So gibt es für jede Adresse vielfältige Möglichkeiten, sie zu benennen. Sogar Ausländer können ihren Beitrag leisten. Nach der Darlegung der Auffindbarkeit meines Domizils hatte ich von anderen hier lebenden Europäern immer wieder gehört: „Ach, das muß direkt gegenüber von den Schweizerinnen sein."

Im Haus auf der anderen Straßenseite soll nämlich dem Vernehmen nach ein eidgenössisches feministisches Paar wohnen, das zu Angesicht zu bekommen mir bislang allerdings nicht vergönnt war. Gleichwohl ging ich dazu über, europäischen Interessenten zu erklären, ich wohne „in Altagracia direkt gegenüber von den Schweizerinnen".

Zur Ausfindigmachung mancher anderen Adresse bedarf es intimer lokalgeschichtlicher Kenntnisse. So hatte ich einmal jemanden aufzusuchen, der wie folgt zu finden war: „Von der *Plaza España* in Richtung See bis dorthin, wo früher die *Guardia*-Kaserne war, dann drei Blocks hinauf und von dort wieder in Richtung See bis zur Ecke, wo vorher die Fleischhauerei war und dann noch zwei hinunter."

Mit *früher* ist diesfalls alles gemeint, was vor der Revolution war und mit *vorher* alles, das mit dem Erdbeben zu bestehen aufgehört hat.

Es kommt aber auch vor, daß jemand sagt, Milch könne man heute in dem Geschäft kaufen, das zwei Blocks südlich von der Stelle liegt, wo die alte Frau umgebracht wurde.

Was schon deshalb schwer zu finden ist, weil in Managua noch immer relativ häufig gestorben wird — mitunter aus den freudigsten Anlässen wie *Purisima,* dem am 8. Dezember begangenen Fest der reinen und unbefleckten Empfängnis. Für diesen Tag stellen Betriebsbelegschaften — allen voran die der staatlichen Unternehmen — in freiwilligen Sonderschichten entlang der *Avenida Bolivar* mit verschwenderischem Materialaufwand Dutzende riesige Marienaltäre auf, an denen am

Abend die Bevölkerung vorbeizuziehen pflegt. Vorneweg der sandinistische Präsident und der Vizepräsident des Staates. Anschließend werden diese Altäre zu monumentalen Weihnachtskrippen umgestaltet, die gleichfalls bei jeder Kitsch-Weltmeisterschaft bestehen könnten.

Dazu ist es Tradition, seine Festtagsfreude durch das Abfeuern von Schnellfeuergewehren und Pistolen — die in diesem im Kriegszustand befindlichen Land reichlich vorhanden sind — gen Himmel auszudrücken.

Allerdings: irgendwann kehren diese Kugeln wieder um und fallen zu Boden — mit noch immer ausreichender Durchschlagskraft, um im Fall eines unbeabsichtigten Volltreffers inmitten der sich drängenden Menschenmassen tödlich zu wirken.

Nach einer überdurchschnittlich hohen Anzahl von *Purisima-* und Weihnachtstoten sah sich die Polizei vor dem jüngsten Jahreswechsel veranlaßt, rigoros durchzugreifen, um wenigstens die Zahl der Silvester-Opfer in erträglichen Grenzen zu halten.

Dann folgen indes wieder Monate der allenfalls durch sonntägliche Alkoholexzesse zusätzlich stimulierten Bevölkerungsvermehrung, bis im August gleich zwei volle Wochenenden lang die *Fiesta* der *Fiestas* von Managua gefeiert wird: *Santo Domingo,* das Fest des Schutzpatrons der Stadt.

Anibal hat alle Reserven mobilisiert, um einen größtmöglichen Zigaretten-Vorrat anzulegen. Er weiß: in diesen Tagen werden die Preise für derartige Waren hinaufschnellen und die Nachfrage wird trotzdem größer sein als das Angebot, wenn die Managuense rund um Kirchen, Rummelplätze und Stierkampfarenen zechen und sich allen anderen weltlichen Genüsse hingeben, als sei dies die letzte Gelegenheit dazu, bevor alles in Scherben fällt.

So halten es wenigstens die Männer. Den Frauen bleibt es vorbehalten, sich anderen Aspekten eines möglichen jüngsten Tages zu widmen. Draußen, nächst der Straße nach Masaya, wo in den Hügeln über der Stadt die schmucken Villen der Reichen stehen, für die Kardinal Miguel Obando y Bravo allsonntäglich die Messe in einem exklusiven Kreis liest, herrscht rund um die Kirche des Santo Domingo an diesen Augusttagen nicht nur lärmende Ausgelassenheit, sondern auch aufopfernde Bußfertigkeit. Dutzende Frauen rutschen auf den Knien die steilen Wege und Straßen hinauf zur Kirche — unterstützt von Helfern, die sie an den Armen halten und ihnen Jutesäcke vor die blutiggescheuerten Knie legen.

Die Sünderinnen, die solcherart ein Gelübde erfüllen, arbeiten sich wie in Trance voran und nicht einmal dem sandinistischen Polizisten, der ihnen den Weg frei macht, scheint das eine übertriebene Anstrengung zur Erlangung eines besseren Lebens zu sein.

Februar 1987

Das explosivste Land der Welt

Ein Streifzug durch die Geschichte Nicaraguas in vulkanischen Anekdoten

Der Arbeiter schien nicht von Zweifeln geplagt. Sicher sei das Skelett noch da, trat er den forschenden Fragen der Besucher gelassen entgegen — nur eben etwas tiefer unter der Erde. Skelette bräuchten das so.

Mario sagte nichts mehr, wirkte aber nicht so recht überzeugt von der Stichhaltigkeit der Angaben des alten Mannes, der mit einem Schubkarren des Weges gekommen war und das Gespräch mit den Fremden begonnen hatte, indem er mit ausholenden Gesten darlegte, was hier noch alles unter der Erde verborgen sei. In den nächsten Monaten, vielleicht könnten es auch Jahre sein, werde das nun ausgegraben. Nicht zuletzt von ihm selbst, fügte der Arbeiter hinzu, der er vom Beginn der Grabungstätigkeit an dabei sei.

Doch, man habe schon zur Zeit der Diktatur mit der Freilegung der Reste von *Leon viejo,* dem alten Leon, begonnen, hatte Mario zuvor berichtet. Allerdings gingen die Arbeiten erst seit 1979, dem *triunfo,* dem Sieg der Revolution also, planmäßig voran, als erstmals in der Geschichte Nicaraguas ein Kulturministerium ins Leben gerufen worden sei, das sich nun auch dieser Aufgabe annehme und ihn, einen der wenigen Archäologen, die es bislang in diesem Land gäbe, mit der Leitung dieses Projektes betraut habe.

Die bisher freigelegten Mauerreste des ehemaligen Stadtzentrums ließen erkennen, hatte Mario ausgeführt, daß es sich um eine stattliche Gebäudeansammlung gehandelt haben muß. Der Grundriß der 1524 vom *Conquistador* Francisco Hernandez de Cordoba als zweite Ansiedlung und Hauptstadt einer neuen Provinz auf dem Boden des heutigen Nicaragua gegründeten alten Leon gleiche exakt dem von Lima, der nachmaligen Stadt der Könige und Perle des Kolonialreiches seiner Allerkatholischsten Majestät auf dem amerikanischen Kontinent, zu der erst am 6. Januar 1535 durch Francisco Pizarro der Grundstein gelegt wurde.

Dann hatte unser Führer darauf hingewiesen, wo sich hier das Kloster mit angeschlossenem Hospital, der Palast des Gouverneurs, die Häuser anderer Würdenträger, eine Goldschmelze, schließlich eine Kathedrale und dann noch eine Klosterkirche befunden habe, in deren Reste man auf die Gebeine von Hernandez de Cordoba gestoßen sei, den sein selbsternannter Nachfolger Hernando de Contreras, ein skrupelloser Abenteurer, des Verrats an der Krone bezichtigen und anschließend enthaupten habe lassen.

Er wisse wohl, man solle die Dinge dort belassen, wo man sie gefunden habe, hatte Mario beteuert, doch nun sei es schon passiert: die Gebeine des Stadtgründers seien zur Kathedrale hin umgebettet worden. Der Archäologe hatte uns zu diesem Gemäuer geführt, an dessen Seite wir einen mit Maschendraht verschlossenen Verschlag sahen. Ein noch nicht in Betrieb genommener Verkaufsstand für Erfrischungsgetränke sei dies, hatten wir vermutet. Doch Mario hatte eines der den Boden bedeckenden Bretter entfernt, forschend in den darunterliegenden Hohlraum geblickt, verwundert den Kopf geschüttelt, ergebnislos weitergeforscht und dieses Unternehmen mit der mißtrauischen Musterung eines streunenden Köters beendet, der gesättigt wirkte.

Hier sollten die Gebeine des *Conquistadors* liegen, hatte Mario betont beiläufig unsere drängenden Fragen beantwortet — im Moment seien sie aber scheinbar nicht da.

Der Arbeiter, der kurz darauf des Weges gekommen war, hatte keinerlei Zweifel erkennen lassen. Etwas tiefer in der Erde läge das Skelett ganz bestimmt noch.

Der Momotombo hatte seine Spitze in einen Wolkenbausch gehüllt, als teilte er unsere Bedenken.

Nun mag, wer dieses Land Nicaragua, wer den lateinamerikanischen Subkontinent nicht kennt, daran zweifeln, daß Vulkane derart menschliche Reaktionen zeigten. Hat sich der Fremde allerdings lange genug auf den hispanischen Teil Amerikas eingelassen, wird ihm klargeworden sein, daß diesenorts besser von vulkanischen Reaktionen der Menschen zu sprechen ist: lange Zeit, mitunter über Generationen, stehen sie da in einem Zustand zwischen Agonie und Apathie, lassen bisweilen etwas Dampf ab, was eines exotischen Reizes nicht entbehrt, aber gleichwohl vermuten läßt, sie seien durch nichts mehr gründlich zu erschüttern — domestiziert mithin bis an das Ende der Tage.

Doch dann, nach nur geringen Warnsignalen, die zu erkennen es langjähriger Beobachtungen und geschulter Augen bedarf, entladen sie sich in hemmungslosen Eruptionen, brennen nieder und walzen platt, was sich ihrem Wüten in den Weg stellt. Das endet so plötzlich, wie es begann, worauf sie — äußerlich etwas verändert — zurücksinken in den Zustand eines unergründlichen Stoizismus, um den herum vieles besser gedeiht, als anderswo auf diesem Planeten.

Von Norden nach Süden zieht sich durch Nicaragua eine annähernd 300 Kilometer lange Kette von Vulkanen. Vom „explosivsten Land der Welt“ sprach der bedeutende Ravensburger Vulkanologe Karl Sapper. Allein die jüngere Geschichte dieses Staates, eine mehr als hundertjährige Abfolge von Bürgerkriegen und Invasionen, Revolutionen und Umsturzversuchen, Befreiungskriegen und Söldnergemetzel, bestätigt die Aussage des Gelehrten in mehr als nur jener naturkundlichen Hinsicht, in der sie getroffen wurde. Kein Land der Welt scheint geeigneter zu sein für Erkundigungen das Wesen und die Wirkungen von Vulkanen betreffend.

Der Momotombo ist eine der edelsten Erscheinungen eines Vulkans, die sich denken läßt, was zuerst einmal für sein äußeres Erscheinungsbild gilt: ein Kegel von nahezu perfekter Gleichförmigkeit, der am nordöstlichen Ufer des Managuasees

1.280 Meter hinaufreicht — flankiert von seinem wenige Kilometer entfernt als Insel aus dem See aufragenden kleinen Bruder, dem Momotombito.

Das Edle ist nicht nur eine Sache des Äußerlichen. Dieser Vulkan bewies Standhaftigkeit, als rund um ihn alles unterjocht und versklavt, zur Abkehr von den alten Göttern gezwungen wurde. Der Mönch Bartolome de las Casas hat in seinem *„Kurzgefaßten Bericht von der Verwüstung der Westindischen Länder"* das Bild eines fruchtbaren, von Indios dicht besiedelten Landstriches gezeichnet, in dem sich die einfallenden Spanier „solche Verheerungen, Mordtaten, Grausamkeiten, Plackereien und Ungerechtigkeiten" zuschulden kommen ließen, „daß keines Menschen Zunge sie zu erzählen vermag".

Die wenigen Indios, die Zwangsarbeit und Deportation überlebten, mußten sich im Angesicht der Scheiterhaufen, auf denen die Widerstrebenden bei lebendigem Leib zur Ehre des Allmächtigen verbrannt wurden, zu den Lehren der katholischen Kirche bekennen. Um ihnen die Gelegenheit zu nehmen, gleichwohl weiterhin ihre steinernen Götzen anzubeten, wurden diese aus vulkanischem Fels gehauenen Heiligtümer in gottgefälliger Schwerarbeit vernichtet.

Trotzdem waren sich die Eroberer des dauerhaften Erfolges ihrer Verbreitung der christlichen Botschaft nicht sicher. Ragten doch überall die Vulkane auf, in denen die Indios die Wohnstätten ihrer Götter sahen. Da aber gegen die riesigen Feuerberge die Macht des Schwertes nichts ausrichten konnte, mußte zu liturgischen Formen der Vergrößerung des Reiches Gottes geschritten werden. Überall im Land machten sich Priester mit Weihrauch und geweihtem Wasser, sowie gefolgt von Indios, die riesige Holzkreuze zu schleppen hatten, zu den Kraterrändern der Vulkane auf, wo das Zeichen des Christentums in den Boden gerammt wurde, worauf die Missionare nach allen Regeln der katholischen Riten dem Berg das Heilige Sakrament der Taufe verabreichten.

Es muß kurz nach der Gründung des alten Leon gewesen sein, als sich eine solche Prozession die steilen Abhänge des benachbarten Momotombo hinaufquälte — einen neuerlichen

Triumph über das Heidentum als lohnendes Ziel vor Augen. Nur noch eine kurze Wegstrecke trennte die frommen Männer vom Kraterrand, als mit einem Mal ein dumpfes Grollen anhob und gleich darauf unter explosionsartigen Donnerschlägen glühende Gesteinsbrocken begleitet von einem die Sonne verfinsternden Ascheregen auf die Gipfelstürmer herabfielen, die in derart wilder Panik den Rückzug antraten, daß sie sich nicht einmal um die Evakuierung ihrer mitgeführten Kultgerätschaften kümmerten.

Es wurde nie wieder ein Versuch unternommen, den Momotombo mit den Segnungen des wahren Glaubens zu beglücken, wodurch sich der Vulkan indes nicht milder stimmen ließ. Der Chronist Fernandez de Oviedo berichtet von einer Serie katastrophaler Erdbeben, die Leon am 10. und 11. Januar 1610 fast zur Gänze einstürzen ließen. Zugleich streute der Momotombo einen vielstündigen Ascheregen über die Stadt, der sich über die Trümmer der Prachtbauten legte und letztendlich die Reste der Stadt vollständig bedeckte, bis vor wenigen Jahren mit deren Ausgrabung begonnen wurde.

Der Vulkan hatte die Eroberer vertrieben. Am 16. Januar 1610 zogen sie hinter der Flagge Spaniens an die dreißig Kilometer nach Westen, um dort die Stadt Leon neuerlich zu gründen.

Die Nacht ist hereingebrochen, während wir unseren Aufstieg zum Krater des Momotombo beginnen — tagsüber läßt es die erbarmungslos auf die baumlosen Abhänge herabbrennende Sonne nicht geraten sein, diese Tour in Angriff zu nehmen. Zuerst stolpern wir noch im Schein unserer Taschenlampen durch dürres Dickicht bergan. Nach etwas mehr als der Hälfte der Strecke verliert sich der Pfad in Schlackehalden von der Steilheit eines olympischen Slalomhanges und ein eisiger Wind zerrt an unseren naßgeschwitzten Kleidern, sobald wir eine Rast einlegen. Die Füße finden keinen festen Halt mehr. Jeder Schritt ist ein qualvoller Balanceakt über dem Abgrund, den die losgetretenen Schlackelawinen hinunterstürzen.

Für die letzten 200 Meter des Aufstiegs benötigen wir über

eine Stunde, scheinen bei jedem Schritt mehr zurückzurutschen, als nach oben zu gelangen und stehen dann kurz vor der Morgendämmerung im Krater. Es ist, als würden entlang der Kraterwände in Tausenden kleinen Höhlen Feuer brennen. Dicht nebeneinander heben sich unzählige rotglühende Stellen von den nachtdunklen Felsen ab. Stinkende Dämpfe steigen auf, grün und gelblich glühen Schwefelablagerungen auf dem Kratergrund.

Alain Creusot, ein Bretone, der seit 1962 der vielen Vulkane dieses Landes wegen in Nicaragua lebt, absolviert diesen Aufstieg dreimal wöchentlich. Der Vulkanologe führt im Krater regelmäßige Temperaturmessungen durch und entnimmt Gasproben, die zur Analyse nach Frankreich geflogen werden, um die spezifischen Charakteristika dieses Vulkans herauszufinden.

In der Nacht unseres Besuchs mißt er 916 Grad — die höchste Temperatur, die seit dem Beginn der systematischen Erforschung des Momotombo dort oben gemessen wurde. Nur hundert Meter unter den Geröllmassen, die den Krater füllen, brodelt das Magma, hat der Vulkanologe herausgefunden. Er ist überzeugt, daß es innerhalb weniger Jahre zu einer neuen Eruption kommt — dann würde sich die Lava voraussichtlich genau dorthin ergießen, von wo wir die ganze Nacht hindurch ein Geräusch gehört hatten, als würde ein Jumbo-Jet zur Startbahn rollen: dort unten am Ufer des Managuasees steht der rechteckige Zweckbau, der Nicaraguas erstes geothermisches Kraftwerk beherbergt.

Auch der erste überlieferte Versuch, vulkanische Energie mittels moderner Technologie nutzbar zu machen, wurde in Nicaragua unternommen. Allerdings bei dem einzigen gegenwärtig aktiven — und von den Spaniern auf den Namen Santiago getauften — von insgesamt fünf Kratern des Vulkanmassivs von Masaya, etwa dreißig Kilometer südlich von Managua.

Im Jahr 1919 begannen die bis dahin geringen Gasabscheidungen dieses Vulkans ungeheure Ausmaße anzunehmen. Aus dem 350 Meter breiten Krater quollen ohne Unterbrechung säuregeschwängerte Dampfmassen, vermischten sich mit den

Wolken und lösten das inzwischen in den Industrieländern als *Saurer Regen* bekannte Phänomen aus.

Zunächst schien es, als habe man der Natur für diese Laune zu danken. Die Kaffeesträucher in der gesamten Umgebung des Masaya-Massivs trugen von Jahr zu Jahr mehr und 1923 wurde die größte Ernte seit dem Beginn der Kaffeeanpflanzung in diesem Teil Nicaraguas eingefahren.

Dann aber begannen sich die Sträucher braun zu verfärben und die Pflanzen starben ab. Eine gewaltige ökologische Katastrophe kündigte sich an und rief zwei deutsche Ingenieure auf den Plan, die sich zu der Zeit im Land aufhielten: die Herren Schönberg und Scharfenberg. Sie unterbreiteten der Regierung Nicaraguas das Vorhaben, die Gase mit einem riesigen Metalltrichter im Krater des Santiago aufzufangen, sowie über eine 400 Meter lange Rohrleitung der industriellen Verwertung zuzuführen.

Die deutsche Ingenieurskunst stand schon damals in gutem Ruf, also war den Herren die Verwirklichung des genial erscheinenden Planes zuzutrauen. Die starke Lobby der Kaffeepflanzer, denen alles recht war, was ihre Kulturen retten könnte, machte dazu ihren Einfluß geltend, um die Regierenden zur Finanzierung dieses Projektes zu bewegen.

Es schien sich vorderhand um eine lohnende Investition zu handeln: am 10. November 1926 gelang es den Ingenieuren bei einem Probebetrieb ihrer Anlage, für mehr als eine Stunde die Gasemissionen abzuleiten. Da das Werk aber aufgrund der nicht exakten Anpassung des Trichters an die Wirr zerklüfteten Emissionsspalten im Krater den Ansprüchen deutscher Gründlichkeit nicht genügte, wollten Schönberg und Scharfenberg vermittels Sprengungen für geordnete Verhältnisse im Schlund des Vulkans sorgen.

Dabei dürfte ihnen ein Kunstfehler unterlaufen sein. Die kühnen Techniker hatten gerade erst die Lunte in Brand gesetzt und waren dabei, über Strickleitern den Krater zu verlassen, als die erste Detonation erfolgte und eine Sprengung auslöste, die weit über das berechnete Maß hinausging.

Die beiden Deutschen konnten sich noch in Sicherheit bringen, doch dann beantwortete der Vulkan den Eingriff in sein Inneres mit einer Serie von Explosionen und der Emission ungeheurer Gasmassen, die weithin alles in dichten Nebel hüllten.

Erst 24 Stunden später beruhigte sich der Berg wieder so weit, daß die Ingenieure Nachschau halten konnten: der Krater hatte sich von 200 auf 320 Meter vertieft — das kunstvolle Bauwerk aus Röhren und Trichtern war spurlos in der Tiefe verschwunden.

Scharfenberg soll bei diesem Anblick den Verstand verloren haben. Die *Campesinos* der umliegenden Dörfer sahen ihn in der Folge immer wieder am Kraterrand herumlaufen, den ungläubigen Blick in die Tiefe gerichtet. Eines Tages fand man den Deutschen tot in einer Kraterspalte. Sein Leichnam war von den Säuredämpfen derart gezeichnet, daß er nur anhand des Revolvers und der Uhr Scharfenbergs identifiziert werden konnte.

„Er war verhext", raunten sich die Einheimischen zu: „Der Vulkan hat ihn besiegt."

Möglicherweise als Folge der gewaltigen Explosion stellte der Santiago kurz nach diesen Ereignissen die Dampfemissionen ein, die seither in einem Zyklus von etwa zwanzig Jahren wiederkehren. Wenn der Reisende auf der *Panamericana* über die Hochebene von El Crucero im Südwesten Managuas fährt, sieht er in dieser an das schottische Hochland erinnernden Landschaft über mehrere Kilometer zu beiden Seiten der *Traumstraße der Welt* verlassene und verfallende Gehöfte im dürren Schatten von zu Skeletten abgestorbenen Baumriesen, die vor wenigen Jahrzehnten ausgedehnte Kaffeeplantagen überragten. An klaren Tagen reicht der Blick von hier bis zum Pazifischen Ozean und auf der anderen Seite über die beiden großen Seen und die Hauptstadt des Landes. Etwas weiter im Süden erhebt sich aus der Ebene unscheinbar das Masaya-Massiv, dem nicht anzusehen ist, daß einer seiner Vulkane es war, der die Natur hier so nachhaltig verändert hat. Zumeist steigt nicht einmal eine Rauchfahne aus dem Krater des Santiago auf, seit dieser Anfang 1987 nach mehreren Jahren heftiger Emissionen die Ausscheidung von Gasen wieder einmal beendete, die oben auf der benachbarten Hochebene die Kaffeekulturen vernichteten und die Pflanzer zur Aufgabe ihrer *Fincas* bewogen.

Unten jedoch, am gegenüberliegenden westlichen Abhang des Vulkan-Massivs, haben sich im Umkreis des Dorfes San Juan de Concepcion tausende Kleinbauern niedergelassen und den vulkanischen Boden zu kultivieren begonnen. Als nach dem Sieg der Sandinisten 1979 erstmals Ärzte in dieses abgelegene Tal kamen, um den gesundheitlichen Zustand der Bevölkerung zu erheben, stellten sie eine alarmierend hohe Anzahl nachhaltiger Lungenschädigungen fest.

Die Mediziner benannten als Ursache die ständige Einatmung der Dämpfe aus dem Santiago und das schweizerische evangelische Hilfswerk stellte sich daraufhin mit dem Plan ein, die Bewohner der Gegend um San Juan de Concepcion in weniger gesundheitsschädliche Gegenden umzusiedeln. Nach mehreren Anläufen mußte dieses Projekt eingestellt werden: nicht eine Familie war bereit, ihre Felder und ihr Haus unter dem Vulkan zu verlassen. Die Argumente der Ärzte lösten nur ungläubiges Kopfschütteln aus.

Der nächtliche Himmel ist wolkenverhangen, als wir an den Fuß des Masaya-Massivs gelangen. Der Aufbruch war kurz vor Einbruch der Dunkelheit während eines jäh aufgekommenen Sandsturms in Managua erfolgt. Der Marsch hatte uns durch sich endlos erstreckende Vororte, über Ochsenpfade, Hohlwege und Sandpisten geführt — bald schon begleitet vom Glauben, das Ziel könne nicht mehr weit sein.

Der Santiago, den man in früheren Jahren weithin riechen konnte, ist nicht zu erkennen und nicht wahrzunehmen. Daß wir den Vulkan gegen Mitternacht erreicht haben, wird erst durch die dröhnende Musik und die Festbeleuchtung in den Straßen des Dorfes klar, von dem wir wissen, daß es direkt unter dem Masaya-Massiv liegt. Die Ortsbevölkerung empfängt uns, als wären wir allesamt Sieger eines Marathonlaufes — wir sind an die Zehntausend, vorneweg der Staatspräsident.

Am 27. Juni 1979 hatten die sandinistischen *Guerrilleros,*

die im Osten von Managua die Wohnviertel der Armen besetzt hielten, angesichts der zur Neige gehenden Munitionsvorräte und der für den nächsten Tag zu erwartenden Bombenangriffe der Luftwaffe des Diktators Somoza einen Rückzug ihrer Truppen in die Stadt Masaya beschlossen. Um die Zivilbevölkerung dieser Teile der Hauptstadt nicht schutzlos der Rache der Nationalgarde auszuliefern, wurden ganze Stadtteile von Managua evakuiert.

Im Schutz der Nacht marschierte eine gewaltige Menschenmenge auf Seitenwegen und Pfaden nach Süden. Bevor der Morgen graute, traf der Zug in Nindiri am Fuße des Masaya-Massivs ein. Von dort wurden die Flüchtenden in die nur wenige Kilometer entfernte Stadt Masaya gebracht, die bereits zu einem großen Teil von den Sandinisten erobert war. Von hier aus starteten die zurückgenommenen *Guerrilla*-Verbände in den folgenden Tagen ihre Endoffensive und zogen am 19. Juli 1979 siegreich wieder in Managua ein.

Der etwas mehr als dreißig Kilometer lange Fußmarsch von Managua nach Masaya — der *repliege tactico*, der taktische Rückzug — wird seither alljährlich am 27. Juni zelebriert wie eine ungestüme Prozession, die des Segens der Kirche nicht bedarf. Landschaften prägen Menschen — ihre Kulturen und Kulte. Das beschwörende Element religiöser Rituale gehört in Nicaragua, dem Land der Vulkane, zum äußeren Erscheinungsbild auch des dort nun dominierenden Sandinismus — nur, daß der an die Stelle von kirchlich verordneter Wundergläubigkeit die Tat gesetzt hat.

Am Masaya-Massiv sind schon verschiedenartigste Prozessionen vorbeigezogen. In den Chroniken von Nindiri finden wir eine Aufzeichnung aus dem Jahr 1772, laut der sich der Krater des Santiago — wie schon einhundert Jahre zuvor einmal — langsam mit Lava füllte, die sich über die Abhänge des Berges ergoß. Der Pfarrer des Dorfes glaubte zu wissen, was da nur getan werden könne: die Statue des Schutzheiligen von Nindiri müsse dem sich dampfend und zischend heranwälzenden Unheil an der Spitze einer Prozession aller Dorfbewohner entgegengetragen werden.

Wie schon der Momotombo angelegentlich seiner mißglückten Taufe zeigte sich nun auch der Santiago uneins mit den Lehren der Kirche. Während der Pfarrer wie mit Engelszungen predigte, um den von ihm angeregten heiligen Marsch auf die Beine zu bringen, warf ihn ein jäh einsetzendes Erdbeben von der Kanzel.

Die Götter des Masaya zeigten sich indes letztendlich gnädig: der Hirte des Herrn kam mit einer Knieverletzung davon und der Lavastrom floß knapp an Nindiri vorbei in die Lagune von Masaya, wo er ein alles Leben im See vernichtendes Fischsterben verursachte.

Diese relativ milde Reaktion überrascht. Hatte doch die Macht, die im Krater wohnt, noch 250 Jahre zuvor einem indianischen *Kaziken* versichert, daß die „Christen schlechte Menschen sind und daß sie sich nicht mehr mit den Indios treffen wolle wie gewohnt, bis die Spanier gingen oder aus dem Lande gejagt würden".

Im Krater nämlich, so berichtete der *Kazike* von Lendiri dem spanischen Chronisten Don Gonzalo Fernandez de Oviedo y Valdes, der diese Aussagen in seiner *Historia General y Natural de la Indias* festhielt, wohne eine alte Frau: sehr alt sei die, mit runzeligem Gesicht, langen spitzen Hundezähnen und tiefliegenden geröteten Augen. Mitunter steige die Alte nackt aus dem Vulkan und zeige dabei Brüste, die ihr bis zum Nabel hingen und eine fast schwarze Haut, die jedenfalls dünkler sei als jene der Indios.

Wann immer bedeutende Entscheidungen anstanden, hätten sich die *Kaziken* der rund um den Masaya gelegenen Dörfer aufgemacht und seien zu einem *monexico,* einem geheimen Rat, in den Krater hinabgestiegen, wo die Alte die Zukunft trefflich vorherzusagen gewußt habe, was man ihr danken mußte.

Tongeschirr mit Speis und Trank sei von den *Kaziken* am Kratergrund zurückgelassen worden und ein, zwei Tage nach dem *monexico* „warfen sie einen Mann oder zwei oder mehrere und einige Frauen und Jungen und Mädchen hinunter und jene, die sie opferten, gingen gerne in den Tod."

Mag sein, daß auch jene jungen Männer, zu deren Grab der Krater des Santiago in den Siebzigerjahren dieses Jahrhunderts wurde, den Tod als Erlösung empfanden — nach den Torturen, denen sie in den Kerkern der Somoza-Diktatur ausgesetzt waren. Der Tyrann war freilich — wie schon vor ihm sein Vater und sein Bruder — nach allen Regeln nordamerikanischer Demokratiekunst zum Präsidenten von Nicaragua gewählt worden. Das zu arrangieren schafften die aus Washington gereichten hilfreichen Hände allemal.

Zum Wesen dieser Demokratie gehörte es, daß sich die Zahl der politischen Gefangenen stets in Grenzen hielt — die meisten von ihnen überlebten ihre Inhaftierung nämlich nicht lange. Da aber allzuviele Leichen von zu Tode gekommenen Oppositionellen dem Bild schlecht angestanden wären, das Somozas Schirmherrn über Nicaragua verbreiteten, ersann der Herr Präsident eine geniale Endlösung der Gefangenenfrage: die glorreiche Luftwaffe Seiner Exzellenz erledigte die patriotische Aufgabe zielsicher, die Leichen der Regimegegner — und manche von ihnen lebendig — aus Helikoptern in den Lavasee im Krater des Santiago zu werfen.

Immer wieder füllt sich nämlich der breite Kratergrund dieses Vulkans für längere Zeit mit brodelnden Lavamassen — ein Phänomen, das ansonsten nur noch beim Nyiragongo in Zentralafrika und dem Kilauea auf Hawaii beobachtet wurde.

Bereits unser Chronist Don Gonzalo blickte in einen solchen Lavasee, als er 1529 erstmals das Masaya-Massiv bestieg: „Ich glaube nicht, daß es einen Christenmenschen gibt, der in der Gewißheit, daß es eine Hölle gibt, jenes sieht und dabei nicht seine Sünden bereut", notierte der spanische Edelmann in der Überzeugung, den Eingang zum Reich des Bösen gefunden zu haben.

Die Kirche reagierte rasch. Vertreten durch den Mönch Francisco de Bobadilla ließ sie den Vulkan auf den christlichen Namen Santiago taufen und ein Holzkreuz an den Rand des Kraters setzen, um dem Teufel in der Gestalt der Alten vom Masaya den Ausgang zu verlegen. Der *Kazike* von Lendiri berichtete, die Alte habe daraufhin tatsächlich angekündigt, den Kontakt zur Außenwelt abzubrechen und war seither nicht mehr gesehen.

Zwar waren die Spanier versehen mit dem päpstlichen Auftrag in die *Neue Welt* gekommen, den Heiligen Glauben zu verbreiten — dazu aber in der ihnen nicht minder wichtigen Absicht, *El Dorado* zu finden, das Reich des Goldes mit seinen unermeßlichen Schätzen. Der Anblick rotglühender Lava in einem der Krater des Masaya ließ sie vermuten, ihr Ziel erreicht zu haben.

Da Raffgier in Verbindung mit Gottesfurcht bestens gedeiht, was später die nordamerikanischen Erben der *Conquista* endgültig unter Beweis stellen sollten, war es logischerweise ein Mönch, der 1538 als erster das vermeintliche flüssige Gold in den Tiefen des Masaya näher in Augenschein nahm. Mit einem Helm auf dem Kopf, in der einen Hand eine Kalebasse mit Wein, in der anderen ein Kruzifix, ließ sich Blas de Castillo in den Krater abseilen, von wo er nach einem inbrünstigen Gebet und einem Erkundungsgang unversehrt wieder hochgehievt wurde.

Am folgenden Tag begleiteten ihn drei weitere Spanier, diesmal versehen mit allem Notwendigen zur Bergung des brodelnden Reichtums. Nach mehreren vergeblichen Versuchen gelang es ihnen, mit einem an einer Kette befestigten Eisenkessel eine Probe der glühenden Masse abzuschöpfen. Ungläubig starrten sie in einen Eimer voll Schlacke — erstarrte Lava.

Ihre Gefährten, die am Kraterrand gewartet hatten, werteten das nach oben gehievte Material als Zeugnis eines Betrugsmanövers der in die Tiefe Gekletterten und zeigten dem Gouverneur in Leon den dreisten Versuch der Hinterziehung von Bergwerksteuern an.

Nachdem die oberste Autorität der Provinz vom sicheren Kraterrand aus einem weiteren vergeblichen, zugleich höllische Gefahren vermutenlassenden Versuch beigewohnt hatte, das vermeintliche Gold aus dem Vulkan zu schöpfen, verbot der Vertreter der Krone alle weiteren Unternehmungen dieser Art.

Das Gerücht vom unermeßlichen Goldschatz im Krater des Masaya hielt sich freilich hartnäckig und 1551 erbat ein gewisser Juan Alvarez Clerigo von seiner Allerkatholischsten Majestät persönlich die Erlaubnis, einen Tunnel von der Außenseite des Vulkans bis an das flüssige Metall treiben zu dürfen, um es wie aus einem Hochofen abstechen zu können. Der König von Spanien ließ sich als erste Reaktion auf dieses Ansinnen einen Anteil von 50 Prozent des künftig zu fördernden Schatzes urkundlich zusichern.

Wer heute in die „Hölle des Masaya" blicken will, kann nach der Entrichtung einer symbolischen Gebühr mit dem Auto bis an den Kraterrand fahren. Er wird vorderhand jedoch nur Schwefeldämpfe zwischen Lavagestein aufsteigen sehen. Zugleich mit dem Abklingen der jüngsten Gasemissionen sank Anfang 1987 das Magma in uneinsehbare Tiefen. Ein Erdbeben hatte dazu einen Teil der Kraterwand hinabstürzen lassen.
Die daraufhin verfügte Schließung des Nationalparks, zu dem das Masaya-Massiv vor einigen Jahren erklärt wurde, konnte nach wenigen Monaten wieder aufgehoben werden. Seit kurzer Zeit findet der Besucher an der zum Krater führenden Straße ein mit viel Sorgfalt eingerichtetes Museum, in dem ihm alles Wissenswerte über Vulkane veranschaulicht wird. Wenn sich der Santiago an seinen bisherigen Zyklus hält, ist in den nächsten Jahren auch mit einem neuerlichen Auftreten des Lavasees zu rechnen.

Die Hütten an den Rändern der Baumwoll- und Zuckerrohrfelder, der Bananenpflanzungen und Rinderweiden bestehen fast zur Gänze aus einer steil aufragenden Dachkonstruktion aus Stämmen und getrockneten Palmwedel. Der Reisende kann die an den Dachbalken befestigten Hängematten sehen, in denen zur Mittagsstunde Männer dösen. Kinder kommen an den Straßenrand gelaufen — angelockt vom seltenen Schauspiel eines vorbeifahrenden Autos. Die Räder unseres Wagens wirbeln den dunkelgrauen, sandigen Straßenbelag zu einer undurchblickbaren Nebelwand auf, die hinter uns herzieht.

Die Fruchtbarkeit des Bodens rundum ist mit Händen zu

greifen: vulkanische Erde — die Hinterlassenschaft einer Eruption des Cosegüina im Januar 1835, bei der innerhalb weniger Stunden an die 50 Kubikkilometer Material in die Atmosphäre geschleudert wurden. Vermutlich handelte es sich dabei um das zweitgrößte derartige Naturereignis in der Geschichte der Menschheit — übertroffen nur von einem Ausbruch des Tambora in Indonesien, der 1816 an die 80 Kubikkilometer förderte.

Der Vulkan hat sich mit dieser Eruption nahezu bis zu Unkenntlichkeit verausgabt. Nachdem wir vorbei an Mangrovensümpfen entlang der nicaraguanischen Küste der Bucht von Fonseca auf die Landzunge hinausgefahren sind, deren Abschluß der laut den Eintragungen in der Landkarte 859 Meter hohe Cosegüina bildet, sehen wir den runden Rücken eines unscheinbaren Hügels.

Der Berg scheint eins geworden mit den Dörfern zu seinen Füßen — Ansammlungen grauer Holzhütten auf grauem Sandboden, die in der bleiernen Mittagshitze daliegen wie die Reste einer aufgegebenen Siedlung. Nur hie und da durchbricht ein Hahnenschrei die Stille, ist das Grunzen eines Schweines, das Bellen eines Hundes zu hören. Seltener noch trottet ein Mensch des Weges, ohne die Fremden eines Blickes zu würdigen.

Etwas hügelan tut sich vor unseren Augen ein Panorama auf, das von der jenseits eines schmalen Wasserarmes liegenden Küste von Honduras an klaren Tagen hinaufreicht bis zu dem 30 Meilen entfernten Hafen von La Union im südlichen El Salvador. Wie gesagt, das Wetter ist günstig — im Zentrum der Bucht können wir die Isla El Tigre erkennen, nominell zu Honduras gehörend, doch faktisch ein Außenposten der USA, deren Militärs und Geheimdienstler auf dieser Insel allerlei elektronische Horchstationen und dergleichen geheime Anlagen installiert haben.

An dieser Bucht sitzen die verschiedenen Kontrahenten der Krisenregion Zentralamerika dichter aneinander als sonstwo. Auch der Cosegüina, auf dessen Flanke wir stehen, wird in diesem Konflikt genützt. In den Resten seines Kraters befindet sich eine Sendeanlage von *Radio Venceremos,* der Rundfunkstation der Befreiungsbewegung El Salvadors.

Dieser Krater war der Ausgangspunkt einer Naturkatastrophe, die zuerst am 20. Januar 1835 in den frühen Morgenstunden von Don Vicente Romero, dem Kommandanten des Hafens von La Union am Fuß des Vulkans Conchagua wahrgenommen wurde: am nicaraguanischen Ufer der Bucht sah er über dem Cosegüina eine zunächst weiße Wolke aufsteigen, die ihre Farbe bald über grau nach gelb änderte und schließlich in tiefem Karmesinrot verharrte — ein untrügliches Zeichen dafür, daß der als erloschen gegoltene Vulkan zu neuem Leben erwacht war.

Während mehrere Orte in El Salvador von Erdstößen erschüttert wurden, beendete der Vulkan sein farbenprächtiges Schauspiel und begann ohne Unterlaß dunkelgraue Aschewolken in den blauen Himmel über Zentralamerika zu blasen.

Um elf Uhr sind die Bewohner von La Union gezwungen, Lampen anzustecken, da die mit dichtem Staub erfüllte Atmosphäre keinen Sonnenstrahl mehr zur Erde durchläßt. Als sich gegen 16 Uhr zur vollständigen Dunkelheit ein Bimssteinbombardement und gewaltige Erdbeben gesellen, bricht in der Hafenstadt Panik aus. Die feinkörnige Asche fällt immer dichter, dringt in Augen, Nasen, Ohren und weckt bei Mensch und Tier die Erwartung, gleich ersticken zu müssen. Die Dunkelheit wird nur aufgehellt, wenn Blitze nordlichtartig aufflackern. Tiere brüllen in Todesangst, wozu sich das Kreischen orientierungsloser Vögel gesellt, die unter den Dächern von La Union Schutz suchen. Unter den Menschen wächst die Gewißheit, daß der Tag des Weltuntergangs gekommen sei.

Der Ascheregen erreicht bald die beiden Hauptstädte Tegucigalpa und San Salvador, 130 und 180 Kilometer vom Eruptionszentrum entfernt. Selbst in der Hauptstadt Guatemalas verfinstert sich der Himmel und ein feiner Ascheregen setzt ein, während der Cosegüina am 21. Januar auf die Bewohner der Isla El Tigre Bimssteinbrocken in der Größe von *Garbanzos,* Kichererbsen also, niederprasseln läßt, die zuletzt so groß wie Hühnereier vom Himmel fallen.

Als am 22. Januar der Wind nach Süden dreht, geht dieses Bombardement auf die Städte Chinandega und Leon samt den umliegenden Regionen in Nicaragua nieder und verbreitet dort die Gewißheit vom Anbruch des Jüngsten Tages. In Olancho, einem Dorf im Nordwesten Nicaraguas, traut der Ortspfarrer unter dem vollständig verdunkelten Himmel in einer Nothochzeit an die 300 Paare, die bis dahin ohne dem Segen der Kirche zusammengelebt hatten, es angesichts der dramatischen Ereignisse aber vorzogen, gegebenenfalls versehen mit dem Heiligen Sakrament der Ehe vor ihren Richter treten zu können.

In Leon, der damaligen Hauptstadt Nicaraguas, rief die Obrigkeit die gebildetsten Köpfe der örtlichen Universität zu sich, deren Empfehlung lautete, sämtliche Kirchenglocken der Stadt läuten und zugleich Kanonen abfeuern zu lassen, damit die Luft gereinigt werde.

Eine Maßnahme, die ebenso ohne erkennbare Folgen blieb wie zahlreiche Bußprozessionen, an deren Spitze die aus den Kirchen geholten Heiligenfiguren herumgetragen wurden, auf daß sie sich mit eigenen Augen vom Ausmaß des Schreckens überzeugen und höheren Orts intervenieren könnten. Etliche Priester sprachen in diesen schweren Stunden eifrig dem Blut Christi zu, um den Mut zu finden, den sie ihren Gläubigen predigten.

Doch während wegen des ausgefallenen Tages die Nacht ohne erkennbare Zeichen über Leon hereinbrach, näherte sich die Eruption des Cosegüina erst ihrem Höhepunkt: später erstellten geologischen Befunden zufolge war es in der Nacht vom 22. zum 23. Januar 1835, als der größte Teil des Vulkans explosionsartig in die Luft flog.

Das Naturereignis wurde weithin wahrgenommen — wenngleich zumeist falsch gedeutet. So sind beispielsweise die Gedanken des Obersten Galindo überliefert, der in dieser Nacht sein Lager am Ufer des Rio Polochi im östlichen Guatemala aufgeschlagen hatte. Er hielt die Explosion für Kanonendonner, den sich der Oberst nur so erklären konnte, daß der Kommandant der Hafenstadt Izabal seinen Geburtstag feiere und in vollständiger Trunkenheit die Geschütze seiner Festung abfeuern habe lassen.

Oberst Galindo ist nicht der einzige, der in dieser Nacht meint, Kanonendonner zu hören: der Gouverneur der Hauptstadt Guatemals wähnt einen Feind im Anzug, läßt seine Soldaten zu den Waffen eilen und die Festungswälle besetzen. In Comitan de San Cristobal im mexikanischen Chiapas rufen Trompetensignale die Garnison auf Gefechtsstation, um den vermeintlich ausgebrochenen Volksaufstand niederzuschlagen und der Superintendent von Britisch-Honduras, dem nachmaligen Belize, sorgt für Feuerbereitschaft an den Küstenbatterien. Er ist davon überzeugt, Ohrenzeuge einer erbitterten Seeschlacht zu sein.

Selbst weit südlich von Nicaragua, im kolumbianischen Bogota und in Curacao, sind in dieser Nacht die Explosionen des Cosegüina zu hören und in Jamaica versammelt sich im Morgengrauen eine verwirrte Menschenmenge auf den Molen, um die Ursache der Kanonade zu erfahren, die deutlich vernehmbar war und allem Anschein nach von einem vor Anker liegenden britischen Kriegsschiff ausging. Am gleichen Tag fällt feine Asche auf die karibische Insel — 1.300 Kilometer vom Vulkan entfernt.

In Nicaragua herrscht an diesem 23. Januar bis hinunter zur Grenze mit Costa Rica vollständige Dunkelheit und eine Serie von Erdbeben erschüttert Zentralamerika in einem Umkreis von 400 Kilometern um den noch immer Aschefontänen speienden Berg in der Bucht von Fonseca.

In den Dörfern des Nordwestens Nicaraguas wird das Entsetzen durch Pumas und Jaguare gesteigert, die — verwirrt von der Naturkatastrophe — Schutz in den Hütten der Menschen suchen.

In Leon übersiedeln zahlreiche Familien in aus Kuhhäuten gefertigte Zelte, weil zu befürchten steht, die Dächer der Häuser könnten unter den sich auftürmenden Aschemassen zusammenbrechen.

Als sich am Morgen des 24. Januar nach 43 Stunden völliger Finsternis der Himmel erstmals wieder etwas lichtet und der Ascheregen nachläßt, ruft der örtliche Klerus zu einer

Danksagungsprozession auf, während der man endlich die Ursache für die Verheerungen der letzten Tage zu erkennen meint. Der in der Stadt weilende britische Reisende Byam berichtet, die hölzerne *Nuestra Señora de las Mercedes* sei durch die Straßen getragen worden. Dabei habe man „entdeckt, daß die Farbe, mit der das Gesicht der Jungfrau bemalt war, aufgrund der Hitze der zahlreichen um sie herum postierten Kerzen Blasen geworfen hatte. Halb Leon verkündete daher, daß die Jungfrau während ihrer Gegenwart in der Stadt die Pocken bekommen habe. Darüber verärgert, habe sie die soeben erlittene Strafe dem Volk auferlegt. Zahllos waren die zur Ehre der Himmelskönigin entzündeten Kerzen und wertvolle Obolusse wurden den Priestern als Sühne übergeben."

Im Januar 1850 erhält der nun in Leon akkreditierte Gesandte der USA, George Ephraim Squier, eine offizielle Einladung zum Gottesdienst „aus Anlaß des fünfzehnten Jahrestages der Eruption des Vulkans Cosegüina in der Kirche *Nuestra Señora de las Mercedes,* durch deren machtvolle Fürsprache wir damals von den Gefahren errettet wurden, die uns bedrohten."

Im selben Jahr hat Squier, der ein Buch über seine Erlebnisse in Nicaragua verfaßte, Gelegenheit, die Geburt eines der jüngsten Vulkane der Erde zu überleben: des Cerro Negro, der sich nun in zwanzig Meilen Entfernung von Leon 675 Meter hoch aus der fruchtbaren Pazifikebene erhebt. An einem Sonntag, dem 13. April, waren *Campesinos* in die Stadt gekommen und hatten aufgeregt berichtet, an diesem Morgen habe sich nach einer Serie von Beben die Erde aufgetan und ein rotglühender Lavastrom, der sich auf die Küste zubewege, quelle seither aus der Tiefe.

In der folgenden Nacht steht Squier wie viele andere Bewohner Leons auf dem Dach seines Hauses und bestaunt das Feuerwerk der Lavafontänen, die alle paar Minuten am Horizont an die 100 Fuß in die Höhe schießen, worauf das niederprasselnde Material einen Wall rund um das Eruptionszentrum aufzuwerfen beginnt.

Als der Gesandte — begleitet vom Konsul J. W. Livingstone

— im Morgengrauen des 22. April aus der Stadt reitet, um den neuen Vulkan aus der Nähe zu besichtigen, hat dieser nach nur einwöchigem Dasein die Höhe von fünfzig Metern und einen Durchmesser von 180 Metern angenommen: er lag da „wie ein riesiger, umgestürzter Kessel, mit einem Loch in der Mitte ... aus dcm hin und wieder ein Schwall Lava schwappte."

Die beiden Diplomaten sehen sich aufgerufen, die Ehre der Erstbesteigung des neuen Berges an sich zu reißen und erreichen den Kraterrand beinahe. Sie seien nur noch wenige Gehminuten vom Triumph entfernt gewesen, berichtet Squier, „als ich einen Entsetzensschrei meines Begleiters hörte, der gleichzeitig einen fast übermenschlichen Sprung tat. Zum selben Zeitpunkt hörte man ein seltsames Donnern, das mich fast gehörlos machte ... Ich sah nach oben: der Himmel war schwarz von Felsbrocken und tausende Funken sprühten zwischen ihnen."

Dem Beispiel des Konsuls folgend, rast nun auch der Außerordentliche Gesandte für Wirtschaftsfragen den eben erst mühsam erklommenen Hang hinab, „genau im richtigen Augenblick, um mich vor den Steinen zu retten, die wie prasselnder Regen dort niederfielen, wo wir soeben gewesen waren. Ich brauche nicht hinzuzufügen, daß wir nicht zögerten, trotz der Stacheln der Kakteen und der messerscharfen Lava so schnell wie möglich eine ansehnliche Strecke zwischen uns und das feurige Objekt unserer Neugier zu bringen."

Zum vorerst letzten Mal brach der Cerro Negro zwischen dem 3. und 14. Februar 1971 aus und schleuderte dabei 70 Millionen Kubikmeter Asche in die Atmosphäre.

Vulkane hatten in diesem Land den Weg gewiesen, seit es — 500 Jahre vor der Ankunft der Spanier — von dem indianischen Volk betreten wurde, das ihm seinen Namen gab: den Niquiranos, die in langen Märschen über den Isthmus nach Süden zogen, um dem Druck ihrer übermächtigen Feinde, der Olmeken, auszuweichen, die das reichste Gebiet Zentralamerikas im Norden — dem heutigen Guatemala — erobert hatten.

„Ihr werdet in einem Land wohnen, das an einem See liegt, in dem eine Insel mit zwei runden Bergen sich befindet", war den Niquiranos vom Orakel geweissagt worden. Als sie auf ihrer Wanderung an den *Cocibolca* gelangten, den großen Nicaraguasee, wußten sie sich an ihrem Ziel: nicht weit vom südwestlichen Ufer liegt die später Ometepe genannte Insel mit ihren wohlgeformten Zwillingsvulkanen, dem Concepcion und dem Maderas — majestätische Monumente, die sich dem Reisenden nur selten in voller Pracht zeigen, wenn er auf dem Landweg aus Costa Rica einreist und sich exakt ab dem Zeitpunkt des Grenzübertrittes diesen ersten beiden Wahrzeichen Nicaraguas gegenübersieht.

Die Vulkane Nicaraguas waren indes nicht nur Wegmarken für Reisende, die in guter Absicht kamen. Der San Cristobal, mit 1.750 Metern der höchste Berg des Landes, der unweit des Hafens von El Realejo — im Weichbild des nunmehrigen Corinto — aufragt, diente im 17. Jahrhundert den britischen Piraten als natürliches Leuchtfeuer, wenn sie sich auf Beutezug der spanischen Kolonie näherten.

William Dampier, einer der wenigen Freibeuter, die ein Buch über ihre Abenteuer verfaßt haben, schrieb in seinem Werk *Voyage around the world:* „Es ist leicht, den Vulkan zu erkennen, denn es gibt in der ganzen Gegend keinen, der so hoch ist und an der ganzen Küste auch keinen, der ähnliche Formen aufweist, und außerdem raucht er den ganzen Tag und nachts schleudert er manchmal Flammen in die Höhe. Man sieht ihn auf zwanzig Meilen.

Als 1838 Sir Edward Belcher, Kapitän des britischen Schiffes *Sulphur,* den San Cristobal besteigt, um vom höchsten Vulkan Nicaraguas aus geographische Messungen vorzunehmen, schweift sein Blick in westlicher Richtung zur Küste des Pazifik. Als er nach Südosten blickt, sieht er den Managuasee und dahinter den großen Nicaraguasee. Der Kapitän weiß, daß dieser See über den Rio San Juan mit dem Atlantik verbunden ist: auf dem Gipfel des San Cristobal wird die Idee geboren, die beiden Ozeane mit einer künstlichen Wasserstraße zu verbinden — welcher Gedanke später in Panama in die Tat umgesetzt wurde.

Dieser Entschluß war ein langes Ringen zweier konkurrierender Lobbys im Parlament der USA über die Frage vorangegangen, wo dieser interozeanische Kanal gebaut werden sollte.

Kurz vor der entscheidenden Abstimmung des US-Senats am 28. Januar 1902 entdeckten Mitglieder der Panama-Lobby bei einem New Yorker Briefmarkenhändler ein nicaraguanisches Postwertzeichen, auf dem ein rauchender Vulkan am Ufer eines Sees abgebildet ist — vermutlich der nahe der alten Hafenstadt Granada am Nicaraguasee gelegene Mombacho.

Diese Briefmarke wurde als Beweis herangezogen, daß es zu gefährlich sei, den Kanal in Nicaragua zu bauen. Als Nicaraguas damalige Regierung versuchte, andere Partner für die Errichtung einer solchen Wasserstraße zu finden, nahmen die USA dies zum Anlaß für ihre erste in einer Kette militärischer Interventionen im Land unter den Vulkanen.

November 1988

Die Freiheit von ganz nah

Erkundigungen über Nicaragua im Geburtsort bedeutender Männer

Seela Janson Lopez zögert, wie sie entscheiden soll. Sicher, einerseits ist eine solche Geburtsurkunde ein öffentliches Dokument. Gerade diese Geburtsurkunde! Somit spräche nichts dagegen, daß der Besucher sie fotografiere. Doch andererseits greife eine solche lichtbildnerische Reproduktion in die private Sphäre der betreffenden Person ein, deren Geburt auf diesem Dokument beurkundet wird, gibt sie zu bedenken.

Die Frau mittleren Alters, die den Fremden durch dicke Brillengläser mit scheu wirkender Aufmerksamkeit mustert, griffe wohl gerne auf einen Präzedenzfall zurück, an dem sie sich orientieren könnte. Doch ein solcher ist ihr offenbar noch nicht untergekommen, was sie weiter unschlüssig schwanken läßt. Dabei ist Doña Seela gewöhnlich eine durchaus entscheidungsfreudige Frau, die sich nicht scheut, Verantwortung zu übernehmen, wie wir später erleben sollen. Die Tochter des örtlichen Zahnarztes, die den Großteil ihres Lebens als Sprechstundenhilfe in der Ordination ihres Vaters zugebracht hat, ist seit 1983 Bürgermeisterin ihrer Heimatgemeinde. Die liegt in den Bergen über der Provinzhauptstadt Juigalpa in Nicaraguas östlicher Viehzuchtregion Chontales und trägt einen Namen, der wie ein Programm klingt: La Libertad — die Freiheit.

Wir waren bei diesem ersten Besuch im Herbst 1986 mit dem Jeep an die zwei Stunden unterwegs gewesen, um die 60

Kilometer lange Piste zurückzulegen, die — ausgewaschen und voller Schlaglöcher — von Juigalpa aus in steilen Kehren und über schmale Holzstege hinweg hinauf führt in die *Cordillera de Amerrisque.* Am Wegrand hatten wir vereinzelt ausgebrannte Fahrzeuge stehen sehen und diese Zeichen wohl mit zurückliegenden Hinterhalten in Verbindung zu bringen gewußt. Somit waren wir herzlich froh gewesen, als sich vor uns endlich eine Siedlung von wenigstens zwei Dutzend in Reih und Glied ausgerichteter neuer Holzhäuser auftat und wir auf die gepflasterte Straße gelangten, die hinabführt in die Mulde, in der das Zentrum von La Libertad liegt.

5.000 Einwohner habe die Gemeinde, hatte die Bürgermeisterin auf unsere einleitenden Fragen geantwortet. Samt dem umliegenden *Muncipio,* dem Bezirk, mit seinen verstreut auf den Anhöhen stehenden Weilern und *Fincas,* seien es sogar 40.000 Leute, die von hier aus verwaltet würden. Eine Grundschule gäbe es da mit gegenwärtig 650 Schülern, sowie seit 1981 — eine Errungenschaft der Revolution, wie Doña Seela nicht anzumerken vergaß — auch eine Sekundarschule mit vorderhand 150 Schülern.

Eine mitreißende Rednerin scheint die Bürgermeisterin nicht zu sein. Ihre Auskünfte trägt sie im emotionslosen Berichtston einer peniblen Buchhalterin vor, der gelegentlich in deutlichem Kontrast zur Wahl ihrer Worte steht — etwa, wenn sie vom „Herzen der Gemeinde“ spricht, das die etwas oberhalb von La Libertad liegenden Goldminen bildeten. 160 Familienoberhäuptern werde da ein Arbeitsplatz geboten, was angesichts der Größe hiesiger Familien bedeute, daß die Mehrzahl der Einwohner direkt oder indirekt von der sowohl im Tagbau wie in Schachtbauweise betriebenen Goldgewinnung lebten.

Wiewohl auf die Ankunft der seltenen Gäste nicht vorbereitet, muß Doña Seela keinerlei Unterlagen bemühen, um ernsten Blickes berichten zu können, daß derzeit pro Monat 46 Unzen Gold gefördert würden, was wenig sei im Vergleich zu den 100 bis 150 Unzen zu besseren Zeiten. Doch das sei nicht verwunderlich: der Maschinenpark in den Minen sei verrottet gewesen und habe vollständig erneuert werden müssen. Nun gäbe es neue Maschinen, doch mit denen müßten die *Mineros* erst vertraut gemacht werden.

Zu diesem Zwecke seien Schweden nach La Libertad gekommen. Der zum Leidwesen auch aller Bürger dieser Gemeinde ermordete Ministerpräsident Schwedens habe mit großer Anteilnahme den Fortgang der Reaktivierung der Minen von La Libertad verfolgt, die nun zu seinen Ehren den Namen Olof Palme tragen.

Später werden wir entlang von Abraumhalden hinauffahren zu dem an einen steilen Abhang errichteten stählernen Ungetüm, in dem das geförderte Gestein von oben nach unten wandert, um zerkleinert und gewaschen zu werden, bis die taube von der goldhaltigen Materie getrennt ist. Wir werden uns im trüben Schein von Grubenlampen und begleitet von einem bewaffneten Führer durch die waagrecht in die Erde getriebenen engen und niedrigen Schächte vorantasten, um einen Eindruck von der mühseligen Förderarbeit unter Tage zu gewinnen. Aus dem Inneren der Erde zurückgekehrt, werden wir vergeblich versuchen, mit den auf den Schichtwechsel wartenden *Mineros* ins Gespräch zu kommen, weil sich in deren Mitte gerade ein spanischer Priester aufhält, der uns mitteilen will, welch gute Freundschaft ihn mit den Kumpels verbinde und es sich nicht nehmen läßt, an deren Stelle auf alle Fragen zu antworten. Die Männer sitzen mit verschlossenen Gesichtern dabei und verfolgen ohne erkennbares Interesse das Palaver der *Gringos*. An der Wand hinter ihnen hängen neben den Arbeitsgeräten Schnellfeuergewehre.

Inzwischen hat sich Doña Seela dazu entschlossen, das private vor das öffentliche Interesse zu stellen und — mit Worten des Bedauerns und der Bitte um Verständnis — die Geburtsurkunde doch nicht fotografieren zu lassen, die sie zuvor den Besuchern präsentiert hatte.

Beurkundet wird auf diesem Papier, daß am 11. November 1945 ein gewisser Daniel Ortega Saavedra „*nacio sin señal ni impedimente en la casa que ocupan en el Barrio el Bajo de esta poblacion frente a la casa C — Cuartel de la Guardia Nacio-*

nal" und so weiter — daß dieser Daniel Ortega Saavedra also ohne besondere Vorkommnisse in der Wohnung seiner Eltern geboren wurde, die im Unteren Viertel dieser Gemeinde gegenüber der Kaserne der Nationalgarde lag.

Mit Mühe werden wir die ungefähre Lage dieses Ortes ausfindig machen, ohne eine Spur des Hauses zu finden, das die Familie Ortega gemietet hatte. Desgleichen verhält es sich mit der gegenübergelegenen Kaserne der Nationalgarde des Diktatorenclans der Somoza, die wie ihr Chef nicht mehr existiert. Das hat indes mit den besonderen Vorkommnissen zu tun, in welche der hier geborene Daniel Ortega an führender Stelle verwickelt war. Er ist einer der neun *Comandantes de la Revolucion* jener *Frente Sandinista de la Liberacion Nacional,* die den letzten Herrscher aus der Sippe der Somoza dazu zwang, am 17. Juli 1979 samt den treuesten seiner Vasallen — im Fluggepäck die sterblichen Überreste seines Vaters und seines Bruders — in die USA zu flüchten.

Was von der *Guardia Nacional* übrig geblieben war, bildete den Grundstock der *Contras* — laut ihrem großzügigen Förderer Ronald Reagan, zu dieser Zeit Präsident der USA, mit den Gründervätern der Vereinigten Staaten vergleichbare *Freiheitskämpfer.* Zeugnisse ihres Wirkens hatten wir nicht erst auf der Fahrt nach La Libertad zu sehen bekommen.

Dort hält man es eindeutig mit dem *Comandante* Daniel Ortega. Als dieser am 4. November 1984 in den vermutlich ersten freien Wahlen, die Nicaragua erlebt hat, zum Staatspräsidenten berufen wurde, stimmten in seiner Heimatgemeinde 72 Prozent der Wähler für ihn. Und das in einem Bezirk, wo die einflußreichen Viehzüchter seit jeher militante Reaktionäre seien, hebt Doña Seela hervor.

Weiters drücke das amtliche Wahlergebnis noch gar nicht den vollen Umfang des Votums für den Kandidaten der FSLN aus. Viele Stimmen habe man nämlich als ungültig werten müssen, weil es da zahlreiche gerade erst alphabetisierte und mit dem Modus eines Wahlvorganges nicht vertraute Menschen gäbe, die ihr Kreuz statt in den dafür vorgesehenen Kreis über das Symbol der *Frente Sandinista* gemalt hätten.

Jedenfalls — das könne sie vor der Heiligen Jungfrau bezeugen — stünden hier nahezu alle Gemeindebürger auf Daniels Seite und seien stolz auf den großen Sohn von La Libertad.

Der ist nicht der einzige aus diesem Ort stammende Mann, den man weithin kennt. Neunzehn Jahre vor dem nachmaligen Staatspräsidenten wurde gleichfalls in La Libertad Miguel Obando Bravo geboren — nun Obando y Bravo, Erzbischof von Managua und seit 1985 auf päpstlichen Ratschluß hin Zentralamerikas einziger Kardinal. Diese Würde verdankt er wohl nicht zuletzt seiner selbstgewählten Rolle, inmitten einer unübersehbaren Schar von sich kreuz und quer gegenseitig befehdenden Parteien, deren Spektrum von ganz links bis ganz rechts reicht, eine Art Leuchtturm der antisandinistischen Opposition zu sein.

Mögen bei Wahlen andere Kandidaten gegen die FSLN antreten — den politischen Segen dazu holen sie sich zuvor beim Erzbischof. Dessen Haus in Managua ist ein erstrangiger Umschlagplatz für die zügig aus den USA zum Zweck der neuerlichen politischen Umgestaltung Nicaraguas angelieferten Dollarbündel. In Managua akkreditierte US-Diplomaten erklären das unverblümt, sobald sie genug gezecht haben. Der bedeutendste Gegenspieler von Daniel Ortega aus La Libertad ist mithin Miguel Obando aus La Libertad.

Es ist Mittag geworden. Eine bleierne Hitze liegt ausnahmsweise über der Gegend, in der es dreizehn Monate im Jahr regne, wie uns Einheimische gesagt haben, als wir uns aufmachen um *Monseñor* Miguels Geburtshaus zu suchen. Wir schlendern die stufenförmig an den Abhang gebauten Holzhäusern entlang, deren ausladende Vordächer bis an den Straßenrand reichen. Ab und an sitzt unter diesen Arkaden ein alter Mann im Schaukelstuhl und beäugt unter der Krempe seines Strohhutes hervor die Fremden. Wir passieren Gemischtwarenläden, in denen im Halbdunkel des eindringenden Tageslichtes ein bescheidenes Warenangebot auszumachen ist. Vor dem einen oder anderen Haus ist ein Pferd angebunden. Drei Berittene treiben eine kleine Rinderherde quer über die Hauptstraße. Nur selten durchquert ein Jeep den Ort. Wer eine längere Wegstrecke zurücklegt, tut dies meist zu Pferd. Querstraßen verengen sich schon bald zu Pfaden und scheinen sich im grünen Gestrüpp zu verlieren, das die Ansiedlung umgibt. Hie und da klafft zwischen zwei Häusern eine Lücke, in der Reste von Holzwänden aufragen, Steine über den Boden verstreut liegen, mehr und mehr verfallende Dächer, die einmal einen *Patio* umgeben haben, herabhängen. Auch diese Ruinen werden von Gestrüpp überwuchert.

Wir fragen vereinzelt aus ihren Häusern blickende Menschen nach dem Geburtshaus von *Monseñor* Miguel, ernten Kopfschütteln, vage Antworten — die abweisende Zurückhaltung von Gebirglern, die nichts gemeinsam hat mit dem allgegenwärtigen Mitteilungsdrang der Leute unten in der pazifischen Küstenebene.

Auch auf andere Fragen, den Versuch, ein Gespräch anzuknüpfen, reagieren die Männer und Frauen hier wortkarg. Der Inhaber eines kleinen Wirtshauses vermutet schließlich, daß sich das gesuchte Haus irgendwo etwas außerhalb von La Libertad befunden haben muß und wohl nicht mehr existiere. Seines Wissens lebten da keine Angehörigen der Familie Obando Bravo mehr.

Nein, und auch keine Ortega Saavedra, beantwortet er unsere nächste Frage. Doch darüber wisse sicher Doña Rosaura Bescheid.

Wer ist Doña Rosaura?

La Maestra — die Lehrerin.

Wir hatten vor unserer ersten Fahrt nach La Libertad die jüngste Ausgabe des 1939 erstmals aufgelegten *Diccionario Nicaraguense geografico e historico* konsultiert, wo geschrieben steht, diese Gegend sei zuerst von indianischen Kariben besiedelt worden, die von der Atlantikküste kamen und in der Höhenlage Bohnen, Mais, Chile, Paprika und Kürbisse angebaut hätten. Das dürfte im 16. Jahrhundert gewesen sein, als die ersten spanischen *Conquistadores* auf der Suche nach dem legendären *El Dorado,* der Stadt aus purem Gold, auf den zentralamerikanischen Isthmus vordrangen und die dort ansässigen Indios von den Küsten ins Landesinnere vertrieben.

Spätestens gegen die Mitte des 19. Jahrhunderts tauchten in größerer Anzahl — teilweise von sehr weit her gekommene — Goldsucher in dem Ort namens *Mineral* auf, der im Ruf stand, das *Dorado* Nicaraguas zu sein.

Ein Spieler und Glücksritter mit Namen Conrado soll der Urheber des neuen Ortsnamens gewesen sein. Nachdem er und seine Freunde wieder einmal mit der über den ordentlichen Lebenswandel der Landesbewohner wachenden Polizei des 1838 selbständig gewordenen, von der konservativen Händler- und Grundbesitzerbourgeoisie aus Granada regierten Staates Probleme gehabt hätten, habe besagter Conrado den Vorschlag ausgesprochen: „Gehen wir nach Mineral, dort gibt es die Freiheit — *la libertad* — zu spielen, zu saufen ..." An dieser Stelle appellieren die Autoren des *Diccionario* mit Auslassungszeichen an die Vorstellungskraft des Lesers.

Mineral de la Libertad wurde jedenfalls zur Mitte des 19. Jahrhunderts der gebräuchliche Ortsname, der bald nur noch *La Libertad* lautete.

Solchen Geschichten über die Geschichte ihres Heimatortes tritt Rosaura Suarez leidenschaftlich entgegen. Die über 80 Jahre alte Dame — sie kichert kokett, nachdem sie ihr Alter verraten hat — ist die ehemalige Lehrerin von La Libertad. Eigentlich sei sie eine *Señorita,* hatten Nachbarn den Besuchern diskret mitgeteilt.

Alle diese Erzählungen angeblicher Historiker, wonach hier Kriminelle und Glücksritter aus aller Welt zusammengekommen seien, stimmten absolut nicht, hält Doña Rosaura mit resolutem Gestus fest. Im Gegenteil, gebildete Herrschaften von diesseits und jenseits der Ozeane hätten La Libertad zu seiner Blüte verholfen. Als Beispiel nennt sie den Großvater ihrer ehemaligen Schülerin Seela Janson, der nunmehrigen Bürgermeisterin. Der sei aus England gekommen und Mineningenieur gewesen, habe sich aber bald mehr für die Flora und Fauna von Chontales zu interessieren begonnen.

Gut, unter den *Mineros* und *Campesinos* sei dadurch der

Eindruck entstanden, dieser Brite sei nicht ganz richtig im Kopf, räumt die *Maestra* ein — doch die europäische Wissenschaft verdanke ihm eine lehrreiche Insektensammlung.

Überhaupt seien in La Libertad zur Zeit der Hochblüte der Minen die Sprachen vieler Völker gesprochen worden und Bildungsgüter aus allen Kontinenten hierher gelangt.

Die zierliche Doña Rosaura erhebt sich akkurat von ihrem Sitz und beginnt die *Marseillaise* zu singen.

Als gesichert kann gelten, daß Nicaragua zur Zeit des Entstehens von La Libertad wieder einmal unruhige Zeiten erlebte. Nachdem die Spanier als Kolonialmacht abdanken hatten müssen und die 1821 ausgerufene zentralamerikanische Staatenkonföderation 1838 endgültig zerfallen war, flammten wie überall auf dem Isthmus blutige Bürgerkriege auf, in denen sich konservative und liberale *Caudillos* gegenüberstanden. Hier das von Granada aus regierende, mit dem Klerus verflochtene alte Geld gegen neureiche Pflanzer und Handwerker, die in Leon ihr Zentrum hatten.

Yankee-Söldner und Glücksritter intervenierten, nordamerikanische Compagnien begannen die Wälder und Minen auszubeuten, das Transportwesen und die Banken zu kontrollieren, reguläre US-Truppen folgten zum Zweck des Schutzes *amerikanischer Interessen,* wie das noch immer genannt wird. Von 1912 an standen permanent *Marines* in Nicaragua um den von ihnen zuvor namens der Konservativen zum Staatspräsidenten erhobenen Hauptbuchhalter der *Rosario & Light Mines Company,* Adolfo Diaz, an der Macht zu halten.

Unter den liberalen Truppenführern, die gegen die Besatzer und ihre Marionetten kämpften, tat sich in den Zwanzigerjahren ein aus der Gegend von Masaya stammender mestizischer Land- und Wanderarbeiter hervor, der bis hinauf zu den Ölfeldern von Tampico in Mexiko gelangt war. Augusto C. Sandino hieß der kleingewachsene Mann, der stets einen breitkrempigen *Sombrero* trug. Als Abgesandte der US-Regierung mit etwas Geld und guten Worten die liberalen *Caudillos* zu einem Ausgleich mit den Konservativen bewegen konnten, war Sandino der einzige Truppenführer, der die ihm angebotenen

Pfründe zurückwies. Er sammelte *Campesinos* aus den Bergen um sich und kämpfte sechs weitere Jahre gegen die Besatzungsmacht. 1933 zogen die von der ersten *Guerrilla* Lateinamerikas zermürbten *Marines* ab.

Zuvor hatten sie allerdings eine einheimische Statthalterarmee aufgebaut, die *Guardia Nacional,* sowie als deren Kommandanten einen in den USA als gemeinen Kriminellen hervorgetretenen Mann eingesetzt, dem es gelungen war, in das liberale Establishment von Leon einzuheiraten: Anastasio Somoza, der 1934 — nach Rücksprache mit dem örtlichen US-Botschafter — den zu Gesprächen mit dem amtierenden Präsidenten nach Managua gekommenen Sandino ermorden ließ.

Doña Rosaura kann sich noch gut an *Tacho* erinnern, wie der erste Somoza genannt wurde. Ein perverser Kerl sei er gewesen, sagt sie — doch bei weitem intelligenter als seine Nachkommenschaft.

Als *Tacho* einmal in La Libertad weilte, hätten der Bürgermeister und die anderen Zelebritäten vor ihm gebuckelt. Nur sie, die junge Lehrerin, habe dem Diktator ins Gesicht gesagt, daß sie mit seiner Art der Herrschaft nicht einverstanden sei.

Der dürfte das als amüsante Abwechslung empfunden haben. Jedenfalls habe *Tacho* dann mit ihr einen Walzer getanzt, erzählt Doña Rosaura — und sie habe unter dem Eindruck, den dieses Ereignis bei der Bürokratie hinterließ, die Anstellung von drei weiteren Lehrerinnen in La Libertad durchsetzen können.

Auch an die *Yanquis,* wie sie die Besatzer nennt, erinnert sich die *Maestra.* Dort draußen auf der Straße vor ihrem Haus, das damals ihren Eltern gehörte, hätten die *Mineros* und *Campesinos* mit dem Gesicht im Dreck liegen müssen und von den *Marines* sei ihnen mit den Stiefeln ins Genick getreten worden. Beim Anblick dieses entwürdigenden Aktes habe sie nichts mehr herbeigesehnt, als die Ankunft von Sandinos Männern.

Doña Rosaura richtet ihre Augen mit verklärtem Jungmädchenblick zum *Patio* hinaus und trägt einen Vers vor, in dem der *General der freien Menschen* gehuldigt wird. Dann springt sie auf, verläßt den Raum und kehrt mit ihren alten Tagebüchern wieder, in denen sie auch vieles über das Leben ihrer Freundin Lidia Saavedra festgehalten hat.

Die war die Tochter des Gründers der ersten Schule und Bürgermeisters von La Libertad, der sein Amt aus Protest zur Verfügung gestellt hatte, als Somozas *Guardia* im Ort einrückte und er — ein erklärter Konservativer — sich dem örtlichen *Guardia*-Kommandanten, einem *Teniente* namens Solorzano, unterwerfen hätte sollen. Lidia hatte als Lehrerin gearbeitet, war dann aber auf ein *Instituto* nach Managua geschickt worden, wo eine ältere Dame die *Señoritas* gute Manieren und Buchhaltung lehrte. Daraufhin war die fleißige und ernste Lidia Saavedra, die an den Sonntagen nie in der Kirche fehlte, in den besten Geschäften von La Libertad tätig.

Zur selben Zeit bekleidete in der durch den Kaffeeanbau zu Bedeutung gelangten Provinzhauptstadt Matagalpa im Norden ein junger Mann namens Daniel Ortega die verantwortungsvolle Position eines Buchhalters für die Unternehmungen einer der reichsten Familien der Stadt. Er gehörte zu den wenigen chouragierten Männern des Landes, die öffentlich gegen die Ermordung Sandinos protestierten. Damit der *Guardia*-Kommandant Somoza sehe, mit wem er es zu tun habe, legte Daniel Ortega seiner Protest-Depesche ein Foto von sich bei. Die Verhaftung folgte auf den Fuß.

Doch Daniel Ortega war der illegitime, später adoptierte Sohn eines hochgeachteten Mannes: Don Marco Antonio Ortega, Direktor des *Instituto de este,* der Sekundarschule von Granada. Nach zwei Jahren gelang es ihm, die Freilassung seines Sohnes zu erwirken. *Tacho* Somoza selbst habe dem jungen Mann aus diesem Anlaß sogar einen Scheck angeboten, erzählt Doña Rosaura, der von diesem freilich empört zurückgewiesen worden sei.

In dieser Zeit nahm La Libertad einen rasanten Aufstieg. Viele wohlhabende Granadiner Familien — die Cuadra, die Hüpper und andere, deren Nachfahren wir heute als Mitglieder der sandinistischen Regierung wiederfinden — errichteten Zweigstellen ihrer Handelsunternehmen in der Goldgräberstadt. Daniel Ortega zog dort hin und kam bei der Mine *Esmeralda* als Buchhalter unter.

Es war an einem Nachmittag des Jahres 1936, weiß Doña Rosaura, der sich ihre Freundin damals umgehend anvertraut hatte, als eine Gruppe von Minenangestellten die von Lidia Saavedra geleitete *Tienda* des Don Adan Guerra betrat, in der ein ausgesuchtes Warensortiment — darunter *Camel*-Zigaretten und Strohhüte aus Panama — angeboten wurde. Unter diesen Kunden befand sich ein schlanker Jüngling mit sauberem Blick und festen Schritten, wie Doña Rosaura das formuliert: zwei von Gott füreinander bestimmte Menschen, sagt sie, hatten sich gefunden und am 19. Februar 1938 — einem Aschermittwoch — sei das schönste weiße Kleid, das La Libertad bis dahin gesehen habe, über die Stufen der Kirche getragen worden.

Doch bald schon hätten erste dunkle Wolken das Glück des jungen Paares verdüstert. Die beiden erstgeborenen Kinder starben noch im Säuglingsalter an Fieber. In Doña Rosauras Tagebuch steht von Trauer und Schmerz geschrieben, den Lidia Saavedra de Ortega mit Gebeten vor Gott und der Jungfrau bewältigt habe, um endlich Trost zu finden in der Geburt eines Sohnes am 11. November 1945, der nach seinem Vater Daniel getauft wurde.

Viele Neureiche und noch mehr Arme habe es damals in La Libertad gegeben. Der Niedergang der Minen habe sich angekündigt, weil die Goldvorkommen erschöpft schienen, die Mineneigner jedenfalls investieren hätten müssen, doch nur auf schnellerworbenen Profit aus gewesen seien. Gegenüber dem Hause der Familie Ortega Saavedra seien immer häufiger aufbegehrende *Mineros* von den *Guardias* mißhandelt worden und kurz nach der Geburt seines Sohnes habe Don Daniel seine Stellung verloren.

Danielito war zwei Monate alt, als seine Eltern auf einem Maultier wie seinerzeit die Heilige Familie — dieser gelungene Vergleich läßt Doña Rosauras Augen leuchten — hinunterzog nach Juigalpa. Dort wurden Danielitos Geschwister Humberto — inzwischen Verteidigungsminister und gleichfalls im neunköpfigen Direktorium der FSLN — und Germania geboren. Später in Managua folgte Camilo — 1978 beim Aufstand in Monimbo gefallen.

In der Hauptstadt fand Don Daniel zeitweise Arbeit als Buchhalter in den ersten Handelshäusern an der Avenida Roosevelt — nun Avenida Bolivar — und versuchte sich gelegentlich als selbständiger Importeur, wobei er eine augenfällige Vorliebe für deutsche Produkte bekundete.

Nachdem sie das Militär und die Regierung unter ihre Kontrolle gebracht hatten, okkupierten die Somoza zunehmend auch die Wirtschaft des Landes. Für einen bekannten Oppositionellen wie Don Daniel konnte das nur schlechte Zeiten bedeuten. Es kam der Tag, an dem Doña Lidia den ererbten Familienschmuck verkaufen mußte, damit die Wohnungsmiete bezahlt werden konnte.

Sie bestand darauf, daß ihre Kinder ein katholisches *Colegio* besuchen. In der Hauptstadt wurden sie — weil als politische Störenfriede schon bekannt — nicht aufgenommen. So kamen sie zu den Salesianern nach Masaya. Die alte *Maestra* erinnert sich an einen nationalen Redewettbewerb, bei dem Danielitos Auftreten allgemein als brillant gewertet worden sei — nur habe man ihm keinen Preis zuerkennen können, weil seine Worte zu politisch gewesen seien. Er sei eben ganz nach seinem Vater geraten, Don Daniel, der abends seinen Schaukelstuhl vor das Haus gestellt und dann das Radio auf volle Lautstärke gedreht und die Frequenz von Radio Havanna eingestellt habe.

In Doña Rosauras Tagebuch klebt ein Foto, das um diese Zeit entstanden sein muß. Links und rechts der Eltern sind zwei ordentlich gekämmte Knirpse mit Brille und Krawatte zu sehen, in deren ernsthaftem Gesichtsausdruck der flüchtige Ansatz eines ironischen Lächelns zu erkennen ist. Daniel und Humberto.

Dieses Bild schnitt die *Maestra* im Mai 1970 aus einem vom später im Auftrag Somozas ermordeten Pedro Joaquin Chamorro neben dessen Tageszeitung „*La Prensa*" herausgegebenen Blatt namens „*Extra*" aus. Sie habe Don Pedro gut gekannt, er habe ihr diese Zeitung damals zuschicken lassen, erzählt Doña Rosaura, während wir den neben dem Foto stehenden Artikel überfliegen. Aus Anlaß des Muttertages werden einige Mütter porträtiert — Doña Lidia als eine von jenen, denen das Herz zu brechen droht, weil sich ihre Söhne im Gefängnis befinden. Doña Lidia, heißt es da, halte der Glaube an Gott und die Jungfrau aufrecht. Über Ursache und Hintergrund der Haft des jungen Daniel Ortega wird nichts berichtet.

Die Dunkelheit ist über La Libertad hereingebrochen. Doña Rosaura zündet eine Kerosin-Lampe an und lädt uns ein, in ihrem Gästezimmer zu übernachten. Es gibt kein Hotel in La Libertad und in der einfachen *Hospedaje* ist wegen der Schweden von der Mine kein Bett frei.

Im Morgengrauen werden wir von Gefechtslärm in den Hügeln oberhalb des Ortes geweckt. Zwei Kampfhubschrauber dröhnen über La Libertad hinweg und wir sehen im eindringenden ersten Tageslicht, daß Doña Rosauras Gästezimmer der Hausherrin auch als Vorratskammer dient. Unter diversen Schachteln steht an der Wand ein schlichter Holzsarg.

Wir müssen früh aufbrechen, um die Bürgermeisterin nach Juigalpa hinunter zu bringen, wo sie an einem Seminar teilnehmen will. Am Ortsausgang stehen die Zelte der Stabskompanie des *Batallon de lucha irregular German Pomares* — so benannt nach einem gefallenen sandinistischen Guerrillero. Der sei damals, als die *Muchachos* noch in den Bergen waren, viel mit Daniel zusammen gewesen, sagt Seela Janson. Und weil Daniel von hier stamme, seien die *Contras* ganz verrückt darauf, wenigstens für ein paar Stunden La Libertad zu besetzen, daher komme es in der Gegend ständig zu Kämpfen.

Doch an diesem Tag, hatten uns die *Muchachos* vom *BLI German Pomares* am Ortsausgang gesagt, müßten wir bei der Talfahrt weder Minen noch Hinterhalte fürchten. Sie hätten gerade auf dieser Route gesäubert. Nur auf die Schlaglöcher sollten wir achten — die seien nicht ungefährlich.

Zurück in Managua, nehmen wir den anderen Mann aus La Libertad in Augenschein und besuchen die Sonntagsmesse draußen in Santo Domingo, der besten Wohngegend der Hauptstadt, wo der Kardinal gewöhnlich sein wöchentliches Hochamt zelebriert. Vor der Kirche stehen Autos, die auf ein wohlhabendes Publikum hinweisen. Einige Nummernschilder lassen die Anwesenheit von Angehörigen der US-Botschaft vermuten.

In der Kirche betrachten wir aufmerksam die Züge des Erzbischofs, der am Altar samt Assistenten seinem Beruf nachgeht und überlegen lange, an wen uns dieses Gesicht erinnert. Spätestens ab der Predigt scheint uns kein Zweifel mehr möglich: an die Bulldogge unserer Nachbarn.

Dazu spricht er ganz sonderbar — von Seen, die gut und Flüssen, die schlecht seien. Vom tapferen Adler und giftigen Schlangen.

„Wer außer Gott wird dabeisein, wenn sie versuchen, unsere Verehrung zur Heiligen Jungfrau zu ersticken?“ ruft Miguel Obando y Bravo zuletzt aus. *„Viva Monseñor!“* antworten seine Zuhörer und singen lauthals: „Monseñor Miguel, unser geistiger Führer, der uns Leben und Stärke lehrt, der uns Hoffnung und Mut gibt, ich höre die Stimme von Monseñor Miguel, der Christus in seinem Herzen trägt.“

„Miguel, der gute Hirte“, lautet der Titel dieses Liedes, das der Erzbischof selbst in Auftrag gegeben hat.

Auch der deutsche Botschafter, hören wir aus dessen Umgebung, schätzt *Monseñor* Miguel als spirituellen Berater und bedeutendste politische Informationsquelle nach dem US-Botschafter.

Uns interessiert, wie dieser Erzbischof zu seinem Amt kam. Wir stöbern in Archiven und befragen Kenner der nicaraguanischen Kircheninterna. In der Tat, erfahren wir, habe niemand auf den in der Provinzdiözese Mataglapa als Bischof wirkenden Salesianerpriester Miguel Obando Bravo getippt, als 1968 der damalige Erzbischof Gonzalez y Robleto — ein guter Freund des Hauses Somoza — starb und die Nachfolgefrage anstand. Der Diktator hätte gerne die Berufung seines Neffen *Monseñor* Leon Pallais gesehen, doch im Vatikan sei wohl bekannt gewesen, auf wen die Aktiven der örtlichen Laienbewegung setzten: auf einen Nachfahren des einzigen *Conquistadors* von altem spanischen Adel, der sich neben ansonsten weit weniger noblen Eroberern in Nicaragua niedergelassen hatte. Den Jesuitenpater Fernando Cardenal, Vertreter der sich im Gefolge der gerade stattgefundenen Bischofskonferenz zu Medellin formierenden Befreiungstheologie.

Nach zweijährigem Interregnum entschloß man sich im Vatikan zu einer Verlegenheitslösung und berief Obando Bravo — eine insbesondere von Nicaraguas Intellektuellen mit unverhohlener Enttäuschung aufgenommene Wahl. Seinen schlechten Einstand habe Obando seinem Widersacher Fernando Cardenal nie verziehen, sagt uns ein Theologe. Hier liege der Kern des Konfliktes zwischen der Amtskirche und den Sandinisten, für die Fernando Cardenal — nun Erziehungsminister — 1979 die landesweite Alphabetisierungskampagne organisierte und den Jugendverband aufbaute. Schließlich seien die regierenden Sandinisten alles andere denn antiklerikal und ließen — wie das Beispiel Daniel Ortegas zeige — ihre Kinder durch die Bank taufen.

In Managuas Revolutionsmuseum finden wir Hinweise auf frühe Begegnungen der beiden Männer aus La Libertad. Daniel Ortega war 1960 als Fünfzehnjähriger erstmals von der *Guardia* verhaftet worden, wurde bald nach der 1961 vollzogenen Gründung der FSLN deren Verbindungsmann zu den Oberschülern und noch drei weitere Male verhaftet, bevor er endgültig in den Untergrund wegtauchte.

1967 geriet er ein letztes Mal in Gefangenschaft, beteiligte sich im Gefängnis an mehreren Hungerstreiks und saß eine der längsten Strafen ab, die ein politischer Gefangener in den Kerkern Somozas überlebte. Dort begann er Gedichte zu schreiben und nahm über seine Mutter Kontakt mit seiner heutigen Lebensgefährtin Rosario Murillo auf, eine Dichterin, die damals ihren Lebensunterhalt als Sekretärin des Verlegers Pedro Joaquin Chamorro verdiente.

Daniel Ortega kam erst Ende 1974 frei, als ein Kommando der *Frente* gelegentlich eines Festes in das Haus des Somaza-Freundes Chema Castillo eindrang und dort prominente Geiseln nehmen konnte. Einer der Vermittler zwischen den Geiselnehmern und Somoza war damals der Erzbischof Obando y Bravo. Er sollte in der Folge noch häufiger Gelegenheit zu solchen Missionen bekommen. Im Frühjahr 1979, kurz vor dem Sturz Somozas, reiste er gar mit Funktionären des Unternehmerverbandes nach Caracas, um dort im Schoß der Organisation amerikanischer Staaten die künftige Machtverteilung in Managua auszuhandeln. Da waren die *Muchachos* von der *Frente* aber schon dabei, Tatsachen zu schaffen. Die Eminenz — schon auf dem Sprung, der eigentliche Vater des Vaterlandes zu werden — blieb grau.

„Ach ja, Miguel", hatte uns Doña Rosaura in La Libertad gesagt und dazu den Kopf geschüttelt. Wir hatten die über ihr an der Wand hängenden Bilder von Kirchenfürsten betrachtet und festgestellt, daß das von Obando y Bravo nicht dabei ist.

Sehr gut habe sie den 1926 geborenen Sohn eines Kleinbauern und Minenvorarbeiters gekannt. Miguel sei ihr Schüler gewesen. Dort drüben habe er oft gesessen. Doña Rosaura hatte dabei zu einem Tisch am Fenster gezeigt. Eine sehr fromme Familie seien die Obando y Bravo gewesen — naturgemäß nicht gerade kultiviert, aber sehr fromm. Einfache Leute eben. Und Miguel sei ein braver Bub gewesen, der emsig gelernt habe. Er sei ihr durch seinen Ehrgeiz aufgefallen, daher habe sie dafür gesorgt, daß er das französische *Colegio* in Granada besuchen habe können — mehr oder weniger geheim. Diese Schule sei nämlich den *Señoritas* aus den noblen Familien vorbehalten gewesen — und da mitten drinnen Miguel, der ungeschlachte Bauernbub aus La Libertad. Doña Rosaura hatte an dieser Stelle gekichert.

Das sei auch nicht lange gut gegangen in Granada, daher habe man Miguel dann bei den Salesianern in Masaya untergebracht. Ja, so sei er eben Priester geworden.

Abermals hatte Doña Rosaura den Kopf geschüttelt. Es sei leider nicht immer so, daß Gott jedem, dem er ein Amt gebe, den dazu nötigen Verstand zukommen lasse. Da wird dieser Miguel aus La Libertad vom polnischen Papst zum Kardinal ernannt und was tut der daraufhin? Fliegt von Rom aus nach Miami und liest seine erste Messe auf amerikanischem Boden vor den *Guardias* von der *Contra*. Als dann aber die Mütter der Kriegsopfer von La Libertad in der Absicht nach Managua gefahren seien, den Kardinal um seinen Segen für die gefallenen Söhne zu bitten, habe er die Frauen erst gar nicht empfangen.

Das sei nicht ohne Folgen geblieben, hatte Doña Rosaura berichtet: als Obando y Bravo schließlich im November 1985 nach La Libertad gekommen sei, habe man Leute von weither herantransportieren müssen, um die örtliche Kirche zu füllen. Von den einheimischen Familien seien nur ganz wenige erschienen.

„Ach ja, Miguel." Wahrscheinlich sei er in schlechte Gesellschaft geraten und darauf versessen, den reichen Leuten zu imponieren — dieser Doña Violeta vor allem, der Witwe nach Pedro Joaquin Chamorro: „Don Pedro würde das nicht dulden, was die jetzt macht!"

Doña Violeta wird in Managua nicht müde, ausländischen Besuchern ein düsteres Bild der Gewaltherrschaft auszumalen, die von den Sandinisten in Nicaragua ausgeübt werde. Dazu klimpert der Schmuck, mit dem sie sich nach der Art von Leuten behängt, denen Masse vor Güte geht. Ihre atemlos hervorgestoßenen Tiraden bieten keine Möglichkeit zu Fragen nach konkreten Details. Die nächsten Besucher, denen sie dasselbe erzählen wird, warten schon.

Wir können das Nicaragua von Doña Violeta nicht wiedererkennen, sobald sich die Tür zum Verlagsgebäude der *„La Prensa"* hinter uns geschlossen hat. Eine nächste Fahrt nach La Libertad erscheint uns zielführender. Doña Seela, die Bürgermeisterin, empfängt uns nun wie alte Bekannte. „Welche Treue!" ruft sie aus und wundert sich im nächsten Satz, wie wir hergekommen seien. Die Straße von Juigalpa herauf sollte doch gesperrt sein, da vor wenigen Stunden zwei *Compañeros* von der Kleinbauernvereinigung in einem Hinterhalt ermordet worden seien. Aber wahrscheinlich sei der *Compañero,* der unten im Tal die Straße sperren sollte, gerade beim Essen gewesen, als wir durchkamen, vermutet sie.

Wir leben inzwischen lange genug in diesem Land, um diese Erklärung für plausibel zu halten.

Die Bürgermeisterin lädt uns ein, sie hinaus an den Ortsrand zu begleiten, wo die Hütten der Leute stehen, die von den Bergen heruntergezogen sind. *Campesinos* seien das, hören wir, die oben in der Einschicht Selbstversorgungswirtschaft betrieben hätten. Menschen mit kantigen Gesichtern und abgearbeiteten Körpern. Sie seien zufrieden, sagen sie, denn jetzt bräuchten sei keine Angst mehr zu haben. Früher seien immer wieder einmal die *Guardias* vorbeigekommen, hätten sie grundlos drangsaliert und die jungen Männer zwangsrekrutiert. In den letzten Jahren seien dieselben Leute wieder aufgetaucht, hätten nun gesagt, sie kämpften für Christus und Demokratie, das Vieh geschlachtet, die Vorräte geplündert und Männer erschossen, die nicht mit ihnen gehen wollten.

Doch das sei jetzt vorbei. In La Libertad seien sie sicher. Da gäbe es wenig, aber es reiche für alle. Wenn einer von ihnen ernsthaft krank werde, bringe man ihn hinunter in das Spital nach Juigalpa. Und die Kinder könnten da zur Schule gehen. Eigentlich gehe es ihnen gut. Doch wenn der Krieg vorbei sei, sagen die Leute, wollten sie wieder hinauf, wo sie zu Hause seien und etwas anbauen auf dem Boden, den ihnen dann niemand mehr wegnehmen würde.

Das habe ihnen der Präsident versprochen, als er vor einigen Wochen in La Libertad war.

Oh ja, eine große *Fiesta* sei das gewesen, als Daniel jüngst hier war, berichtet die Bürgermeisterin später beim Abendessen im Wirtshaus und erzählt, wie sie Sandinistin wurde. Das habe schon in ihrer Kindheit begonnen, als mitunter heimlich von einem gewissen Sandino gesprochen wurde, über den ihr zu Hause niemand etwas sagen wollte. Doña Rosaura, die *Maestra,* habe sie dann einmal zur Seite genommen und ihr von Sandino und seinen Männern erzählt — von deren Kampf gegen die *Yanquis.*

Als sie daraufhin in der Schule ein selbsterfaßtes Gedicht über Sandino vorgetragen hatte, sagt Doña Seela, sei sie —

damals gerade neun Jahre alt — samt der Lehrerin von der *Guardia* abgeholt und verhört worden.

Jahre später erfuhr die nachmalige Bürgermeisterin davon, daß die *Guardias* die Leichen ihrer Opfer in die aufgelassenen Stollen der Minen warfen — und Doña Rosaura, die zierliche, kleine Lehrerin, nachts allein über den Fluß hinüber zu den Stollen geschlichen sei, um die Leichen herauszuholen, damit man sie anderntags fände und den Toten ein christliches Begräbnis bereitete.

Darüber habe man in den geheimen Zellen der katholischen Laienbewegung gesprochen, durch die sie zur Politik gekommen sei.

Aber ansonsten habe es in La Libertad keinen Widerstand gegeben, bis die vom *Comandante* Luis Carrion — früher einmal ein Ministrant Obandos — geführte Ostfront der Guerrilla am 13. Juli 1979 die letzten *Guardias* aus dem Ort vertrieb. An die zwanzig alte *Mineros* hätten dann versucht, den Goldabbau wieder aufzunehmen. Die Minen seien verrottet gewesen und stillgelegen, bis sie verstaatlicht wurden.

Auch in La Libertad, sagt Doña Seela, hätten sich schon bald die Geister zu scheiden begonnen: da jene, die zwar gegen Somoza aber auch gegen eine Revolution waren — dort die anderen, die alles von Grund auf neu machen wollen, damit es einmal allen besser gehe und nie wieder ein Mann wie Somoza an die Macht gelangen könne.

Ihre Familie sei darüber zerbrochen. Ihr Vater und ihr Mann, die seien sicher keine Somozisten gewesen, aber sehr am Geld orientiert. Die hätten sich nach Costa Rica abgesetzt. Doch die Jungen, die seien zum Glück ganz anders — ihr Sohn, beispieslweise, der studiere in Kuba und wolle dann zurückkehren, um beim Aufbau des Landes zu helfen.

Wir sind inzwischen in Doña Seelas kleines Haus übersiedelt. Immer wieder kommen bewaffnete junge Männer herein, trinken Kaffee, plaudern ein wenig und gehen dann wieder. Sie gehören zur örtlichen Miliz und halten Nachtwache. Draußen sei es ruhig, sagen sie, es sehe nicht nach einem Überfall aus.

Am nächsten Tag besuchen wir die alte Lehrerin. Sie kommt gerade aus der Kirche, wo sie jeden Tag einige Stunden in stiller Andacht zubringt. Pfarrer lebt schon lange keiner mehr in La Libertad. An einem der letzten Sonntage sei aber der Bischof Vega von Juigalpa da gewesen — ein absoluter *Yanqui*-Knecht und dazu der gefährlichste Einflüsterer von Miguel Obando y Bravo.

Wir müßten uns das vorstellen, sagt Doña Rosaura und blickt uns dabei fassungslos an: da habe dieser Bischof in der Predigt andere Priester mit schamlosen Lügen verleumdet. Nämlich Ernesto und Fernando Cardenal. Der eine sei rauschgiftsüchtig und der andere verführe Minderjährige, habe Vega gesagt. Da sei sie aber aufgestanden, mitten während der Predigt, und habe mit laut klapperndem Schuhwerk demonstrativ die Kirche verlassen.

Wir hatten einige Wochen zuvor in Managua gelegentlich einer Literaturveranstaltung eine persönliche Begegnung mit Daniel Ortega und müssen der alten *Maestra* nun von unseren Eindrücken erzählen. Er arbeite wohl sehr viel, sagen wir, und wirke mitunter etwas geistesabwesend. Doch das täusche vielleicht — schon im nächsten Moment könne er wieder sehr schlagfertig reagieren. Jedenfalls scheine er ein sehr besonnener Mann zu sein, der sich nicht verstelle und jedem Gesprächspartner gegenüber gleich verhalte. Vor allem sei uns an ihm etwas aufgefallen, das wir bei europäischen Politikern fast durchwegs vermißten — der Mann könne offenbar zuhören.

Doña Rosaura nickt zufrieden. „Ja, ja, Danielito", sagt sie, „der war schon immer anders als die anderen. Die Grundschule, für die fünf Jahre vorgesehen sind, hat er in nur zwei Jahren geschafft. Don Daniel, sein Vater, hat am Totenbett — 1975 muß das gewesen sein — seinen Freunden prophezeit, daß Danielito einmal Präsident wird. Und jetzt ist er es!"

Wieder vergehen einige Monate, bevor wir abermals nach La Libertad kommen. Wir wollen die *pequeños mineros* aufsuchen — die auf eigene Faust in den Bergen von Chontales tätigen Goldgräber. Schon weit unterhalb des Ortes begegnen uns erste Militärpatrouillen — nach den Uniformen zu schließen mobilisierte Reservisten. Die USA haben wieder einmal kräftig in die *Contra* investiert und die *Mercenarios* — die Söldner, wie sie hier genannt werden — müssen zu beweisen versuchen, daß sie dieses Geld wert sind. Es wird ihr letzter Versuch eine Offensive sein, wie sich später zeigen soll.

Am Ortsausgang von La Libertad steht ein Reservist mit einer Autobatterie am Wegrand und will bis zur nächsten Siedlung mitgenommen werden. Nach wenigen Kilometern, wo eine Brücke den Bach überquerte, endet die Straße plötzlich auf der Böschung.

„*Ah, si hombre, una emboscadita*", habe hier stattgefunden, sagt unser Fahrgast lachend im singenden Tonfall der Leute aus der nördlichen Küstenebene — ein *Hinterhältchen,* wie man die Verkleinerungsform des Wortes *emboscada* allenfalls übersetzen könnte.

Weiter oben in den Bergen finden wir endlich die ersten Goldgräber, einen älteren Mann und seine beiden Söhne, die einen Schacht von vielleicht einem Meter Durchmesser senkrecht in die Erde gegraben haben. Im Moment seien sie in etwa dreißig Meter Tiefe angelangt, sagt der Alte, während ein Sohn an der Kurbel der über den Schacht gestellten Seilwinde dreht, bis am Seilende ein mit Erdreich gefüllter Eimer auftaucht. An die drei Gramm Gold steckten in einer Tonne geförderten Materials, sagt der Alte. Davon könne keiner reich werden. Es reiche gerade zum Überleben. Das Gold aus dem Schwemmsand der Flüsse zu waschen, sei eine viel leichtere Arbeit. Doch die Bäche hier gäben nichts mehr her — da müsse man schon sehr weit hinaus in die Wildnis. Das gehe jetzt aber wegen des Krieges nicht. Dort draußen gerate man leicht zwischen die Fronten. Wenn der Krieg vorbei sei, begännen vielleicht auch für die *pequeños mineros* wieder bessere Zeiten.

Aus Deutschland ist der SPD-Politiker Hans Jürgen Wischnewski nach Nicaragua gekommen, um den Krieg beenden zu helfen. Er gehört als Berater der Regierungsdelegation an, die mit *Contra*-Abordnungen in Nachbarländern verhandelt. Zwischen den einzelnen Verhandlungsrunden hält er penibel fest, wieviele Tote hätten vermieden werden können, säße da nicht ein sogenannter Vermittler mit am Tisch, der zumeist unvorbereitet sei, Zusammenhänge nicht begreife oder nicht begreifen wolle, ständig Verhandlungsfortschritte durch eitle Extratouren topediere, aber eine unstillbare Geldgier verrate, sowie die Erstattung seiner angeblichen Auslagen das Gesprächsthema sei, flucht Wischnewski im kleinen Kreis über den Kardinal Obando y Bravo.

Das geht so dahin, bis Humberto Ortega, der Präsidentenbruder, die Sache selbst in die Hand nimmt und die *Contra*-Häuptlinge in der Grenzstation von Sapoa empfängt. Zur Einstimmung bittet er den Erzbischof, ein Gebet zu sprechen — doch dann hat der Pause und drei Tage später wird im April 1988 das erste Feuereinstellungabkommen unterzeichnet. Einige Monate später erklärt sich Daniel Ortega bei einem zentralamerikanischen Präsidentengipfel bereit, die nächsten Präsidenten- und Parlamentswahlen auf den Februar 1990 vorzuziehen.

In ausländischen Zeitungen lesen wir daraufhin, der Krieg sei beendet. Tatsächlich ebbt er ab. Die USA liefern der *Contra* offiziell keine Waffen mehr. In der Tat fließt der Nachschub nicht mehr so üppig, wie zu Reagans Zeiten. Jetzt sei es eine Freude zu arbeiten, sagt uns ein europäischer Entwicklungshelfer, der in Chontales tätig ist. Endlich könne man überall hinfahren und was man aufbaue, werde nicht gleich wieder zerstört. Er arbeite nun auch in La Libertad mit einer Kooperative ehemaliger *Mineros,* die zu alt seien für die Arbeit in den Minen und sich auf den Obstanbau verlegt haben. Ein anderer Europäer, ein Geologe, ist gekommen, um für die nationale Minenverwaltung eine Bestandsaufnahme der abbauwürdigen Zonen zu erstellen. Es gäbe hier ja überhaupt nichts an Unterlagen, sagt er. Seine wichtigste Informationsquelle seien alte *Mineros,* die noch wüßten, wo früher die Stollen verlaufen seien.

Wir fragen beide, wie ihrer Erwartung nach die Wahlen in La Libertad ausgehen werden. Keine Frage, sagen sie — das werde ein glatter Durchmarsch für die *Frente.* Die Opposition existiere hier nicht und die ganz großen Viehzüchter, die allenfalls als örtliche Vertreter der Rechtsparteien in Frage kämen, hätten sich längst mit den Sandinisten arrangiert.

Wieder suchen wir Doña Rosaura, die alte Lehrerin auf. Fassungslos schüttelt sie den Kopf, als wir auf Violeta Chamorro zu sprechen kommen, die nach heftigem Gezerre im Lager der Opposition zu deren Präsidentschaftskandidatin gekürt wurde.

„Diese würdelose Person", sagte Doña Rosaura, „jetzt paktiert sie ganz offen mit dem Oberst Bermudez und den anderen Somoza-Leuten — mit den Mördern ihres Mannes!"

Draußen am Ortsrand, bei den *Campesinos,* die von den Bergen herabziehen mußten, fragen wir die Leute, wie das werden wird, mit den Wahlen.

„Ach Wahlen", sagt eine ältere Frau und ihr Mann nickt dazu — „wissen Sie, *Señor,* das hat bei uns keine Tradition. Das ist nicht so wichtig. Wichtig ist die Revolution, die unseren Boden garantiert."

Von Doña Seela, der Bürgermeisterin, wollen wir wissen, wann der Wahlkampf begänne.

„Wahlkampf?" fragt sie zurück — „sowas brauchen wir hier nicht. Die Leute wissen schon, von wem sie was zu erwarten haben. Vor allem die Jungen, die wissen, wo ihre Zukunft liegt. Wir werden darum kämpfen müssen, daß man uns die Wahlen ungestört abhalten läßt. Die *Guardias* werden sicher versuchen, die Wahlen zu sabotieren, damit die *Yanquis* dann sagen können, es waren gar keine richtigen Wahlen. Aber unser *Muchachos* werden das zu verhindern wissen."

Es ist Sonntag. Doña Rosaura ist mit ihren kurzen hastigen Schritten unterwegs zur Kirche. Am Wegrand liegen vereinzelt Betrunkene und schlafen ihren Rausch aus. An einer Wegkreuzung stehen zwei Männer mit Gitarren und musizieren. Mehr Leute als sonst sitzen vor ihren Häusern und mustern aufmerksam die vorbeigehenden Fremden. Oben am Ortseingang, wo die neuen Holzhäuser für die zugewanderten *Mineros* neben den Zelten und Lastwagen des *BLI German*

Pomares stehen, schäkern die Soldaten mit den Mädchen aus der Nachbarschaft. La Libertad ist wie ganz Nicaragua — Provinz, auf die alle Welt blickt.

November 1989

Siebzig Jahre Einsamkeit

Der lange Schlaf und die Wiedererweckung der ungewissen Landenge

„Macondo war damals ein Dorf von zwanzig Häusern aus Lehm und Bambus am Ufer eines Flusses mit kristallklarem Wasser, das dahineilte durch ein Bett aus geschliffenen Steinen, weiß und riesig wie prähistorische Eier" — wir schlagen nach bei Gabriel Garicia Marquez, suchen die Beschreibung des Ortes der Handlung von „Hundert Jahre Einsamkeit", ein „im brütenden Sumpfland verirrtes Dorf" mit dreihundert Einwohnern, und wissen nun, woher wir meinten, die Siedlung zu kennen, die wir eben zum ersten Mal besucht hatten. Nur die Zahlen stimmen nicht ganz.

In El Castillo leben noch an die 3000 Menschen in geschätzten 200 Häusern, die auf Zementfundamenten oder in die Uferböschung gerammten hölzernen Pfosten stehen — aus ungehobelten Holzbrettern zusammengefügt und aufgereiht zu beiden Seiten des Weges, der kurz vor der Stelle, wo das Wasser des Rio San Juan von Stromschnellen in schäumende Gischt verwandelt wird, aus dem Urwald hervortritt, einige hundert Meter am Ufer entlangführt und an der nächsten Biegung des Flusses wieder im Urwald verschwindet.

Macondo, das mit dem Bananen-Boom nahezu über Nacht im Strudel der Prosperität emporgerissene und danach ebenso schnell wieder in hundertjährige Einsamkeit versunkene Dorf im Hinterland der karibischen Karibikküste, kann zumindest eine enge Verwandtschaft zu El Castillo bescheinigt werden, das im karibischen Hinterland Nicaraguas dicht an der Grenze zu Costa Rica liegt und seinen *Boom* gleichfalls schon hinter sich hat. Und vielleicht einen neuen vor sich — doch davon war bei unserem ersten Besuch noch keine Rede.

In einem Motorboot waren wir annähernd achtzig Kilometer den Rio San Juan hinuntergefahren, abwechselnd vorbei an Urwäldern und abgeholzten sumpfigen Niederungen. Entlang dieses Flusses waren zwar nie Bananen-Plantagen für nordamerikanische Compagnien angelegt worden, deren Eigner und Verwalter ganze Staaten Zentral- und Südamerikas beherrschten, doch der Rio San Juan, der den *Gran Lago* — den Nicaraguasee — mit dem karibischen Becken verbindet, gehörte phasenweise zu den bedeutendsten Transitrouten der Welt, nachdem er 1539 von spanischen Seefahrern als Schifffahrtsweg erschlossen wurde.

Die ersten Spanier, die das Land keine zwanzig Jahre zuvor betreten hatten, waren aus dem Süden gekommen und auf der Suche nach dem *Estrecho dudoso* gewesen, der ungewissen Landenge, von der es gerüchtweise hieß, durch sie könne man ohne Mühen von einem Ozean in den anderen gelangen. Später lockte dieses Gerücht Alexander von Humboldt an, der gleichfalls nach der idealen Route für einen interozeanischen Schifffahrtsweg suchte und überzeugt war, diese in Nicaragua gefunden zu haben.

Die kühne Idee schien verwirklicht zu werden, nachdem in der Mitte des 19. Jahrhunderts der große Goldrausch in Kalifornien ausbrach und zehntausende Menschen von der Ost- zur Westküste der USA strebten. Die günstigsten Verkehrswege dorthin führten quer durch Zentralamerika: über die Panama-Route — die spätere Kanal-Trasse — oder aber über den Rio San Juan und den Gran *Lago,* an dessen westlichem Ufer nur noch ein zwanzig Kilometer breiter Festlandstreifen zu überwinden war, um den Pazifik-Hafen San Juan del sur zu erreichen. Pferdegespanne, später eine Eisenbahn, brachten die Reisenden vom See zum Pazifik.

The Accesory Transit Company des Kommodore Cornelius Vanderbilt, Monopolinhaberin für den Transport der Goldsucher auf der Nicaragua-Route, bescherte ihren Aktionären rasch Millionengewinne. Am Ausgangspunkt des Transitweges, der an der Mündung des Rio San Juan in den Atlantik gelegenen Stadt San Juan del norte — die 1818 mit Hilfe ihrer Miskito-Vasallen von den Briten besetzt wurde und somit zu der Zeit Greytown hieß — entstanden Hotels, etablierten sich Banken, Handelshäuser und Konsulate, wurden entlang von gepflasterten, mit Gasbeleuchtung ausgestatteten Straßen viktorianische Villen mit Marmortreppen errichtet, wo gerade noch dichter Urwald war.

Die Machthaber in Washington beeilten sich, der Regierung Nicaraguas Verträge zu diktieren, laut denen „für alle Zeiten" ausschließlich den USA das Recht übertragen wurde, den *Estrecho dudoso* zu einem schiffbaren Kanal auszubauen. Nach heftigem Gezerre verschiedener Interessengruppen fiel jedoch um die Jahrhundertwende in Washington die Entscheidung zum Bau des Panama-Kanals. Als kurz darauf in Nicaragua eine Regierung an die Macht kam, die am eigenen Kanal-Projekt festhielt und sich nach anderen ausländischen Partnern umzusehen begann, war dies einer der Hauptgründe für die erste Intervention regulärer US-Truppen in diesem Land.

Der *Estrecho dudoso* sank für Jahrzehnte zurück in Bedeutungslosigkeit und Vergessenheit. In den Uferwäldern des Rio San Juan überlebten Jaguare und andere seltene Arten, dazu eine Vegetation, von der naturkundige Kenner dieses Gebietes behaupten, sie suche weltweit ihresgleichen.

Im Frühjahr 1989 treffen wir hier zwanzig nicaraguanische Naturwissenschaftler, die gerade von der ersten Expedition bis an das Mündungsdelta des Rio San Juan seit sechs Jahren zurückgekehrt sind. Sie waren mit dem Ziel aufgebrochen, eine erste ökologische Bestandsaufnahme im Rahmen des Si-a-Paz-Projektes vorzunehmen — des „Systems geschützter Zonen für den Frieden", das eine Erschließung der Region für landwirtschaftliche Produktion, Holzgewinnung, Wiederaufforstung und die Festlegung von Pufferzonen vorsieht, um das unkontrollierte Vordringen der Anbaugebiete zu verhindern. Bestimmte Zonen sollten unter absoluten Naturschutz gestellt und allenfalls für wissenschaftliche Experimente genützt werden.

Am Ende ihrer 200 Kilometer langen Fahrt flußabwärts hatten die Expeditionsteilnehmer an der Stelle, an der sich San Juan del norte befunden hatte, einen schwammigen Sumpf vorgefunden. Nur da und dort hatte ein rostendes Zinkblech, ein einsam aus dem Boden ragender Pfosten, ein karger Mauerrest an die verschwundene Siedlung erinnert. Die marmornen Grabsteine, für die der Friedhof von San Juan del norte berühmt war, waren nicht mehr aufzufinden.

Den Großteil der Stadt, in der zur Hochzeit des Transit-Booms eine Straßenbahn zwischen den Bezirken Ciudad America und La Fe verkehrt hatte, war schon wenige Jahre nach der Aufgabe des Kanalprojekts im wieder vordringenden Urwald versunken.

Die karge Siedlung von 400 Bewohnern, die bis dahin ausgeharrt hatten, vernichteten die *Contra*-Truppen des Renegaten Eden Pastora bei einem Angriff im Juli 1983. Die Ortsbewohner mußten anschließend evakuiert werden — die meisten von ihnen gingen über die Grenze nach Costa Rica.

Das war das vorerst letzte bedeutende Kapitel in der langen Geschichte von Gewalttaten, die sich am Rio San Juan zutrugen. Die Spanier ließen das in ihrem zentralamerikanischen Kolonialreich erbeutete Gold und Silber, dazu Kakao, Indigo und Purpur in die Provinzmetropole Granada am nordwestlichen Ufer des *Gran Lago* schaffen, von dort auf dem See und dem Fluß hinab in den Atlantik und dann auf dem Seeweg nach Europa transportieren. Im karibischen Becken hatten sich Briten und Niederländer festgesetzt und versuchten von da aus, auf das zentralamerikanische Festland vorzudringen.

Für die seefahrenden Mächte dieser Zeit war der Unterschied zwischen der Kriegsmarine der Krone, sowie auf eigene Faust — doch gleichwohl im Einklang mit ihren Herrschern, wie das Beispiel von Sir Francis Drake beweist — operierenden Freibeutern zumeist nur ein taktischer. Also waren es zuerst britische und niederländische Piraten, die Spaniens Königen und deren in die *Neue Welt* entsandten Interessenwahrern die Dominanz über die schmale Landverbindung zwischen den beiden Amerika streitig machten.

Die vorübergehende Zerstörung des Kastells *San Carlos de Austria* (es war ein über Österreich und Spanien zugleich herrschender Habsburger namens Karl, der behaupten konnte, daß über seinem Reich die Sonne nie untergehe) am Ausgang des Rio San Juan aus dem *Gran Lago* durch britische Piraten bewog die Krone Spaniens zum 1675 abgeschlossenen Bau einer zusätzlichen Feste auf etwa halbem Weg zum Atlantik an der Stelle, wo der ansonsten in einer Breite von bis zu 500 Metern träge dahinfließende Rio San Juan durch Stromschnellen in einen reißenden Fluß verwandelt wird: „Kastell von der reinen und unbefleckten Empfängnis unserer Jungfrau Maria" nannten die Hüter des wahren Glaubens in der *Neuen Welt* diese auf einem Uferkegel in quadratischer Form errichtete Festung. Deren Ruine überragt noch immer das Dorf, das unter dem Kastell entstand und El Castillo heißt.

An dieser Stelle, berichtet der nicaraguanische Dichter, Politiker und Historiker Sergio Ramirez, fiel die Entscheidung über die hispanische Zukunft weiter Teile Lateinamerikas: „Eine Spanierin mit Namen Rafaela Herrera verteidigte im 18. Jahrhundert die Festung am Rio San Juan vor dem Ansturm der englischen Fregatten, indem sie selbst die Lunten der Kanonen zündete, als sie für ihren alten Vater, der das Fort befehligt hatte und wenige Stunden zuvor getötet worden war, das Kommando über das Fort übernahm. Sie ließ alkoholgetränkte Laken über das Gestrüpp am Flußufer spannen, damit sie in der Dunkelheit der Nacht die feindlichen Schiffe beleuchteten."

Nun liegt das Dorf in der lähmenden Mittagshitze wie ausgestorben da. Nur wenige Frauen stehen neben ihren auf Stelzen ruhenden Häusern im Uferwasser und waschen in Holztrögen ihre Kleider. Ein paar schwarzborstige kreolische Schweine suhlen sich im Schlamm und die Besatzung des kleinen Militärpostens döst im Schatten einer Veranda.

Erst wenn sich die Sonne dem Horizont nähert, kommen Kinder zum Baseball-Spiel und einzelne Erwachsene zur eingehenderen Besichtigung der den Fluß herabgekommenen Fremden auf die Straße.

In El Castillo legen nur noch wenige Boote an. Fremde sind noch seltener zu sehen. Dieser Ort hat abgesehen von seiner Festungsruine nichts zu bieten, das eine Reise lohnen würde. Wo El Castillo aufhört, folgt nur noch Wasser, Sumpf und Urwald bis hinunter an das Ufer des Ozeans. Gäbe es eine Endstation dieser Welt — sie könnte so aussehen wie dieses Dorf, das langsam verfällt.

Zahlreiche Häuser stehen leer. Das bißchen Landwirtschaft und Fischfang, das die Lebensgrundlage der meisten Bewohner von El Castillo bildet, hält keinen im Ort, der anderswo eine bessere Chance vermutet. Die Vertretungen der regionalen Behörden wurden schon abgesiedelt. Sogar die *Contra*-Banden, die bis 1985 mitunter aus Costa Rica kommend im Umfeld des Dorfes auftauchten, sind von der Bildfläche verschwunden.

Die Einsamkeit scheint sich noch intensiver über El Castillo auszubreiten — um eine dreiviertelstündige Bootsfahrt weiter flußaufwärts endgültig vertrieben zu werden: wo der Sabalo in den Rio San Juan mündet, wurden große Urwaldflächen gerodet und neue Dörfer aus dem Boden gestampft. Dort steht ein modernes Sägewerk in Betrieb, schütten Bulldozer die Uferböschung zu einer Schiffsanlegestelle auf, haben Wirtshäuser und eine Filiale der *Nationalen Entwicklungsbank* geöffnet, steht eine Gesundheitsstation für die Bevölkerung zur Verfügung und sind Außenstellen der verschiedenen mit der Entwicklung des Landes befaßten Ministerien entstanden.

Boca de Sabalo, so heißt die neue Ansiedlung am Rio San Juan im Südosten der Provinzhauptstadt San Carlos, ist nun das Verwaltungszentrum für über 5000 Menschen und hat El Castillo in dieser Funktion abgelöst.

In den Tagen der Trockenzeit, wenn die Baumaschinen hohe Staubfontänen aufwirbeln, bietet Boca de Sabalo dem Besucher ein Bild optimistischen Fortschrittswillens — das allerdings um einiges düsterer ausfällt, sobald die endlos erscheinenden acht bis zehn Regenmonate jedes Jahres für eine Morast- und Schlammwüste sorgen, in der alles versinkt, das nicht wenigstens einen Meter über der Erde auf Stelzen steht.

„Dann wird es für unsereinen hier trostlos", sagt ein junger Europäer, der sich von einer Hilfsorganisation an den Rio San Juan schicken hat lassen.

Doch ohne Hilfe von außen wäre die Lage in diesem Gebiet hoffnungslos. Das sieht auch Wolfgang Meyer so, ein Volkswirt aus dem Bayerischen, den wir in San Carlos treffen. Der ehemalige Fallschirmjäger-Leutnant der deutschen Bundeswehr nahm lange vor anderen die Sache mit der internationalen Solidarität total wörtlich, ging nach Zentralamerika und schloß sich 1978 der sandinistischen *Guerrilla* an. Er lernte die Gegend entlang des Rio San Juan zuerst als Dschungelkämpfer kennen und kam nach einem kurzen Gastspiel in der Diplomatie der neuen sandinistischen Regierung hierher zurück, um als Mitarbeiter der Regionalregierung des *Departemento Rio San Juan* Entwicklungsprojekte zu koordinieren: ein Krankenhaus da, eine Ziegelei dort, eine kleine Bootswerft ...

Es gibt genug zu tun — und es fehlt vor allem an ausgebildeten Leuten: „Bis 1980 lag die Analphabeten-Quote bei 96 Prozent, es gab fast kein organisiertes Gesundheitswesen, nur eine Oberschule, kaum Grundschulen, aber viele arme Bauern, die zumeist verstreut im Urwald von der Selbstversorgungswirtschaft lebten", berichtet Wolfgang Meyer: „Dem früheren Diktator Somoza oder seinen Anhängern gehörten die wenigen Großbetriebe für Rinderzucht und Reisanbau. In einer waldreichen Region wie dem Rio San Juan gab es kein einziges Sägewerk. Das Holz wurde zur Verarbeitung über den Nicaragua See geflößt. Es gab keine Landverbindung und die Schiffahrt über den See ist bis heute beschwerlich."

Das ist sie in der Tat. Von Granada bis San Carlos dauert die Fahrt zwölf Stunden. Wer diese Reise auf sich nahm, tat dies bis vor wenigen Jahren fast ausnahmslos, um den Kautschuk, das Nambar, Mahagoni und andere Edelhölzer, sowie die Arzneimittelwurzel Ipecacuana abzutransportieren, ohne daß die Bewohner des Gebietes, in dem diese Reichtümer zu finden waren, etwas davon gehabt hätten.

Oder er kam über den großen See gefahren, um dort unten im vergessenen Süden eine letzte Chance zu suchen: Bauern aus der pazifischen Küstenebene Nicaraguas, die vor einem Vierteljahrhundert als Folge der Einführung des Baumwoll-, Sesam-, Zucker- und Bananenanbaues im großen Stil durch einige wenige reiche Plantagenbesitzer von ihrem angestammten Boden vertrieben wurden. Dort unten am Rio San Juan konnten sie hoffen, vom Expansionsdrang der Großen nicht neuerlich eingeholt und überrollt zu werden.

Die Bauern, die ein Stück Urwald rodeten, um Mais und Bohnen anzupflanzen, haben somit keine in Jahrzehnten gewachsene Bindung zu ihrer Scholle. Es war daher einfacher als in anderen Landesteilen, sie aus dieser aussichtslosen Existenz herauszuholen und in *Asentamientos* zusammenzufassen, wie die aus dem Urwaldboden gestampften neuen Dörfer genannt werden, wo man den Bewohnern Schulen, Gesundheitsversorgung und eine ökonomische Perspektive bieten kann.

Bis dies geschah, mußte allerdings unfreiwillige Entwicklungshilfe geleistet werden, erzählt Wolfgang Meyer — von der *Contra,* die hier angeführt von Eden Pastora einfiel. Auch die Führer der Revolution hatten diesen unterentwickeltsten Teil des unterentwickelten Nicaragua vorerst aus den Augen verloren. Die wenigen sandinistischen Kader, die es da gegeben hatte, waren fast durchwegs in anderen Landesteilen eingesetzt und Auswärtige zeigten wenig Lust, dort hinunter zu übersiedeln.

Erst die militärische Bedrohung durch die Konterrevolution änderte die Lage. Nun wurden Kader und Fachleute in den Süden abkommandiert — wo man die meisten von ihnen nicht kannte und sie niemanden kannten, sich mehrere erwachsene Männer eine kleine Kammer als Wohnung und einen wackeligen Tisch als Arbeitsplatz teilen mußten. „Damals ist da viel Mist gebaut worden“, erinnert sich Wolfgang Meyer — und er scheint selbst am meisten davon überrascht zu sein, daß das Unternehmen letztendlich gut auszugehen scheint. In diesem Teil Nicaraguas wurde die *Contra* zuerst auf einige herumstreunende Banden dezimiert, lassen ehemalige Subsistenzbauern Anzeichen von politischem Willen erkennen und wächst langsam eine eigenständige Wirtschaftsstruktur. Im Oktober 1986 konnte der Agrarreform-Minister und Revolutionskommandant Jaime Wheelock aus Managua anreisen, um die Region Rio San Juan zur ersten des Staates zu erklären, in der es keinen landlosen *Campesino* mehr gibt.

Das künftige wirtschaftliche Rückgrat dieses Landesteiles soll die Ölpalme bilden: 1984 wurde bei Boca de Sabalo und den umliegenden *Asentamientos* mit der Pflanzung der sogenannten *Afrikanischen Palme* begonnen, deren Früchte den Grundstoff zur Herstellung von Speiseöl — vor Ort — bilden soll, das zur Abdeckung des Inlandsbedarfs und für den Export vorgesehen ist. Allerdings läuft die Produktion nur zögerlich an, immer wieder gibt es Rückschläge — sei es durch die mühselige Herbeischaffung der nötigen Anlagen oder einen Hurrikan, der in den Palmenpflanzungen wütet. Doch hier hat man warten gelernt, wird niemand so schnell ungeduldig.

„Selbst kleine Sprünge sind hier oft zu groß", sagt Alvaro, ein Exil-Chilene, der im Auftrag der österreichischen *Volkshilfe* in Boca de Sabalo tätig ist: „Viele Bauern leben noch wie vor tausend Jahren. Sie arbeiten nur mit der *Machete*. Entwicklung, das sind hier viele kleine, mühsame Schritte. Das ist Bildung und Ausbildung, das sind aber keine Großprojekte. Der Kanal würde außer der Natur auch das Leben der Leute zerrütten."

Der Kanal — dieser alte Plan eines interozeanischen Wasserweges durch Nicaragua — scheint plötzlich wieder aktuell geworden zu sein, seit im März 1989 eine private Delegation japanischer Wirtschaftsbosse und Wissenschaftler in Managua aufkreuzte, mit den Spitzen des Staates konferierte und anschließend der internationalen Presse verkündete, auftrags einer Kapitalgruppe gekommen zu sein, die ernsthaft in Erwägung ziehe, dieses Vorhaben realisieren zu lassen. Wie allgemein bekannt, sei der Panama-Kanal technisch längst überholt und vor allem zu klein, da ihn nur Schiffe von einer Größe bis zu 50.000 Tonnen passieren könnten.

Der Nicaragua-Kanal solle auf Meeresniveau, also ohne Schleusen gebaut werden und somit eine rasche Durchfahrt von Schiffen bis zu einer Größe von 500.000 Tonnen ermöglichen.

Desweiteren plane man entlang dieses Kanals Freihandelszonen und eine touristische Infrastruktur zu errichten, die für Nicaraguas marode Wirtschaft zusammen mit den zu erwartenden Einnahmen aus Kanalgebühren eine glänzende Zukunft eröffnen würden.

Allein dieser Aspekt schien die Regierenden in Managua spontan in freudige Erregung zu versetzen. Und auch die Vorfreude darauf, den *Yanquis* eins auswischen zu können, die gerade wieder einmal dabei waren, entlang des Panama-Kanals (von dem sie sich laut einem Vertrag, mit dessen Einhaltung niemand rechnet, bis zur Jahrhundertwende zurückziehen sollen) der örtlichen Regierung die engen Grenzen ihrer Souveränität drastisch vor Augen zu führen, kam nicht zu kurz. Die selbstgefälligen Kerle im Norden, die Zentralamerika seit jeher als ihren Hinterhof zu betrachten pflegen, würden sich von der neuen Wirtschafts-Weltmacht Japan in die Schranken weisen lassen müssen.

Lateinamerikanische Intellektuelle, die seit langem — bis dahin allerdings ohne nennenswerte Resonanz außerhalb ihres eigenen Kulturraumes — die These vertreten, der bipolare Blickwinkel ihrer europäischen und nordamerikanischen Kollegen, die alle Zukunftsperspektiven gewöhnlich ausschließlich unter Berücksichtigung der beiden Supermächte USA und UdSSR analysierten, fühlten sich in ihrer Vorhersage bestätigt, derzufolge die Umgestaltung der herrschenden Weltordnung vom pazifischen Raum ausgehen werde. Mithin sei die neue Weltmacht Japan ein natürlicher Bündnispartner der Entwicklungsländer im Kampf gegen die Diktate vor allem der Militär- und Wirtschaftsmacht USA, die sich ihre eigene Überschuldung nur unter den Bedingungen der fortgesetzten Ausbeutung der armen Rohstoffproduzenten vornehmlich Lateinamerikas leisten könne.

Kurzum, die Wiedergeburt des Kanal-Projektes war Anlaß für strategische Gedankenspiele von berauschender Globalität und wer sich da mit pessimistischen ökologischen Argumenten einmischen wollte, mußte damit rechnen, als provinzieller Kleingeist abgetan zu werden.

Der Rio San Juan, gegenwärtig zwischen neun und einem halben Meter tief, müsse zu einer durchgehend dreißig Meter tiefen Fahrrinne ausgebaggert werden, brachten die Kritiker vor. Dadurch würde der Wasserspiegel im gesamten Umland abgesenkt, was dem tropischen Regenwald im Zusammenwirken mit den nötigen Abholzungen den Todesstoß versetzen würde.

Doch auch von dieser Seite konnten vorerst nur Vermutungen vorgebracht werden. Immerhin beschleunigte die Kanal-Debatte die Vorhaben einheimischer Naturwissenschaftler zur gründlichen ökologischen Bestandsaufnahme entlang des Rio San Juan. Und wie ernst es den japanischen Besuchern mit ihren Bauplänen tatsächlich ist, vermag vorerst niemand abzuschätzen. Die verabschiedeten sich mit der Ankündigung, nun Detailpläne und Rentabilitätsstudien zu erarbeiten, die zum gegebenen Zeitpunkt vorgelegt würden.

Beim nächsten Besuch in San Carlos versuchen wir uns die Provinzhauptstadt des *Departemento Rio San Juan* als prosperierenden Knotenpunkt an einem internationalen Transitweg vorzustellen — ein Vorhaben, das angesichts der gegenwärtigen Realität nicht gelingen will. Schon die Anreise läßt solche Visionen in sich zusammensacken. Auf dem Landweg führt sie über eine weithin unbefestigte Erd- und Schotterpiste, sowie wenig vertrauenerweckende schmale Holzbrücken durch kaum besiedelte Landstriche, in denen noch immer mit Hinterhalten von zu *Contras* mutierten Straßenräubern zu rechnen ist.

Wenn genug Sprit vorhanden ist, verkehrt dazu seit 1986 zweimal wöchentlich ein Flugzeug mit 25 Passagierplätzen zwischen Managua und San Carlos, wo die Landung auf einer abschüssigen Schotterpiste stattfindet, die jedem aeronautischen Sicherheitsfanatiker den kalten Schweiß auf die Stirn treibt.

Doch die Flugzeit beträgt nicht einmal eine Stunde. Und wem umständehalber danach ist, der kann sich von der Verpflegungsmaid an Bord bereits vor dem Frühstück ein Wasserglas voll Rum servieren lassen.

Im Landeanflug wird der Besucher zahlreicher Neubauten und Baustellen gewahr, die später, aus nächster Nähe betrachtet — in der Nachbarschaft von modrigen Hütten und Häusern, umgeben von schlammigen Erdwegen —, wie verirrte Fremdkörper in einer von Vergänglichkeit gezeichneten Architektur des Chaos wirken. Neue Wohnsiedlungen, Schulen, Verwaltungsgebäude, ein Krankenhaus, Verkaufsläden, ein Kino — bis vor kurzer Zeit hier ein unvorstellbarer Luxus — sind entstanden. Das alles mit dem Ziel, die Abwanderung derer zu stoppen, die sich auch in einer urbaneren Umgebung behaupten könnten, und Zuwanderer anzulocken, die etwas zur Entwicklung dieser Region beitragen könnten. Entlang der Kaimauer, gegen die ohne Unterlaß die Abfälle aus der benachbarten Markthalle schwappen und wo ein Großfeuer im Jahr 1984 gleich mehrere Häuserblocks eingeäschert hat, entsteht mit der hier üblichen Gemächlichkeit eine Parkanlage mit betonierten Ruhebänken. Das Bild schmucker Heimeligkeit, das den Planern vorgeschwebt haben mag, will sich indes nicht einstellen.

Es ist, als ob der vom See, vom Fluß und von den beharrlichen Regenfällen genährte Moder, der in San Carlos allgegenwärtig ist, jedes Bemühen um Veränderung durch Menschenhand in einen Nebel von Vergeblichkeit hülle. Man wird wohl da aufgewachsen sein müssen, um den Fortschritt gebührend würdigen zu können, der in San Carlos trotz alledem um sich greift. Oder aber aus noch größerer Einsamkeit zugewandert sein, um in dieser Siedlung urbane Entwicklung zu erkennen.

Das sind auch die meisten, die jetzt in San Carlos Verantwortung für die Stadt und ihr Hinterland tragen. Der Großteil von ihnen kam von Solentiname, dem Archipel im Nicaraguasee, der sechzehn Mal die Fläche des Bodensees bedeckt. *Süßes Meer* nannten die spanischen Eroberer den *Gran Lago:*

ein Meer, in dem es Haifische gibt, die sich vermutlich den Rio San Juan herauf aus dem Atlantik hierher verirrt haben.

Mit einem schnellen Motorboot dauert die Fahrt von San Carlos zu den annähernd vierzig Inseln von Solentiname eine Stunde. Der kleine Kutter, der zweimal wöchentlich verkehrt und den die meisten Bewohner von Solentiname für ihre Besorgungsfahrten benüzten, ist mehr als drei Stunden unterwegs. Zwischen den Inseln wird er mehrmals angehalten, damit Passagiere umsteigen können, die nächst ihres Hauses mit einem Einbaum abgeholt werden.

An manchen Tagen wird der Reisende gelegentlich eines solchen Haltes ein Motorboot vorbeifahren sehen, in dessen Bug aufrecht ein zierlicher älterer Mann mit einer Baskenmütze auf dem Kopf und wallendem weißen Haar steht.

Es wäre übertrieben, zu sagen, das sehe so aus, als würde er über das Wasser schreiten — wohl aber gleiten. Und diese Assoziation erscheint angesichts von Ernesto Cardenal absolut angemessen — dem Mystiker, Dichter und Priester, dem Solentiname seine Berühmtheit verdankt.

Der *Padre,* wie ihn die Leute hier nennen, hatte sich 1967 auf der größten der Solentiname-Inseln zusammen mit zwei im Priesterseminar in Kolumbien gewonnenen Freunden niedergelassen, um im Rahmen einer kontemplativen Gemeinschaft das Leben der annähernd 1000 Fischer und Bauern zu teilen, die zu der Zeit auf dem Archipel lebten.

Er habe bald einsehen müssen, berichtete der Dichter später, daß er für die bäuerliche Arbeit nicht geschaffen sei — so machte er aus den Bauern der Inseln Künstler: immer mehr Bewohner von Solentiname folgten dem Beispiel des *Padre* und begannen neben ihrer gewohnten Arbeit die Vögel und anderen Tiere, die da zu sehen sind, aus Holz zu schnitzen, sowie bunte Bilder zu malen — naive Darstellungen ihres Alltagslebens. Die Malereien der Leute von Solentiname notieren längst mit steigender Tendenz auf dem internationalen Kunstmarkt.

Neben den aus Bambusstangen und ungehobelten Brettern zusammengefügten Hütten mit ihren offenen Feuerstellen, die der Besucher bei seinem Erkundungsgang entlang der Uferböschungen passiert, wird er desöfteren ein gemauertes neues Haus sehen, vor dem zumeist nicht der übliche Einbaum festgemacht ist, sondern ein schlankes hölzernes Boot mit einem Außenbordmotor. Diese Zeichen von Wohlstand signalisieren, daß hier eine der Malerinnen, einer der Maler lebt, für deren Arbeiten von der ausländischen Kundschaft Dollarbeträge bezahlt werden, die andere *Campesinos* ihr ganzes Leben lang nie zu Gesicht bekommen.

Rita Pineda ist eine der erfolgreichsten dieser Künstlerinnen. Während sie an der Fensteröffnung ihres neues Hauses sitzt und mit feinen Pinselstrichen Bilder tropischer Landschaften auf die Leinwand zaubert, nennt die Frau eines Fischers die ihr bis dahin fremden Namen europäischer Hauptstädte, in der ihre Bilder bereits ausgestellt wurden. Ihr reicht es, wenn sie hin und wieder bis Managua reist. Leben, sagt sie, könne sie dort nicht — und malen könne sie nur hier.

Ihre Schwester Anita bewohnt mit ihrer Familie eine eigene kleine Insel in Sichtweite von Ritas Haus und schnitzt dort gemeinsam mit ihren sechs Kindern tropische Vögel aus Balsaholz, während ihr Mann für die Nachbarn Boote baut. Auch Anita weiß nicht, warum sie da wegziehen sollte — daran, sagt sie, habe sie noch nie gedacht.

Es gibt nicht wenige Leute auf Solentiname, die davon überzeugt sind, daß sich da, wo sie jetzt leben, das Paradies befunden habe, von dem in der Bibel berichtet wird. Der äußere Anschein spricht nicht gegen diese Vermutung. Der auf den Inseln in kräftigen Farben wuchernde Urwald ist an den meisten Stellen unberührt wie eh und je — und doch besitzt er einen milderen Charakter, als die bedrohlich einschüchternden Dschungel anderer Urlandschaften.

Wo Kaffeesträucher oder Bananenstauden gepflanzt, Mais- oder Bohnenäcker angelegt wurden, fügen diese Kulturen sich bruchlos in das Landschaftsbild ein. Die Rinder, die unter Sträuchern und auf freien Wiesenhügeln grasen, runden den Eindruck einer Harmonie ab, die den Rest der Welt weit entfernt erscheinen läßt.

Auch das war nicht immer so. In den Sechzigerjahren, als Ernesto Cardenal nach Solentiname kam, vegetierten auf den Inseln Geschöpfe ohne Bewußtsein, denen es nur an dem nicht fehlte, was der See und der Boden an Eßbarem hergaben. Der Archipel war vom Rest Nicaraguas abgeschnitten und vom Diktator in der fernen Hauptstadt vergessen worden. Von den reichen Nicaraguense, die weiter im Norden des Sees vor Granada ganze Inseln als Wochenenddomizile unter Beschlag genommen hatten und den wenigen Touristen, die von San Carlos aus zum organisierten Fischfang ausfuhren, wurde Solentiname nicht beachtet.

Die Bedingungen waren somit günstig, um inmitten eines von einem brutalen Tyrannen beherrschten Landes mit dem Aufbau einer neuen Gesellschaft zu beginnen — eine Revolution zu starten, die an christlichen Wurzeln heranwuchs. Gemeinsam mit den Bauern und Fischern baute der *Padre* eine kleine Kirche, deren Wände mit naiven Frescos verziert wurden. Gelegentlich eines Besuches sehen wir dort eine handtellergroße Vogelspinne herumkrabbeln, die von niemandem beachtet wird.

Es entstand das exakte Gegenteil eines sakralen Prunkbaues: ein schlichter Versammlungsort — eine Kirche, in der die Sonntagsmessen keine doktrinären Verkündigungen sind, sondern offene Aussprachen über das Leben hier und jetzt.

Ernesto Cardenal begann mit den Angehörigen seiner fast durchwegs aus Analphabeten bestehenden Gemeinde das Evangelium zu diskutieren. Er ermunterte sie dazu, das, was ihnen aus der Schrift vorgetragen wurde, im Hinblick auf ihre eigenen Lebensumstände zu begreifen — Schlußfolgerungen für ein Leben vor dem Tod zu ziehen. Die Protokolle dieser Aussprachen sind als — inzwischen in viele Sprachen übersetztes — Buch erschienen. Das „Evangelium der Bauern von Solentiname" in ein revolutionäres Manifest von der naiven Schlichtheit der Bilder, die auf Solentiname gemalt werden.

Die revolutionäre Botschaft war zuerst von den Jungen verstanden worden, für deren Alphabetisierung der *Padre* sorgte und die sich unter seiner Anleitung zum ersten Focus der

Frenta Sandinista de Liberacion Nacional in der Region Rio San Juan zusammenschlossen. Am 13. Oktober 1977 setzten diese *Guerrilleros* nach San Carlos über und griffen dort die Kaserne der Nationalgarde an — ein Fanal, das den Diktator an die Existenz von Solentiname erinnerte.

Auf einem großformatigen Bild, das an einer Seitenwand der Kirche lehnt, wird die Racheaktion der *Guardia* gegen die Bewohner des Archipels dargestellt: man sieht an Bäume gebundene *Campesinos,* die von Uniformierten geschlagen werden, Nationalgardisten, die die Bücher des *Padre* auf einen Scheiterhaufen werfen und andere, die das Dach der Kirche in Brand stecken.

Ernesto Cardenal war damals rechtzeitig ins Ausland geflohen und hatte die folgenden Jahre damit zugebracht, weltweit um Unterstützung für die *Frente Sandinista* zu werben. Als das Land befreit war, übernahm er das Amt des ersten Kulturministers in der Geschichte Nicaraguas und die von ihm erzogenen Jungen wurden zu den ersten Repräsentanten der Revolution in der Region Rio San Juan.

Der Chef der Regionalregierung in San Carlos, der Militärkommandant der Region — sie alle kommen von Solentiname und gingen bei Ernesto Cardenal zur Schule, ohne den es dort wohl noch lange Zeit keine Schule gegeben hätte.

Heute gibt es auf dem Archipel sogar eine Oberschule, dazu eine Krankenstation, neue Wohnsiedlungen mit elektrischem Strom, eine landwirtschaftliche Schule, deren Absolventen von weither kommen. Der hohe Bekanntheitsgrad Solentinames ließ ausländische Hilfsgelder bevorzugt hierher fließen und der Fortschritt zog neue Inselbewohner an — es sind jetzt schon an die 2000.

Doch wie das so ist, wenn Ortsunkundige sich im Glanz eines bekannten Namens zu sonnen versuchen — nicht alles, was gut gemeint war, erwies sich als gut. Eifrige ausländische Institutionen schickten die Installationen für eine moderne Möbelfabrik nach Solentiname, wo es nicht genug verarbeitbares Holz, faktisch keine ausgebildeten Arbeitskräfte und kaum Bedarf für die produzierten Güter gibt. Was an einem anderen

Ort Nicaraguas eine sinnvolle Investition gewesen wäre, steht auf der Hauptinsel des Archipels als unausgelastetes Beispiel für unbedachte Entwicklungshilfe.

Womöglich wird es noch bizarrere Bilder zu besichtigen geben, falls in etlichen Jahren vor Solentiname gewaltige Frachtschiffe und Supertanker in der Fahrrinne des Nicaragua-Kanals ihre Bahn durch den *Gran Lago* ziehen.

Juli 1989

Die fremde Hälfte

Nicaraguas Atlantikküste mit ihren unterschiedlichen Ethnizitäten und historischen Konflikten

Die Geschäfte gehen nicht gut für den weißhaarigen Mulatten, der sagt, daß er ein Miskito sei. Drei bunte Strohhüte und drei Paar Turnschuhe bilden sein Warensortiment. Doch hier, an der Bootsanlegestelle von Rama, finden nur die Verkäufer von Eiswasser, Fruchtsäften, *Enchiladas* und anderem Eß- oder Trinkbarem ihre Kundschaft.

Auch im Hotel gleich über dem Landungssteg — das erste Haus am Platz, zu dem der Weg durch knöcheltiefe Pfützen führt — hat der gegenwärtig einzige Gast keinen Bedarf an Strohhüten oder Turnschuhen. Schon seit Stunden regnet es, fallen mitunter wahre Wasserwände vom Himmel. Daß sich hier jemals wieder die Sonne zeigen könnte? Es sieht nicht danach aus.

In Bluefields, woher er komme, erzählt der vazierende Händler, herrschten andere Bedingungen: „*Good place — have beer!*"

Er sagt das in jenem karbischen Englisch, das von einem großen Teil der Bewohner von Nicaraguas dünnbesiedelter Atlantikküstenregion vornehmlich gesprochen wird: ein hartes, abgehacktes Englisch, bei dem die Worte häufig so ausgesprochen werden, wie man sie schreibt — ein seltsamer Zusammenhang in einer bis vor kurzer Zeit noch weithin von Analphabeten bewohnten Gegend.

In Rama gibt es an diesem Tag kein Bier. Doch der dunkelhäutige Alte aus Bluefields läßt sich auch auf einen Rum einladen. Dann ißt er auf, was der Reisende auf seinem Teller zurückgelassen hat.

In Rama nimmt fast jeder, was er bekommen kann. Diese Stadt mit ihren nun etwa 8000 Einwohnern und die umliegende Urwaldregion, in der sich weitere 40.000 Menschen niedergelassen haben, sei eine „Zone des Krieges“, in der die Revolution den Leuten bislang nicht viel mehr bringen konnte als Pläne, Projekte, ehrgeizige Vorhaben, räumt Hermann Benavidez ein.

Er ist der für dieses Gebiet zuständige politische Sekretär der *Frente Sandinista:* ein großgewachsener, schlanker junger Mann, der seines ernsthaften Gestus und vor allem seines Kinnbartes wegen wie ein jüngerer Bruder von Carlos Fonseca wirkt — dem 1976 gefallenen Gründer der FSLN.

Rama ist vor allem einmal eine Zone mit immer wieder anderen Bewohnern. Wie der Name dieser am Ende des aus den östlichen Urwaldgebieten der Region Rio San Juan herunterfließenden Rio Rama gelegenen Siedlung belegt, lebten an diesem Ort einmal Tieflandindianer vom Stamm der Rama. Sie zogen weiter nach Osten, als vom Westen des Landes her mestizische Kleinbauern kamen, die in den Zentralregionen Nicaraguas den sich dort ausbreitenden Anwesen reicher und somit mächtiger Viehzüchter, Kaffee- und später Baumwollpflanzer weichen hatten müssen.

Heute existieren in Nicaragua allenfalls noch an die 3000 Rama, die zu etwa drei Viertel südlich von Bluefields direkt an der Atlantikküste leben. Die geschlossendste noch vorhandene Siedlung dieser Ethnizität ist die Insel Rama Cay mit cirka 700 Bewohnern im Atlantik vor Bluefields, dem Zentrum der Region.

In den vor dem Sieg der sandinistischen Revolution verfaßten Standardwerken über die Geschichte und Kultur Nicaraguas ist im Kapitel über die Stadt Rama allerdings kein Wort über diese Indios zu finden.

Laut diesen Quellen wurde die Siedlung gegen Ende des

19. Jahrhunderts von der *Cuyamel Fruit Company* gegründet. Als die Gemeinde 1910 das Stadtrecht verliehen bekam, übernahm der örtliche Geschäftsführer dieser transnationalen Obstanbau- und -verwertungsgesellschaft, Don Hipolito Thomas, das Amt des Bürgermeisters.

Die unter seiner Amtsführung in geometrischer Ordnung angelegten Straßen wurden zwar nach ehrenwerten Kaufleuten aus der am *Großen See* im Westen liegenden Handelsmetropole Granada benannt, die ihre Geschäftstätigkeit bis Rama ausgeweitet hatten. Doch was um und in dem Ort geschah, bestimmten die nordamerikanischen Herren der Konzerne, die da ihre Bananenpflanzungen anlegen ließen. Gegessen wurde, was die den Plantagen angeschlossenen Läden zu bieten hatten: vornehmlich aus den USA importierte Konserven.

Die weiterhin expandierenden Viehzüchter und Kaffeepflanzer in Nicaraguas Pazifik-Region sorgten dafür, daß der Zustrom von landlos gewordenen *Campesinos* nach Rama nicht abriß, wo sich diese mestizischen Kleinbauern nun als Plantagenarbeiter von den Bananen-Konzernen anheuern ließen.

Als in den Vierzigerjahren in dieser Gegend die *Sigatoka* — die Bananenpest — für schlagartig ausbleibende Profite sorgte, zogen sich die Multis zurück und hinterließen eine unselbständig gewordene Landarbeiterschaft, die nun in diesem feuchten — wesentlich besser für den Anbau tropischer Früchte geeigneten — Klima Mais und Bohnen ziehen mußten, um das eigene Überleben zu sichern.

Das Ende des *Booms* hatte die zuvor von Konzernangestellten regierte kleine Bananenrepublik Rama in ein herrenloses Armenhaus verwandelt, das bald darauf die Angehörigen und Offiziere des Diktatorenclans der Somoza für sich requirierten, um einen Teil ihrer zusammengestohlenen neuen Reichtümer in *Fincas* und *Haziendas* anzulegen.

Die gerade wieder zu Kleinbauern gewordenen ehemaligen Plantagenarbeiter wurden in den Urwald entlang der Flüsse abgedrängt, die sich in Rama vereinigen. Mit der steinzeitlichen Methode der Brandrodung rangen sie dem Boden der tropischen Regenwälder ein Stück Ackerland nach dem anderen ab und mußten sich immer weiter durch die Edelhölzer vorarbeiten, da diese Böden bald ausgelaugt waren und nichts mehr hergaben.

Viele dieser *Campensions* leben nun wieder in und in der nächsten Umgebung von Rama, das für das neue Nicaragua von strategischer Bedeutung ist: hier endet nach 290 Kilometern die Straße, die von der Hauptstadt Managua in Richtung Osten führt; und hier beginnt der Wasserweg zum Atlantik.

Rama ist somit ein wichtiger Umschlagplatz für Nicaraguas Exporte und Importe, mithin ein Hauptangriffsziel der von der unwirtlichen Umgebung begünstigten *Contra*. Vor diesen *„Freiheitskämpfern“* flüchtete — wie viele andere Einschichtbauern — die nun 70jährige Dominga Espinoza im Sommer 1985 samt ihren Angehörigen in die Stadt, nachdem ihre Familie nur vier Jahre zuvor wegen einer Dürre aus der Gegend von Leon in der Pazifik-Ebene weggezogen war und sich am Rio Rama niedergelassen hatte.

Doña Dominga versorgt ihre Enkel in einer kürzlich fertiggestellten Reihenhaussiedlung am Rand von Rama, deren Bewohner sich im Rahmen einer Kooperative bei der Bewirtschaftung der ehemaligen Güter der Somoza-Clique außerhalb der Stadt versuchen.

Fast keiner der jetzt hier arbeitenden *Campesinos* stammt aus dieser Gegend. Die Dürre oder expandierende Agrargroßbetriebe waren die Ursache für ihre Umsiedlung in den weithin menschenleeren Osten des Landes, wo sie in der Einschicht der Wälder einen neuen Start versuchten.

Ihren Frieden, um als selbständige Bauern existieren zu können, fanden sie auch da nicht. Zuerst begannen die Banden eines Strauchdiebes namens Never Hernandez die einsamen Anwesen zu überfallen und dann kam die *Contra*, in deren Verbände sich Hernandez' Banditen eingliederten. „Sie haben dort oben am Rio Rama viele Leute verschleppt“, erzählt Dominga Espinoza: „Einige sind auch freiwillig mitgegangen“.

Wer nicht mit der *Contra* ging oder ihr entkam, sah sich bald zur Aufgabe seines Besitzes und zur Flucht gezwungen.

Im Jahr 1985 zogen nicaraguanische Milizeinheiten aus, um die restlichen noch bewohnten Einschichthöfe zu evakuieren. An die 200 Familien zogen auf diese Weise den Rio Rama herab in die Stadt — teils in Einbäumen, teils auf Maultieren, die meisten Menschen jedoch in tagelangen Fußmärschen durch den Urwald.

„Ich habe nur eine einzige Pfanne mitnehmen können", klagt eine ältere Frau, die in ihrem neuen Reihenhaus am Rande von Rama gerade eine *gallo pinto* zubereitet — einen Reis- und Bohnen-Eintopf, der in Nicaragua zu allen Mahlzeiten gegessen wird.

Inzwischen haben die Geflüchteten und Evakuierten — laut amtlichen Aufzeichnungen 1485 Personen, davon zwei Drittel Kinder — in Rama nicht nur etwas Geschirr, Eimer zum Wasserholen, Decken, Hängematten, Kleidung und Nahrungsmittel von den örtlichen Behörden ausgehändigt erhalten. Man hat für sie eine neue Siedlung aus dem Boden gestampft und ihnen vor allem auf den konfiszierten Anwesen ehemaliger Somoza-Offiziere Ackerland zur Verfügung gestellt.

Damit sei es aber nicht getan, sagt Hermann Benavidez, der örtliche Sekretär der *Frente Sandinista,* neben dessen Schreibtisch ein Schnellfeuergewehr an der Wand lehnt. Nebst den Flüchtlingen seien 500 Familien umgesiedelt worden. Jeder *Campesino* habe 33 *Manzanas* Land (1 *Manzana* = 0,7 Hektar) beanspruchen können. Doch das sei nicht viel in einer Gegend, in der es zehn Monate im Jahr regne und keine Traktoren zur Bewirtschaftung der Felder zur Verfügung stünden. Das reiche gerade aus, um ein wenig Bohnen, Mais und Reis anzubauen, ein paar Rinder, Schweine und Hühner zu halten.

Kurzum, die Menschen in dieser Gegend seien „ziemlich arm". Aber es gebe nun Schulen in 64 von 96 Dörfern des Bezirkes, dazu Gesundheitsstationen und in jedem Dorf lebe jetzt zumindest eine Person, die mit den Grundlagen medizinischer Versorgung vertraut gemacht worden sei.

Bei allen Problemen könne er doch sagen, erklärt der *Compañero* von der *Frente,* daß die *Campesinos* nun wenigstens eine Perspektive hätten — und diese Tatsache auch anerkennen würden. Als die FSLN am 9. November 1986 zum 25. Jahrestag ihrer Gründung zu einer Kundgebung nach Rama rief, habe man mit 1000, vielleicht 1500 Teilnehmern gerechnet — und 3000 seien gekommen. Das in einer so lange Zeit vernachlässigten Gegend, aus der viele ehemalige Angehörige der Nationalgarde Somozas stammten, da es während der Diktatur üblich gewesen sei, Analphabeten aus der Einschicht zu rekrutieren, die verläßliche Befehlsempfänger abgegeben hätten.

Allerdings, sagt der *Compañero* und richtet sich dabei hinter seinem Schreibtisch auf, falle nun positiv ins Gewicht, daß die *Frente* hier schon seit Beginn der Sechzigerjahre im Untergrund aktiv gewesen sei und sich damals in erster Linie um die sozialen Belange der *Campesinos* gekümmert habe. Hier habe die *Frente* lange vor der großen Kampagne, die dem Triumph der Revolution gefolgt war, alphabetisiert. Aus der Umgebung von Rama sei im Jahr 1979 die Ostfront der sandinistischen *Guerrilla* zur Befreiung der Nachbarprovinzen Chontales und Boaco vorgerückt.

Aus dieser Zeit wisse man, sagt der *Compañero,* daß der Umgang mit den *Campesinos* nicht immer einfach sei — vor allem nicht mit jenen aus den abgelegenen Weilern, denen die aus den USA gesteuerten Missionare evangelischer Sekten ganz schlimme Greuelmärchen über die Sandinisten erzählt hätten. Diese Einschichtbauern könne man jedenfalls nur durch konkrete Erfahrungen überzeugen und daher versuche niemand, sie in Kooperativen hineinzuzwingen — obwohl das unter den örtlichen Bedingungen die bestmögliche Organisationsform landwirtschaftlicher Produktion sei.

Immerhin, viele *Campesinos* hätten das schon erkannt, daher existierten bereits 32 Kooperativen, in denen sich über 500 Familien organisiert hätten. Man sei auf diese Weise dem Ziel der autonomen Nahrungsmittelversorgung in der Atlantikküstenregion wieder einen Schritt nähergekommen.

Das sei nämlich ein wichtiges Ziel der Revolution — wofür aber eine bislang nur als Plan vorhandene gründliche ökonomische Reorganisation notwendig wäre, die gegenwärtig nicht finanziert werden könne, schließt Hermann Benavidez seine Erklärungen ab.

Über Rama ist inzwischen die Nacht hereingebrochen und das Bild von Che Guevara, das der politische Sekretär an der Wand seines Arbeitszimmers hängen hat, versinkt in der Dunkelheit des Raumes.

Am Eingang zur örtlichen Niederlassung der *Nationalen Entwicklungsbank* steht ein bewaffneter Wächter. In seinem Rücken wird im flackernden Schein einer Neonröhre noch gearbeitet. Die Bilanzen sind nicht erfreulich. Umgerechnet etwa eine Million Dollar an Krediten, die in den ersten Jahren nach dem Sieg der Revolution an Kleinbauern in den abgelegenen Zonen des Bezirkes ausbezahlt wurden, mußten schon als uneinbringlich abgeschrieben werden. Der reale Schaden, den die *Contra* angerichtet hat, ist wenigstens doppelt so groß. Man könnte all das Geld nun gut brauchen, um den umgesiedelten Bauern eine bessere Startchance zu geben.

Aber die Aggression hat auch Vorteile bewirkt. Die von ihr ausgelösten Umsiedlungen mußten den Bauern nicht von den Sandinisten aufgezwungen werden — und sie sind die Voraussetzung dafür, daß in diesem Gebiet überhaupt wirtschaftlich produziert werden kann.

Wirtschaftlichkeit ist in jedem Grenzland schwer zu erzielen — zumal in einem wie diesem, wo viele historische Grenzen einander überlagern. Wenn morgens um neun Uhr der Fahrkartenschalter für einen Platz auf dem Fährboot nach Bluefields geöffnet wird, sind dort alle in Nicaragua gebräuchlichen Sprachen zu vernehmen, tummeln sich an der Anlegestelle Menschen mit allen bekannten Hautfarben und in allen denkbaren Mischungen. Bei Rama endet der ehemals von den Spaniern kolonisierte Teil Nicaraguas und beginnt der ehemalige Festlandteil der britischen Karibik-Kolonien — und umgekehrt.

In diesem Gebiet ist die Grenze zwischen Banditentum und Politik fließend — und das nicht erst, seit die Wegelagerer des Never Hernandez zu *„Freiheitskämpfern“* von des US-Präsidenten Gnaden wurden. Von hier weg, wo sich der Rio Rama mit dem Mico und dem Siquia vereinigt, die von den Bergen der Viehzüchterprovinz Chontales herunterfließen, heißt der Fluß *Rio Escondido* — der versteckte Fluß. Mit seinen im Urwald verborgenen Nebenarmen bildete er ein ideales Versteck für britische und andere Piraten, die sich im 17. Jahrhundert vom Atlantik herkommend in dieser Gegend festsetzten und von der spanischen Kolonialmacht gejagt wurden, die mit den Briten um die Vormachtstellung in der Karibik rang, nachdem sie den pazifischen Tiel Nicaraguas erobert hatte.

Der Hügel Maipita wenige Kilometer flußabwärts von Rama ist, so heißt es, nach einem britischen Piraten namens McPitt benannt, der diese Erhebung von seinen Leuten als Festung und Versteck ausbauen ließ. Die alte Dorflehrerin Julima Pasos, eine Enkelin des ersten Bürgermeisters von Rama, ist davon überzeugt, daß im Höhlensystem, das die Piraten in den Berg getrieben hatten, ein unermeßlicher Schatz verborgen liege.

Auch am anderen Ende des Flusses, an der Atlantik-Mündung des Rio Escondido, haben Freibeuter ihre Spuren hinterlassen. Die dort um 1600 errichtete Siedlung soll nach dem niederländischen Piraten Bleeveldt benannt worden sein, woraus später die von den Briten kontrollierte Hafenstadt Bluefields wurde — heute das politische, wirtschaftliche und kulturelle Zentrum von Nicaraguas Atlantikküstenregion.

Allerdings kennt die Geschichtsschreibung eine weitere Erklärung für den Namen Bluefields. Laut dieser Variante geht die Ortsbezeichnung auf Christoph Columbus zurück, der 1502 bei der Suche nach dem von ihm vermuteten Zusammenfluß der beiden Ozeane an der Küste entlang kam und die saftig grünen Felder an den Ufern dieser Lagune aus der Entfernung bedingt durch die Luftspiegelungen blau schimmern gesehen habe ...

Keinen Zweifel gibt es daran, wer dieser Region, in der nur 9,5 Prozent der Landesbevölkerung lebt, die aber an die 56 Prozent des Staatsterritoriums bedeckt, den Namen gegeben hat. Das von der Grenze zu Honduras im Norden bis nahezu an die Grenze zu Costa Rica im Süden entlang der Atlantikküste reichende *Departmento Zelaya* ließ der unter der Flagge der Liberalen Partei von 1893 bis 1909 aufgeklärt-diktatorisch regierende General Jose Santos Zelaya militärisch besetzen und mit einem *„Dekret der Wiedereingliederung“* unter die Herrschaft von Managua bringen.

Das war keineswegs selbstverständlich. Der tropisch-feuchte Landstrich mit seinem Gold-, Silber-, Kupfer-, Zink- und Bleivorkommen, mit seinen Edelhölzern und seinem Fischreichtum, wo sich an die 90 Prozent der Süßwasserreserven Nicaraguas befinden und möglicherweise ergiebige Erdölvorkommen verborgen liegen, war fast ausschließlich von Volksgruppen bewohnt, die im Gegensatz zum Rest Nicaraguas nicht von den Spaniern kolonisiert und der katholischen Kirche missioniert worden waren.

Der europäische Einfluß kam hier von der britischen Krone, die nach dem — in weiterer Folge immer wieder in verschiedenen anderen Konstellationen an dieser Küste angewandten — Prinzip des Teilens und Herrschens vorging: 1687 krönte der britische Gouverneur auf Jamaica einen Häuptling des größten an der nicaraguanischen Atlantikküste siedelnden Indianervolkes, der Miskito, in einem Akt früher Operettenpolitik zum König von Britanniens Gnaden. Auf diese Weise machte das *Empire* die Küste zu ihrem Protektoriat, in dem die Miskito die Rolle domestizierter Statthalter einnahmen.

Unter dem Schutz der Kolonialmacht, die ihnen eine lokale Autonomie einräumte, begannen die Miskito nur andere Stämme zu unterwerfen, teils tributpflichtig zu machen und teils nahezu auszurotten. Daß die Völker der Sumo und Rama im heutigen Nicaragua kaum noch vorhanden sind, ist vor allem das Ergebnis der von den Briten geförderten damaligen Miskito-Herrschaft, die zeitweise von Yucatan bis zum späteren Panama reichte.

Um zu demonstrieren, wie weit die Freiheit dieser Indios reicht, ließ die britische Krone ihre Flagge 1740 über Bluefields hissen und meldete nun offiziell ihren Anspruch auf die von den Miskito dominierte Küste an, die von den Briten zur *Mosquitia* verballhornt wurde.

Nach den Briten — und mit deren Zustimmung — breitete sich in der Mitte des 19. Jahrhunderts die nächste fremde Kraft hier aus, von der die Verhältnisse an der Küste nachhaltig geprägt werden sollten: aus Herrnhuth in Böhmen kamen erste Missionare der pietistischen Brüdergemeinde der (selbständigen evangelischen) *Mährischen Volkskirche*. Sie gewannen nach und nach einen wesentlichen religiös-politischen Einfluß auf die Mehrheit der Küstenbewohner, der Anfang des 20. Jahrhunderts auf den US-amerikanischen Zweig dieser Sekte, die moravische Kirche überging.

1860 schlossen die Briten den *„Vertrag von Managua"*, durch den die *Mosquitia* unter die Souveränität Nicaraguas gelangte. Dabei wurden den Miskito besondere Privilegien wie Steuerfreiheit und Befreiung von der Militärpflicht eingeräumt. Diese Teilautonomie bekräftigte 1881 in einem Schiedsspruch Österreichs — ganz und gar dafür zuständiger — Kaiser Franz Joseph I.

Als Zelaya, der eine Modernisierung des Staates im kapitalistischen Sinne betrieb (und unter anderem die Trennung von Kirche und Staat durchzusetzen versuchte), die Atlantikküste zu einem tatsächlichen Bestandteil des spanischsprachigen und katholischen Nicaragua machen wollte, stieß er in erster Linie auf den Widerstand der separatistischen Miskito, die von Kolonialmacht und Kirche an die englischsprachig-puritanische Kultur herangeführt worden und so für die Infiltration aus Nordamerika anfällig waren.

Die USA waren zu diesem Zeitpunkt schon dabei, auf dem lateinamerikanischen Subkontinent und in der Karibik ihren Einfluß auf Kosten der britischen Positionen auszudehnen. Als in Managua Präsident Zelaya die Souveränität des Staates — auch gegenüber den nordamerikanischen Konzernen — zu festigen versuchte und dazu noch eigene Pläne für den Bau einer interozeanischen Wasserstraße durch Nicaragua entwickelte, ging der von Washington gelenkte Sturz des Generals auf dem Weg einer Revolte konservativer Kräfte von der Atlantikküste aus.

Nachdem in der Nachfolge Zelayas mit Adolfo Diaz der Oberbuchhalter eines US-Minenkonzerns als neuer Präsident Nicaraguas installiert war, konnte die Küstenregion als faktischer Privatbesitz nordamerikanischer Unternehmen betrachtet werden. Die Zentralregierung meldete sich faktisch aus dem Ostteil des Landes wieder ab. Der in den Dreißigerjahren an die Macht gekommene Diktatorenclan der Somoza — ohnedies ein Produkt des US-amerikanischen Interventionismus in Nicaragua — begnügte sich damit, seinen Anteil an den Profiten zu kassieren, die von den *Yankees* an der Ostküste gescheffelt wurden.

So war es logisch, daß die von den USA finanzierte und organisierte Invasionsarmee, die 1961 vergeblich versuchte, Kubas Revolutionsregierung zu stürzen, von Puerto Cabezas aus — dem Zentrum des nördlichen *Departemento Zelaya* — in den Schweinebucht aufbrach. Nicaraguas letzter Diktator Anastasio Somoza wiederum erwog kurz vor seinem Sturz im Sommer 1979 den Rückzug an die Atlantikküste, um von dort aus die Rückkehr an die Macht zu versuchen.

So wie das Diktatoren-Regime waren auch die sandinistischen Revolutionäre bis zu ihrem Sieg in der östlichen Hälfte des Landes faktisch nicht präsent. Als sie nach der Machtübernahme in Managua nach Zelaya vorrückten, stießen die Sandinisten dort auf eine Bevölkerung, die noch weniger über sie wußte als die neue Regierung über die Verhältnisse im fernen Osten des Staates. Was dazu führte, daß die Kräfte der Konterrevolution in diesem Teil Nicaraguas zuerst organisiert auftraten und der von ihnen entfesselte Krieg dort zeitweise am heftigsten geführt wurde.

Wer in Rama das Fährschiff hinunter zum Atlantik besteigt — den *Bluefields-Express* —, gewinnt zuerst einmal den Eindruck, in einem absolut befriedeten Gebiet zu reisen. Schon Stunden vor der Ankunft des Bootes bildet sich oberhalb des Landungssteges eine lange Menschenschlange, die von ambulanten Händlern mit Speis und Trank versorgt wird. Frauen mit einem halben Dutzend oder mehr Kindern im Gefolge haben es sich auf ihren Gepäckbündeln gemütlich gemacht.

Unten am Wasser wird ein hochseetüchtiger Frachter entladen, dessen Heimathafen einmal Marseille war, was unter der abblätternden äußersten Farbschicht zu lesen ist.

Ein schlacksiger älterer Mann — Typ: Trinker im letzten Stadium — schlendert die Schlange der Wartenden entlang. Schließlich spricht er den einzigen Weißen in der Reihe an, stellt sich als der katholische Pfarrer von Rama vor und bittet um die Weiterleitung seiner an das bischöfliche Ordinariat in Bluefields gerichteten Briefe, die er aus seiner Hosentasche kramt.

Er lebe nun schon seit dreizehn Jahren in Rama, erzählt der Priester. So wie er das sagt, ist die Information zugleich der Kommentar. Doch Bluefields sei sehr schön, fügt der hochwürdige Herr hinzu. Vor seiner Versetzung nach Rama habe er unten an der Lagune die Schafe des Herrn gehütet.

Man möchte einen Schluck mit dem Geistlichen nehmen. Doch an diesem Ort wird weit und breit nur Wasser und Fruchtsaft angeboten. Außerdem heißt es nun, die eigene Position in der Warteschlange zu verteidigen. Der *Bluefields-Express* hat die von der Küste kommenden Passagiere abgesetzt und wird vor der Rückfahrt den Rio Escondido hinunter vollgetankt. Das Gedränge und Geschiebe nimmt ein Ausmaß an, als könnten keinesfalls alle Wartenden an Bord gehen.

Als der Weg zur Fähre freigegeben wird, setzt wieder einmal ein tropischer Regenguß ein. Wer es geschafft hat, einen Platz unter den Aufbauten zu ergattern, schätzt sich glücklich. Die Mehrheit der Passagiere sitzt entlang der Reling, wo es keinen Schutz gegen die vom Himmel fallenden Wasssermassen gibt.

Vom Landungssteg her schließen *Enchilada*-Verkäuferinnen letzte Geschäfte mit den Reisenden ab. Der *Bluefields-Express* wird für die annähernd neunzig Kilometer lange Strecke bis zur Mündung des Rio Escondido an die sechs Stunden benötigen. Es wird Zeit zur Abfahrt, soll diese Strecke noch bei Tagesanbruch bewältigt werden.

Zuletzt kommen acht *Muchachos* von der Armee an Bord und schleppen ein schweres Maschinengewehr auf das für Passagiere gesperrte Oberdeck. Unter den Uniformierten befindet sich ein Knirps, dessen Mütze von den Ohren oberhalb des Sichtfeldes gehalten wird — ein Maskottchen. Schon zur Zeit Sandinos wuchsen vorwiegend Waisenkinder als *Mascota* in Uniform unter der Obhut eines Truppenoffiziers auf.

Ein paar Kilometer flußabwärts beginne das Gebiet, wo es häufig zu *Contra*-Überfällen komme, erzählt eine einheimische Mitreisende. Die Söldner würden zumeist versuchen, vom Urwald am Ufer aus das Schiff manövrierunfähig zu schießen, worauf die Fähre ans Ufer getrieben werde und kentere. Da könnten die *Muchachos* an Bord nicht viel dagegen tun. Eigentlich, meint die Frau, sei es *muy peligroso*, mit dem *Bluefields-Express* zu reisen — sehr gefährlich.

Danach sieht es indes nicht aus. Der Fluß wird immer breiter und an beiden Ufern senkt sich dichtes Urwaldgestrüpp über die Böschungen. Alle paar Kilometer taucht am Festland ein kleiner gerodeter Fleck auf. Rinder grasen dort neben Kakao- und Bananen-Kulturen. Auf Pfosten steht eine Holzhütte mit einem Dach aus Palmwedeln. Davor ist Wäsche aufgehängt.

Am Himmel erscheint unversehens eine dichte Wolkenwand, die abermals für einen Regenguß sorgt. Die Passagiere drängen sich am Bug des Schiffes zusammen, wo die Aufbauten ein wenig Schutz gegen die scheinbar waagrecht daherschießenden Regentropfen bieten.

Die Bauern in den abgelegenen *Fincas* am Ufer seien fast durchwegs mehr oder weniger mit der *Contra* im Bunde, läßt sich der Reisende berichten. Das sei ganz natürlich: wer den Einsiedlern nur ein Hemd bringe, werde von ihnen gerne mit Eßbarem versorgt.

Zweimal passiert die Fähre einen einsamen Kontrollposten der Armee. Die *Muchachos* aus den anderen Landesteilen, die dort ihren Dienst versehen müssen, seien arm dran, meint die einheimische Mitreisende. Bei jedem Schritt trete man am Ufer in tiefen Morast und Sumpf. Die Kleidung würde da überhaupt nie trocken. Dazu die Moskitos und das andere Viehzeug . . .

Der *Bluefields-Express* tuckert angetrieben von einem Dieselmotor dahin, der dichte Abgaswolken absondert. Das Schiff überholt Einbäume, in denen Uferbewohner unterwegs sind, und weicht den größeren Holzstämmen aus, die flußabwärts treiben.

Im Licht der untergehenden Sonne sind nach einem halben Dutzend Fahrstunden die Kais der Hafenanlagen von El Bluff und die dort festgemachten Frachter zu sehen. Am rechten Flußufer liegt ein von der Brücke bis zur Wasserlinie verrostetes Hochseeschiff vor Anker, von dem aus nach Langusten und Krabben gefischt wird.

Der *Bluefields-Express* fährt durch einen schmalen Seitenarm des Mündungsdeltas in die Lagune von Bluefields ein. Die *Compañeros* von der Armee packen ihre Munitionskisten zusammen und bauen das Maschinengewehr ab. Der *Mascota* zählt nach, ob er alle Reservemagazine für sein Schnellfeuergewehr bei sich hat.

Am südlichen Ende der Lagune tauchen die Lichter von Bluefields auf. Vorne am Ufer überragt das Gebäude der moravischen Kirche die Stadt. Als die Fähre anlegt, ist die Sonne endgültig hinter dem Horizont landeinwärts verschwunden und eine von keinem Mond erhellte Dunkelheit liegt über dem Atlantik.

Auf dem Landungssteg wird der Ausländer von einem Mann der Fremdenpolizei um seinen Reisepaß und zur Erledigung der Formalitäten für den nächsten Vormittag zur *Migration* gebeten. Wer an Nicaraguas Atlantikküste reist, benötigt eine Sondergenehmigung des Innenministeriums, ohne die ein Fremder erst gar nicht an Bord des *Bluefields-Express* gelangt.

Der amtliche Charakter des Empfangs kontrastiert auffällig zum karibischen Ambiente dieser Stadt mit ihren im Kolonialstil erbauten Holzhäusern und dem Geruch von Küste und Straßenleben, der in der Luft liegt.

Auf der Straße vom Hafen zum *Parque Central* steht eines der Schilder, die überall im Land aus Anlaß des 25. Jahrestages der Gründung der *Frente Sandinista* aufgestellt wurden. Neben dem Bildnis des FSLN-Gründers Carlos Fonseca wird hier aber in englischer Sprache aufgerufen: „*Let's work with more efficiency*".

Doch vorerst ist es dunkel. Während draußen vor der Lagune — wie anderntags via Radio gemeldet wird — mehrere US-Kriegsschiffe kreuzen, bleibt ein Großteil von Bluefields ohne Licht. Eine Stromabschaltung? Gar aus militärischen Gründen? Oder nur einer der fast überall in der Karibik häufigen Stromausfälle?

Es gehört zum karibischen Charakter dieser Stadt, daß danach niemand fragt. Immerhin, neben dem *Bingo*-Salon rattert ein Stromaggregat und ermöglicht einen ungestörten Spielbetrieb. Die Sache dient einem guten Zweck. Das Glücksspielmonopol ist in Nicaragua in Händen den *Roten Kreuzes.*

Am Morgen dann, sobald die zahlreichen Läden geöffnet haben, entpuppt sich Bluefields trotz anhaltender Regenschauer als geschäftige Stadt: als ein Handelszentrum. Das heißt in Hafenstädten allemal: eine Schmuggleroase. Einfache Bootsleute rauchen nordamerikanische Zigarettenmarken, die in Managua nur gegen harte Dollar in der *tienda diplomatica* erhältlich sind.

Diese Funktion der Stadt geht ebenso wie die Struktur ihrer Bevölkerung auf die Briten zurück, die sich in den ländlichen Gebieten der Miskito zur Beherrschung der Sumo, Rama und Garifonas (das Ergebnis des Zusammentreffens schwarzer afrikanischstämmiger Sklaven mit karibischen Indianern) und anderer inzwischen nicht mehr existierender Ethnizitäten bedienten, in Bluefields hingegen die Kreolen (wie die in der Karibik geborenen Nachkommen afrikanischer Völker hier genannt werden) unter ihre Patronage stellten, um ein Bollwerk gegen die aus dem Westen des Landes kommenden Mestizen zu schaffen.

Die Farbigen nahmen in diesem Teil der Küstenregion traditionell eine privilegierte Position in Handel, Verwaltung und Erziehung ein, was zu Konflikten mit den Mestizen führte. Mit diesem Erbe mußte die Revolution erst umzugehen lernen. Als die Sandinisten 1979 an die Macht kamen, erhofften sich die Mestizen in Bluefields eine Umkehrung der Machtverhältnisse, während die Kreolen um ihre Privilegien bangten. Schließlich standen sich zwei aus diesen unterschiedlichen Ethnizitäten stammende Gruppen, die beide den Anspruch erhoben, die legitime örtliche Vertretung der *Frente Sandinista* zu sein, bewaffnet gegenüber.

Erst als die Führung in Managua mit Lumberto Campbell den einzigen *Guerrilla*-Kommandanten aus den Reihen der Kreolen, der im Westteil des Landes am Befreiungskrieg teilgenommen hatte, in Bluefields zum Vertreter der Zentralregierung machte, konnte dieser Konflikt entschärft werden.

Der historisch bedingte Gegensatz zwischen diesen beiden Volksgruppen war indes nur ein Aspekt im Rahmen der Auseinandersetzung um den Führungsanspruch an der Atlantikküste, den nunmehr einige als Sprecher der Miskito auftretende Leute gleich für das gesamte *Departemento Zeleya* zu erheben begannen.

Die Zentralregierung begann eine Lösung der Probleme zu suchen, indem sie den *Costeños* weitreichende Autonomie im Rahmen des Gesamtstaates anbot — doch zuerst mußte ein Modell gefunden werden, um die sich widersprechenden Interessen der verschiedenen Küstenbewohner unter einen Hut zu bringen.

Eine Volksbefragung habe ergeben, daß die Bevölkerung der Region um Bluefields im Gegensatz zu den Indios im Norden keine Verfügungsgewalt über den gesamten Boden beanspruche, sondern neben einer selbständigen Verwaltung und eines zweisprachigen Erziehungswesens in erster Linie eine stärkere Einbindung in den karibischen Wirtschaftsraum wünsche, berichtet Jonny Hudson in betont karibischem Englisch.

Der junge Kreole ist in der Regionalverwaltung von Bluefields für alle Autonomiefragen zuständig. Zum Gespräch mit dem ausländischen Besucher ruft er einen alten Farbigen hinzu, den der Gast für einen Kanzleidiener gehalten hatte. In der Tat ist er eine Art permanenter Repräsentant der betroffenen Bevölkerung am Sitz der Regionalverwaltung.

Wenn man zu einem praktikablen Ergebnis gelangen wolle,

könne nur mit der Basis verhandelt werden und nicht mehr, wie das anfangs geschehen sei, mit autokratischen Führern, betont Jonny Hudson. Der Alte nickt.

Für die Autonomie seien alle der sechs am Atlantik lebenden Volksgruppen — doch einige verstünden darunter die Erringung einer privilegierten Stellung: eine beherrschende Rolle über die anderen Völker, wie sie die Miskito unter britischer Herrschaft eingenommen hätten, setzt der junge Kreole fort. Der Alte nickt abermals.

Sicher habe es einige Zeit gebraucht, bis diese Zusammenhänge in Managua erkannt worden seien, räumt Jimmy Hudson ein. Dort habe man sich zuerst nur um eine soziale und ökumenische Entwicklung der Küste bemüht, aber keine ethnische Politik betrieben. Doch nun gehe es langsam voran mit der Autonomie — Schritt für Schritt, Dorf für Dorf. Anders sei das nicht zu machen, wenn man allen Volksgruppen gerecht werden wolle.

Jede weiterreichende Autonomieforderung sei vor allem deshalb problematisch, weil sich kaum eine über die jeweiligen Dorfgrenzen hinausreichende exakte Abgrenzung der Siedlungsgebiete der einzelnen Ethnizitäten definieren lasse, führt eine paar Häuser weiter Hugo Wilson aus. Er ist der in diesen Fragen führende Wissenschaftler an der Atlantikküste und leitet in Bluefields ein einschlägiges Forschungs- und Dokumentationszentrum.

Wie schwierig solche Grenzziehungen sind, geht schon aus den unterschiedlichen Zahlenangaben über die Stärke der Volksgruppen hervor. So schwanken die Angaben über die Zahl der Miskito zwischen 70.000 und 120.000, jener der Mestizen zwischen 80.000 und 180.000, der Kreolen zwischen 26.000 und 80.000, der Sumo zwischen 5000 und 15.000, der Garifonas zwischen 1000 und 1500, sowie der Rama zwischen 700 und 3000.

Sicher ist nur, daß zumindest in den jeweiligen Dörfern eine weitgehend geschlossene ethnische Identität existiert. Über diese Dörfer zieht die sandinistische Regierung nun ihr Autonomieprojekt auf. Jonny Hudson bewahrt in seinem Büro die Protokolle der ersten Wahlen zu autonomen Selbstverwaltungsgremien auf, die bis zu diesem Zeitpunkt in ausgewählten Gemeinden der Region durchgeführt wurden.

Überall gab es wenigstens dreimal soviele Kandidaten, als Mandate zu vergeben waren und alle Bewerber traten nicht auf einer Parteiliste an, sondern kraft ihrer Stellung als *„traditionelle Führer"*. Die Wahlbeteiligung reichte überall knapp an die 100 Prozent der erwachsenen Dorfbevölkerung heran. Was für die Delegierten der sandinistischen Regierung in erster Linie ein Akt der Festigung der Revolution auch in dieser für Managua fremden Welt war, betrachteten die wählenden Dörfler als Anknüpfung an ihre historischen Traditionen, von denen sie lange Zeit durch äußere Einflüsse abgeschnitten waren.

So erlebte jedenfalls der Delegierte des Internationalen Roten Kreuzes, der das Geschehen vor Ort beobachten konnte, diese Vorgänge: „Das Geschäft, das da gemacht wurde, ist offenkundig, aber fair", findet er. Die Dörfer, die sich zuerst in das Autonomieprojekt einbinden ließen, werden bei der Errichtung von Schulen und Gesundheitseinrichtungen durch die Regierung vorrangig behandelt. Zugleich sind sie damit aber auch zu bevorzugten Angriffszielen der *Contra* geworden — allerdings solchen mit gestärkter Verteidigungsbereitschaft und verbesserter Verteidigungsfähigkeit.

Selbstverteidigung war eine zentrale Forderung vor allem der ländlichen Bevölkerung bei der Erstellung des Wunschkataloges zum Autonomieprojekt. So wie im Zug der Agrarreform jeder neue Landbesitzer von der Regierung ein Gewehr erhielt, um sein Anwesen zu verteidigen, wurden nun auch für die Dörfer, die ihre eigenen Angelegenheiten loyal gegenüber den Zielen der Revolution zu regeln beginnen, militärische Hilfsprogramme auf der Basis der Selbsthilfe gestartet.

Es zeigte sich bald, daß die zahlenmäßig schwächsten Volksgruppen unter diesen Bedingungen die größten Ambitionen entwickeln, ihre Eigenständigkeit gegen fremde Einflüsse zu verteidigen. Die kleinen Gemeinden der Garifonas am Orinoco wehren sich am entschlossensten gegen Einfälle der *Contra*, die sie für ihre Ziele einspannen will.

Wo Krieg herrscht, existieren aber nicht nur solche geschlossenen Dorfgemeinschaften. Seine Kirche gewinne zwar zahlenmäßig ständig an Bedeutung, weil sich viele wegen der Kampfhandlungen von ihren Anwesen vertriebene mestizische Bauern in und um Bluefields niedergelassen hätten, berichtet einer der Priester in der katholischen Pfarre der Küsten-Metropole. Doch diese Umsiedler kämen mit zerrissenen sozialen Bindungen in der Stadt an und seien nur schwer in die Gemeinschaft zu integrieren.

Dazu würden im übrigen die zahlreichen evangelischen Sekten beitragen, die neue Gefolgschaft zu rekrutieren versuchen und mit ihren emotionsgeladenen Ritualen besonders bei entwurzelten Menschen viel Anklang fänden. Wenn da oder dort eine Kluft zwischen Bevölkerung und Regierung existiere, so müßten diese Sekten bei der Suche nach den Ursachen in Betracht gezogen werden, läßt der Priester durchklingen.

Er stammt aus den USA und hätte als Diplomat reüssieren können. Was er sagt, drückt der Mann von betont korrekter Erscheinung mit großer Zurückhaltung und vielfach nur in Andeutungen aus.

Hier in Bluefields, soviel ist aus seinen Worten herauszuhören, scheint der Klerus nicht glücklich zu sein über die plumpe Pro-USA-Politik des Erzbischofs von Managua. Kardinal Miguel Obando y Bravo werde bei seinen Besuchen an der Küste so aufgenommen, wie es einem Gast seines Ranges zustehe — doch für die Angelegenheiten im eigenen Bereich sei die katholische Gemeinde von Bluefields schon selbst zuständig.

Das Verhältnis zu den örtlichen sandinistischen Stellen könne friktionsfrei genannt werden, läßt der Priester dann wissen. Das gelte zumindest jetzt. Früher habe es Probleme gegeben, doch die seien beigelegt worden, also lohne es nicht, diese Dinge noch in die Öffentlichkeit zu tragen.

Das Beispiel der entwurzelten mestizischen Umsiedler zeige, wie wichtig gemeinsame Anknüpfungspunkte seien, um diesen Menschen helfen zu können. Da wisse sich die Kirche mit der Regierung eins.

Gemeinsam ist beiden Institutionen, daß sie mit dem Problem neuer, nicht nur kriegsbedingter Entwurzelung zu kämpfen haben. Wenn die Bewohner von Bluefields abends vor dem Fernsehgerät sitzen, konsumieren sie hauptsächlich Hervorbringungen fremder Konsumkulturen, die mit der vielschichtigen Identität der Bewohner dieses Landesteiles absolut nichts zu tun haben, wohl aber unkritisch als ideologische Leitbilder aufgenommen werden. An Nicaraguas Atlantikküste können Dutzende Sender aus den USA, Costa Rica oder sonstwo empfangen werden — doch allenfalls ein Rundfunk- und ein Fernsehprogramm, das aus dem eigenen Land kommt.

Wenn die farbigen Jugendlichen von Bluefields am 1. Mai den traditionellen *palo de mayo* tanzen (einen offenkundig von afrikanischen Fruchtbarkeitsritualen herrührenden, das erotische Element in einer für die katholischen Mestizen skandalösen Weise betonenden Tanz), wird in ihrer Kleidung und ihrem Gestus der Einfluß fremder Moden deutlich, die via Fernsehen hierher gelangen.

Daneben nehmen sich die Versuche einiger junger Leute ärmlich aus, mit eigenständiger Kultur- und Zeitungsarbeit gegen die nordamerikanische Medienübermacht anzukämpfen. „*Sunrise*" heißt das von ihnen monatlich zweisprachig gestaltete Blatt, dessen Linie es ist, die Ziele der Revolution mit den Traditionen der Küste zu verbinden.

Wer die Vorbilder dieser karibischen Sandinisten sind, geht aus den Bildern hervor, die sie in ihrem Arbeitszimmer aufgehängt haben: Che Guevara, Maurice Bishop ...

Zwei Revolutionäre, die von ihren Gegnern umgebracht wurden.

Es ist an der Küste schwierig wie nirgendwo sonst in Nicaragua, als deklarierter Sandinist Anklang zu finden. In dieser karibischen Gesellschaft, deren Mehrheit von ehemaligen Sklaven und Domestiken abstammt, schlägt die naive Freundlichkeit, mit der man dem Fremden begegnet, rasch in aggressive Ablehnung um, wenn die vorherrschende Lethargie durchbrochen zu werden droht. Diesen Dämmerzustand aufzubrechen ist indes ein Ziel der Revolution.

Die nachhaltigsten Widersprüche löste sie damit im nördlichen Teil der Küstenregion aus, dessen Metropole Puerto Cabezas von der Hauptstadt faktisch nur mit dem Flugzeug erreichbar ist. Während die Transportmaschine der Luftwaffe zum Landeanflug ansetzt, blickt der Besucher auf ein *Savanne* genanntes sumpfiges Flachlandgebiet, in dem weit verstreut einfache Holzhäuser auf Pfählen zwischen sporadischen kleinen Baumgruppen stehen.

Noch vor einem halben Jahrhundert war Puerto Cabezas eine wichtige Hafenstadt, umgeben von weitflächigen Kiefernwäldern, die im Lauf der Jahre von nordamerikanischen Konzernen radikal abgeholzt wurden. Als dieser Akt der Ausbeutung vollzogen war, dazu die Edelmetallminen, Bananenpflanzungen und Kautschukbäume an der Küste nicht mehr viel hergaben, zogen sich die fremden Unternehmen in den fünfziger Jahren endgültig zurück. Der Hafen verlor seine Bedeutung und die Stadt verkam zu einer Ansammlung still vor sich hin modernder Holzhäuser — abgeschlossen von aller Welt und vergessen vom Diktator im fernen Managua.

Nun, im September 1988, empfängt uns auf dem Flugplatz von Puerto Cabezas ein Transparent mit der in eigenwilligem Englisch gehaltenen Aufschrift: *„Happy Berthday Autonomy"*.

Auf anderen Spruchbändern steht dasselbe in Spanisch und Miskito, der Sprache der Bevölkerungsmehrheit dieses Gebietes.

Innenminister Tomas Borge, im *Nationalen Direktorium* der FSLN zuständig für die Angelegenheiten der Atlantikküste, ist gekommen, um den ersten Jahrestag der Inkraftsetzung des Autonomiestatutes für diese fremde Hälfte Nicaraguas zu zelebrieren.

Er feiert diesen Tag in seiner Rede als historisches Datum in der Geschichte aller indianischen Völker, denen nirgendwo sonst auf dem amerikanischen Kontinent bislang so weitgehende Rechte eingeräumt worden seien.

Das mag stimmen, muß aber im Licht einer wechselvollen Entwicklung gesehen werden, die zugleich ein Charakteristikum für die Geschichte der Miskito ist. Sie gelten als größte überlebende Ethnizität von Tieflandindianern, ohne ein rassisch homogener Indio-Stamm zu sein, sondern vielmehr das Ergebnis der Vermischung mit Kreolen und Engländern — kulturell tiefgehend beeinflußt durch die Missionierungsarbeit zuerst der mährischen und dann der moravischen Kirche.

Sie war es, die den ideologischen Schleier über die politischen und ökonomischen Motive der Fremdherrschaft legte, als deren Instrument die Miskito von der britischen Kolonialmacht patroniert und zugleich domestiziert wurden. Dieselbe Funktion erfüllten die protestantischen Pastoren für die aus Nordamerika einsickernden Konzerne, als mit dem Niedergang des *Empire* im 19. Jahrhundert die USA in ihre imperialistische Phase traten. Aus den — bis dahin die anderen Ethnizitäten an Nicaraguas Atlantikküste dominierenden — Miskito wurde eine marginalisierte Gruppe von Subsistenzfischern und -bauern, die nebenbei willfähige Lohnarbeiter in den nordamerikanischen Bergbau- und Holzfällerunternehmen abgaben.

Ihre ideologische Beherrschung zeigt sich nicht zuletzt in der zweifachen historischen Verzerrung des Anteils dieser Volksgruppe an Sandinos Befreiungskrieg gegen die US-Okkupationstruppen um das Jahr 1930. Von Misikitos, die ins Ausland abwanderten und nun dort die Geschäfte der *Contra* und deren Auftraggeber besorgen, wird gerne betont, dieser Stamm habe damals aktiv an der Seite Sandinos gekämpft — was ihm von den heutigen Sandinisten mit Undank belohnt werde. (Siehe, zum Beispiel, den Beitrag *„Miskitos"* von Ernesto Scott Lackwood im *„Tagesanzeiger-Magazin"*, Zürich, vom 25. Juli 1987.)

Tatsache ist, daß einige Miskito-Gemeinden die *Guerrilla* unterstützten — andere wiederum die US-Truppen und die von diesen kreierte Nationalgarde Nicaraguas.

Vor allem aber: nach der Ermordung Sandinos im Jahr 1934 im Auftrag des Nationalgarde-Chefs Somoza betrieben die moravischen Pastoren im Verband mit den vor Ort tätigen US-Konzernen einen regelrechten Exorzismus an vormaligen Parteigängern des *„Generals der freien Menschen"* unter den

Miskito und interpretierten so den ersten nationalen Befreiungskampf Nicaraguas zur *„Zeit der Banditen"* um.

Diese ideologische Deformierung wirkte weiterhin: „Auch als die US-Gesellschaften sich fast vollständig aus der Region zurückgezogen hatten, versuchten einige Miskito weiterhin, sich durch Lohnarbeit Geld zu verschaffen. Als Arbeiter hatten die Miskito immer die schlechtesten Jobs und die niedrigste Bezahlung erhalten. In der regionalen ethnischen Hierarchie, die sich während der Zeit der US-Firmen gefestigt hatte, standen sie deutlich unter den Mestizen und Creoles. Aus einer Vielzahl von Gründen neigten die Miskito-Arbeiter dazu, diese Verbindung aus klassenmäßiger und ethnischer Unterdrückung insgesamt als ethnisches Probelm aufzufassen. Erstens hatten sie eine kollektive Erinnerung an die Zeit, als die Miskito über den beiden anderen Gruppen standen, und das Bestreben, diese dominierende Stellung zurückzugewinnen." (Charles Hale: *„Der Konflikt der Miskito mit dem nicaraguanischen Staat 1979—1985";* in *„Mosquitia",* Hamburg 1987.)

Oder, wie das der austromarxistische Nationalitätentheoretiker Otto Bauer zu einer anderen Zeit in einem anderen Zusammenhang formulierte: „Jede Form von Rassenhaß ist transformierter Klassenhaß."

Die weitgehende Abwesenheit der Somoza-Diktatur an der Atlantikküste in Verbindung mit diesen ideologischen Komponenten sorgte dafür, daß sich die *Costeños* faktisch nicht am Befreiungskrieg beteiligten, der im Juli 1979 in den Sturz der Somoza-Diktatur mündete. Jedoch: „Der Sieg der Revolution brachte die politische Öffnung und damit eine Entfaltungsmöglichkeit für die ethnische Solidarität und die mit ihr verbundene Forderung." (Charles Hale)

Die in Managua an die Macht gelangten *Comandantes* wußten zwar wenig über die kulturellen Besonderheiten der *Costeños,* doch sie waren vom ehrlichen Willen geleitet, eine soziale und ökonomische Entwicklung dieser noch mehr als der Rest des Landes zurückgebliebenen Region einzuleiten und dabei die Traditionen der indianischen Bevölkerung zu berücksichtigen: „Wir sind der Meinung, daß unsere revolutionäre Regierung jeder einzelnen indianischen Gemeinde die Besitzrechte auf ihr Gebiet zusprechen und garantieren muß, und zwar indem sie ordnungsgemäß und in Form von dauerhaftem kollektivem Besitz registriert", heißt es in den Anfang 1980 veröffentlichten *„Allgemeinen Richtlinien"* für die Pläne der Sandinisten am Atlantik.

Sie begingen dabei den Grundfehler, sich nicht direkt mit der betroffenen Bevölkerung in Verbindung zu setzen, sondern als Mittler eine Gruppe von jüngeren Miskito zu akzeptieren, die durch ihr Studium in Managua zu städtischen Intellektuellen (von teilweise höchst fragwürdiger politischer Vergangenheit) mit der Ambition geworden waren, die ihnen von der Regierung gewährte Anerkennung dazu auszunützen, sich überhaupt erst Autorität unter den *Costeños* zu verschaffen, sowie in weiterer Folge darauf aufbauend weitreichende Herrschaftsansprüche über die Küstenregion zu beanspruchen. Ihre MISURASATA genannte Organisation sprach bald nicht mehr vom kollektiven Landbesitzrecht der Gemeinden (in dessen Rahmen die Miskito traditionell eine von den einzelnen Familien individuell betriebene Feldwirtschaft praktizieren), sondern von der faktischen Regierungsgewalt über ein ganzes zusammenhängendes Territorium, das keineswegs nur Miskito-Gemeinden einschließen sollte.

Dies war der Kernwiderspruch, der zum Konflikt zwischen den Sandinisten und der selbsternannten Miskito-Führung führte, die bald bewaffnete Gewalt anwandte und mit den Kräften der Konterrevolution (in Honduras und Costa Rica von der CIA reorganisierte ehemalige Nationalgardisten) zu kooperieren begann.

Um den von dieser Seite zu erwartenden Angriffen die soziale Basis zu entziehen, entschlossen sich die Sandinisten zur Evakuierung und Umsiedlung ganzer Miskito-Dörfer vom nördlichen Grenzfluß Rio Coco weiter landeinwärts in *Tasba Pri* (Freies Land) genannte neue Siedlungen. Die Aktion war indes miserabel vorbereitet und wurde mit unnötiger Härte durchgeführt. Das Ergebnis waren etwa 10.000 über die Grenze nach Honduras (und in den Einflußbereich der *Contra)* geflüchtete, sowie an die 8000 in den neuen Siedlungen sozial entwurzelte Miskito — eine Situation, die den *Contra*-Krieg an der Küste anheizte und den Sandinisten viel an Ansehen kostete.

Westliche linkische Bürger, die ihre Projektionen vom *Edlen Wilden* mit den Miskito verbanden und die auf ihrem politischen Bildungsweg nicht bis zur Erstellung einer Klassenanalyse gelangt waren (wie beispielsweise der Filmemacher Werner Herzog), verbreiteten ebenso die Mär von sandinistischen Greueltaten, wie direkt interessierte Kreise, die nicht soviel wissen mußten, um sich denken zu können, daß hier ein Feuer entzündet worden war, auf dem sie ihr Süppchen kochen könnten.

Mit den Fakten nahm man es nicht so genau. Ronald Reagans rechtsradikales Sprachrohr in der UNO, Jean Kirkpatrick, erklärte in einem Fernseh-Interview, 250.000 Miskito seien in Konzentrationslager gesteckt worden (obwohl die Gesamtanzahl der Miskito-Bevölkerung höchstens die Hälfte bis ein Viertel dieser Summe beträgt) und US-Außenminister Alexander Haig kommentierte im Pariser *„Le Figaro"* eine im Bild festgehaltene *Rot-Kreuz*-Aktion zur Einäscherung von *Guardia*-Opfern im Jahr 1978 als Verbrennung von Miskito-Leichen durch Sandinisten.

Problematischer als solch plumpe Propagandamanöver erwies sich die komplexe Situation am Ort des Geschehens selbst. Die aus ihrer hundertjährigen Lethargie gerissenen, jedoch weithin in ihren politischen Vorstellungen nach rückwärts orientierten Miskito wurden von intern rivalisierenden Führungsaspiranten, die an die Spitze diverser oppositioneller Organisationen gelangt waren, zwischen verschiedenen Strategien der Konfliktaustragung hin und her gerissen, sowie auf maximalistische Forderungen eingestimmt, die darauf hinausliefen, daß es nicht eine weitgehend autonome Regionalregierung, sondern gar keine Regierung geben sollte und nicht verbriefte Landtitel für die Gemeinden angestrebt werden müßten, sondern das Recht, anzubauen, wo es jedem einzelnen paßt.

Dazu kam bei den umgesiedelten oder geflüchteten Miskito eine Idealisierung und Verklärung des in der Realität höchst entbehrungsreichen Lebens in den früheren Dörfern am Rio Coco: „Das Paradies“ sei dort, sagt noch immer Analey Meissner, die sich *Anna* nennt und ihren Namen auf einen deutschen Herrnhuter Missionar zurückführt.

Ihre Familie lebt nun „wegen des Krieges“ zum größeren Teil in Flüchtlingslagern in Honduras, sie selbst sei in eines der *Tasba Pri*-Dörfer umgesiedelt worden und habe dort die Möglichkeit, den Oberschulabschluß zu bekommen. Anna will Medizin studieren, fürchtet aber, mit ihren 25 Jahren dafür zu alt zu sein.

Jedenfalls sieht sie bei aller Verklärung der engeren Heimat ihre Zukunft nicht mehr am Rio Coco, sondern dort, wo sich ihr bessere Lebens- und Bildungsmöglichkeiten bieten — Anna versteht sich nun als Sandinistin und arbeitet in Puerto Cabezas in der Außenstelle der Zentralregierung.

Mit all den Brüchen in ihrer Biographie ist diese junge Frau zwar nicht unbedingt typisch für ihre Generation von Miskito — wohl aber ein prototypisches Produkt der revidierten Atlantikküsten-Politik der Sandinisten. Trotz des von außen geschürten Krieges entwickelte die Regierung in Managua weiterhin ein Autonomiemodell für diese Region und begann dieses auch im Nordteil des *Departemento Zelaya* schrittweise über einzelne Dörfer und verschiedene Gruppen zu installieren — sogar auf dem Wege lokaler Verhandlungen mit bewaffneten Verbänden, die auf diese Weise von *Contra*-Angehörigen zu Milizen zur Verteidigung ihrer Dörfer gegen *Contra*-Angriffe wurden.

Das trotz einiger Erfolge letztendlich gescheiterte *Tasba Pri*-Projekt wurde aufgegeben. Wer von den Umgesiedelten wollte, durfte an den Rio Coco zurückkehren, wo die verlassenen Dörfer neu aufgebaut werden.

Die Miskito — im Sinn des Verdiktes von Marx, das dieser im 19. Jahrhundert vorwiegend im Hinblick auf die slawischen Nationalitäten Europas formulierte, deren politische und kulturelle Entwicklung im Schatten größerer Nationen stagnierte —, eine Art „geschichtsloses Volk', scheinen doch noch ihre Identität im Rahmen der sandinistischen Revolution zu finden. Wenngleich auf unterschiedliche und widersprüchliche Weise.

Da fällt dem Besucher in den örtlichen Regierungsinstitutionen die nicht nur quantitativ hohe Präsenz von jungen Miskito-Frauen wie Anna auf. Im Parlament in Managua wird der nördliche Teil des *Departemento Zelaya* von zwei Frauen vertreten: Der Miskito Hazel Lau, die aus der MISURASATA hervorging, sowie der Kreolin Dorothea Wilson.

Als sich zahlreiche Männer anschickten, ihren Krieg gegen die Sandinisten ruhen zu lassen und in ihre Dorfgemeinschaften zurückzukehren, sei das dort vielen Frauen gar nicht recht gewesen, erzählt Anna: sie hätten sich inzwischen ohne Männer viel harmonischer eingerichtet und sahen mit deren Rückkehr nur wohlbekannte private Konflikte auf sich zukommen.

Doch es gibt daneben den domestizierten Typus des Miskito-Bauern, dem jeder imponiert, der sich als Machthaber durchgesetzt hat. Einige solche Männer stehen mit einem Transparent, auf dem sie ihre Loyalität bekunden, in den ersten Zuhörerreihen, als Innenminister Tomas Borge in Puerto Cabezas den Jahrestag des Inkrafttretens der Autonomie zelebriert: etwa 40 Jahre alte *Campesinos* mit abgearbeiteten Körpern, lückenhaften Gebissen und schon häufig weißem Haar unter der Baseball-Mütze.

Als der *Comandante* seine Rede mit der Frage an die Zuhörer beginnt, woher sie alle kämen, sucht der mit einem Megaphon ausgerüstete Anführer dieser Gruppe im Schreibheft, in dem er sich vorsorglich verschiedene Parolen notiert hat, vergeblich nach einer passenden Antwort. Erst nachdem eine Frau einen Ortsnamen auf die Tribüne ruft, melden auch diese Männer, aus welchen Dörfern sie kommen — es ist eine stattliche Anzahl von Siedlungen, in denen die Autonomie bereits auf Gemeindeebene praktiziert wird.

Wenig später bahnt sich ein seltsamer Zug einen Weg durch die Menge vor der Tribüne: vier junge Männer in abgetragenen, hierorts gleichwohl als elegant zu bezeichnenden Anzügen, mit Sonnenbrille, sowie einer Krone und einer Schärpe aus silbernem Staniolpapier, und vier junge Frauen mit bodenlangen Kleidern und Schleiern aus Gardinenstoff. Hinter jedem der Paare geht eine ältere Frau, die eilfertig einen Schirm über die Kostümierten hält.

Die Menge reagiert teils mit Gelächter, teils mit merkbarer Unsicherheit. Auch der *Comandante* auf der Tribüne scheint vorerst eine Provokation zu vermuten. Er unterbricht seine Rede und läßt sich von örtlichen *Frente*-Leuten ins Bild setzen. Dann begrüßt Tomas Borge die Miskito-Könige aus Sing Sing und drei weiteren Ortschaften als „Monarchen, die vom Volk gewählt worden sind“. Den Ankömmlingen wird ein Platz unter den Ehrengästen auf der Tribüne freigemacht.

Befragte Einheimische erklären diesen Auftritt teils als eine karnevalistische, teils als eine durchaus ernsthaft gemeinte Manifestation — was einen deutschen Gast aus der Erfahrung seiner Heimat feststellen läßt, daß eine dieser Möglichkeiten die andere nicht ausschließen müsse.

Am Ende des Festaktes dreht sich das Tonband bei der obligaten Abspielung der Sandinisten-Hymne nach einiger Zeit immer langsamer und verstummt schließlich unter Krächzen völlig. Die Versammelten singen das Kampflied mit seinem spanischen Text lauthals zu Ende. Auch aus den Kehlen der Miskito-Könige klingt es laut und deutlich: *„roja y negra bandiera nos cobija / patria libre, vencer o morir!“*

September 1988

Krieg ist Quälerei

Mit einem Batallon de lucha irregular auf Contra-Jagd

„*Hombre*", hatte der Mörserschütze gesagt, „*hombre*, zieh' dir bloß nicht die Schuhe aus — wer weiß, ob du morgen wieder reinkommst." Du hättest nichts lieber getan, als deine Füße von den festgeschnürten Lehmklumpen zu befreien, die verdreckte Hose auszuziehen und all das andere klatschnasse Zeug, das dir am Körper hing und dich frösteln machte, sobald du nicht mehr von den Anstrengungen des Marsches erhitzt warst.

Immerhin, unweit der Bauernkate stand ein sauberes, doppelsitziges Plumpsklo und du hattest durch das eine Loch sehen können, was dir durch das andere gelungen war. Luxus sei eine relative Angelegenheit, hattest du in diesem Moment überlegt.

Nun ist es vier Uhr früh, nahezu stockdunkel noch und rundum packten die *Cachorros*, die *jungen Hunde*, wie in Nicaragua die Wehrpflichtigen genannt werden, ihr Zeug zusammen. Es regnet schon wieder. Am Vortag, als ihr bei Einbruch der Dunkelheit in diesem kleinen Hochtal mit seinen drei Bauernhäusern angekommen ward, hatte es geregnet. Während der Nacht hattest du den Regen auf das Dach der Holzveranda trommeln hören, unter dem dir auf dem Fußboden ein Schlafplatz zugewiesen worden war.

Du hattest auf die Wiese hinausgeblickt, wo in der Dunkelheit die kleinen Zelte mehr zu erahnen als zu sehen waren, die sich ein paar der Muchachos aus schwarzen Plastikplanen gebaut hatten — und du warst überzeugt gewesen: für diese Nacht hast du es vergleichsweise gut getroffen.

Doch nun regnet es abermals und du mußt gleich hinaus. „*Adelante, Compa,* wir sind spät dran!" mahnt der *Politico* des Zuges, dem man dich zugeteilt hat — er ist der Mann für's Feine, sozusagen, und hat sich um dich *Gringo* zu kümmern, der du da mit dem BLI, dem *Batallon de lucha irregular Juan Pablo Umansor* im nördlichen Bergland Nicaraguas herumläufst, um eine *Contra*-Jagd aus der Nähe zu erleben.

Die bis in die letzte Faser nassen Kleider und Schuhe, in denen du am Abend zuvor bibbernd vor Kälte eingeschlafen warst und in denen du vorhin bibbernd vor Kälte erwachtest, sind um nichts trockener, als zu Beginn dieser Nacht. Der Himmel ist grau und wolkenverhangen.

Du wirfst dir den Rucksack über die Schultern und spürst dabei die vor Frost und Müdigkeit schmerzenden Knochen. Die Vorhut der Kompanie ist längst abmarschiert und du trittst hinter dem *Politico* an deinen Platz in der Reihe der Soldaten, die sich im Eilschritt eine steile Bergwiese hinaufbewegen. Das Gras ist glitschig und bei jedem nicht mit Bedacht gesetzten Schritt rutschst du ein Stück den Abhang hinunter. Aber du frierst nicht mehr und spürst, wie sich warmer Schweiß auf die frostige Feuchtigkeit des Regens in deinen Kleidern legt.

Schon nach dem ersten halben Marschtag war für dich jeder Aufstieg zur Qual geworden. Doch alles läßt sich steigern, hast du erfahren. Der steile Hang gleich nach der kurzen, auf dem harten Verandaboden verbrachten Nacht ist die Hölle, die kein Ende nehmen will.

Keuchend kaust du an dem einen Bissen Brot, den du dir beim Abmarsch in den Mund geschoben hast. Der Teig scheint sich in deiner Mundhöhle auszudehnen. Du spuckst einen Teil aus, kaust am Rest, spuckst wieder aus, kaust weiter, spuckst abermals aus und kaust an dem Zeug, das aufgeht wie Hefe. Schließlich spuckst du aus, bis nichts mehr da ist und hast endlich den Mund frei, um durchatmen zu können.

Dann stehst du oben auf der Hügelkuppe, doch das bedeutet nicht viel. Jedenfalls nicht die Erlösung von aller Pein. Ein kurzes flaches Wegstück wird fast im Laufschritt genommen, dann rutschst du einen glitschigen Steig mehr hinunter, als du gehst — bis zum nächsten Aufstieg.

Die Kolonne hält kurz an. Dichte Nebelschwaden liegen über den Gipfeln und Höhenrücken. Du versuchst dich zu orientieren und weißt nur, ihr seid im *Departemento Jinotega* irgendwo östlich der Hauptstraße zwischen Asturias und Pantasma unterwegs. Auch wenn ihr über offenes Gelände marschiert, das dich an die Almwiesen Europas erinnert, kannst du die Spitze der Marschkolonne genausowenig sehen wie ihr Ende.

Der *Sanitario,* noch um einen Kopf kleiner als die anderen *Muchachos,* humpelt mit seiner umgehängten Medikamententasche vorbei nach vorne. Am Vortag hatte er kaum noch gehen können und war als einer der Letzten am ganzen Körper zitternd am Lagerplatz eingetroffen. Als er sich hatte hinlegen wollen, war eine Frau mit zwei Kindern gekommen, derer er sich annehmen mußte. Er hatte den Kleinen ein paar Tropfen in die Augen geträufelt und der Mutter gezeigt, wie sie das zu machen habe. Als er ihr schließlich das Fläschchen in die Hand gedrückt hatte, war sie perplex. Die Frau hatte zweimal nachgefragt, ob sie dafür tatsächlich nichts bezahlen müsse.

Die anderen *Compas* hatten bereits ihre Schlafzelte aufgebaut und der *Politico* war mit einem Bündel Geldscheinen in das Bauernhaus gegangen, um etwas Kaffee und die Bohnen zu kaufen, die ihr dann zusammen mit dem Inhalt der Konservendosen aus der Trockenration gegessen hattet.

Ein *Cachorro* hatte ein Transistorradio aus seinem Rucksack geholt und ihr hattet das allabendliche Wunschkonzert von *Radio Sandino* für die in den Bergen eingesetzten *Muchachos* gehört.

„Live is life, da-daa-da-da-daa“, hatte es mit einem Mal aus dem Lautsprecher getönt.

Du hattest zwei Packungen deiner Filterzigaretten für eine trockene Hose ausgelobt und damit einen heftigen Funkverkehr zwischen den einzelnen Lagerplätzen des Bataillons ausgelöst. Zum Schluß mußtest du deine Zigaretten verschenken. Die *Muchachos* haben ganz einfach zu kurze Beine, fluchtest du dazu.

Auch der *Campesino*, dem das Haus gehört, war von diesen exotischen Zigaretten angelockt worden und hatte dir etwas abseits der Soldaten anvertraut, daß die *Contras* gleichfalls desöfteren vorbeikämen, aber nie für das Essen bezahlten und ihm schon zwei unersetzbare Schweine davongeschleppt hätten.

Er hatte die Söldner *Guardias* genannt, wie damals, vor 1979, die Soldaten Somozas genannt wurden. Einmal hätten ihn die *Guardias* dazu gezwungen, erzählte der *Campesino*, sie auf einem Seitenweg aus dem Tal hinauszuführen und ihn dabei an der Spitze der Gruppe gehen lassen, wo es am gefährlichsten sei.

Der *Politico* war später hinzugetreten, hatte den Bauern nach seinem Namen gefragt und wissen wollen, wann hier zuletzt *Guardias* durchgekommen seien. Erst vor zwei oder drei Stunden sei eine Gruppe dort drüben am Abhang vorbei und durch den Wald hinauf marschiert, hatte der *Campesino* geantwortet, worauf der *Politico* zufrieden genickt und dir gesagt hatte, das decke sich mit den Informationen des Funkers, der sich in die Frequenz der *Contras* eingeschaltet habe. Die Operation laufe nach Plan, hatte der *Politico* hinzugefügt.

Du hattest gewußt, daß der Krieg in Nicaragua keineswegs vorbei ist. Er schwelt bloß mit geringerer Intensität weiter. Vor einem Jahr, nachdem im März 1988 die Regierung mit einer Contra-Delegation in Sapoa ein Feuereinstellungsabkommen vereinbart hatte, war erstmals seit sieben Jahren Hoffnung auf Frieden aufgekommen. *Contra*-Verbände hatten sich in vorgesehenen Waffenstillstandszonen zu sammeln begonnen. Bei Quilali, nahe der Grenze zu Honduras, warst du auf eine solche Einheit gestoßen — junge Männer in Kampfanzügen aus den USA, mit 40 mm-Heckler & Koch-Granatpistolen und G 3-Gewehren aus der Bundesrepublik. Den meisten der Leute hing ein Rosenkranz mit einem Kruzifix aus dem Halsausschnitt und an die Wand des von ihnen besetzten Hauses hatten sie zwei Hakenkreuze gemalt.

Der Jüngste unter ihnen war 13 und schon seit zwei Jahren bei der *Contra* gewesen. Bismarck hatte er sich genannt und gesagt, er kämpfe gegen den *Kommunismus* und für die *Freiheit.*

Welchen Kommunismus, welche Freiheit, hattest du ihn gefragt und darauf hatte er die Schultern gezuckt und dich mit offenem Mund angeblickt.

Dann hattest du einen etwas älteren *Contra* gefragt, wohin er gehen würde, wenn der Krieg aus sei und er hatte geantwortet, das wisse er nicht, denn auf einem Feld zu arbeiten, das sei nichts für ihn — aber soweit werde es nicht kommen. Der Oberst habe das versprochen.

Oberst Enrique Bermudez war ein enger Geschäftspartner des Diktators und Somozas Militärattaché in Washington. Kurz nachdem vor zehn Jahren die Sandinisten die Somoza-Sippe davongejagt hatten, war der Oberst vom Geheimdienst der USA dazu ausersehen worden, die versprengten Teile der *Guardia* zu sammeln und eine Streitmacht gegen die neue Regierung Nicaraguas aufzubauen. Um 1981 hatte der Krieg begonnen und vom Frieden hält Enrique Bermudez noch immer nichts. Die Verhandlungswilligen unter seinen Kommandanten verschwanden vor einigen Monaten über Nacht spurlos aus den *Contra*-Lagern in Honduras. Zwar löst sich die Truppe zusehends auf. Doch gibt es einen harten Kern von drei- bis viertausend Mann, diese wollen weiterhin ihren Krieg haben.

„Sollen wir vielleicht als Bauern in Nicaragua arbeiten oder als Nachtwächter in Miami?“, fragt einer von ihnen in einem *Contra*-Lager in der honduranischen Grenzprovinz El Paraiso. Es ist Februar 1989 und wenige Tage zuvor hatten sich die Präsidenten der fünf zentralamerikanischen Staaten in El Salvador darauf geeinigt, die *Contras* zu repatriieren.

Die Betroffenen nehmen das nicht sehr ernst. Gut gekleidet und gut genährt vertrauten sie darauf, daß man in Washington ganz andere Pläne mit ihnen hat.

Auf der anderen Seite der Grenze, in Jinotega, sitzt Klaus

Bresselschmidt aus Solingen. Er leitet den Bau einer Wasserleitung und kommt dabei viel in der Gegend herum. Es sei keine Rede davon, daß die *Contras* nicht mehr von den USA unterstützt würden, sagt er. Hier wisse man ganz genau, wann wieder einmal Zahltag war. Dann folge nämlich garantiert ein Angriff auf eine zivile Siedlung oder dergleichen. Das sei wohl so eine Art Quittung, die man den Financiers ausstellen müsse.

Nicaraguas Regierung hat nach dem Abkommen von Sapoa einen einseitigen Waffenstillstand verfügt — das heißt: die Armee unternimmt keine Offensivaktionen. Doch wenn *Contras* zuschlagen, geht sie denen nach.

Diese Operation ist eine solche. Im Morgengrauen hatten etwa drei Dutzend *Contras* einen Weiler im Pantasma-Tal beschossen. Es habe drei Tote und drei Schwerverletzte gegeben — wie immer: lauter Zivilisten —, hörst du, während das *BLI Juan Pablo Umansor* zur Verfolgung ausrückt. Zwei Kompanien sind bereits links und rechts des Fluchtweges vorgerückt, um die Flanken dicht zu machen und dann in einem spitzen Winkel zusammenzutreffen.

Dich *Gringo* hat man zur dritten Kompanie gesteckt, die hinter den *Contras* die Grundlinie dieses Einkesselungs-Dreiecks bildet, um die Bande vor sich herzutreiben und ihr eine Umkehr unmöglich zu machen.

Nun läufst du schon den zweiten Tag mit den *Muchachos* in den Bergen herum — mit einem olivgrünen Stoffhut auf dem Kopf, wie sie ihn tragen, um nicht allzusehr aufzufallen. Trotzdem bist du nicht zu übersehen in der Schlange der kleingewachsenen, zumeist um die zwanzig Jahre alten *Compañeros*, die fast alle schon 20 Monate ihrer 24 monatigen Wehrdienstzeit hinter sich haben. Da ist keiner unter ihnen, der sich nicht darauf freute, die Uniform bald ausziehen zu dürfen. „Aber das muß auch sein", sagt der Mörserschütze, ein Mechaniker aus Managua, der die Berge seiner Heimat erst kennt, seit er beim Militär ist: „Vorher habe ich das nicht gewußt — aber jetzt weiß ich, daß das sein muß."

Die Leute, die vor den abgelegenen Bauernhäusern am Wegrand stehen, starren dich an. Du blickst in verschlossene

Gesichter und erinnerst dich, gehört zu haben, Somoza habe seinerzeit die Soldaten der Nationalgarde durchwegs unter den analphabetischen Einschichtbauern rekrutieren lassen, die nie zuvor in der Stadt gewesen waren — einer ihnen feindlich erscheinenden Umwelt. Dort sperrte man sie in Kasernen und drillte ihnen ein, das Volk sei ihr Feind. Während sie Liegestütze pumpten, hatten die Rekruten zu rufen: *„La guardia arriva — el pueblo abajo"* — oben die Garde, unten das Volk.

Oh ja, bestätigt der *Politico,* hier heroben in den Bergen habe fast jede Familie einen Verwandten bei der *Guardia.* Und er schärft dir ein, nichts anzunehmen, falls du bei einem Bauern am Weg etwas zu essen oder zu trinken angeboten bekämst.

Inzwischen erscheint dir das unwegsame Gelände vertraut. Du bist über Weiden gelaufen, durch dichte Laubwälder marschiert, über schlammige Steige hinauf und durch rutschige Schluchten hinunter getappt. Du hast einen Blick dafür gewonnen, wo du im Morast einsinken wirst und wo der Boden trägt, wo du einen festen Tritt finden und wo du ausrutschen würdest. Du weißt, daß zwischen jedem Abstieg und Aufstieg ein schmaler Gebirgsbach fließt, in dem du deine Feldflasche auffüllen kannst und daß das rasch gehen muß, weil die anderen weitermarschieren und du bergauf einige *Compas* wirst überholen müssen, um wieder an deinen Platz in der Reihe zu gelangen.

Du genießt die kurzen Rastpausen, trinkst dann mit gierigen Schlucken, weil der schwitzende Körper die Flüssigkeit braucht, und achtest sorgfältig darauf, wo du dich hinsetzt, um nicht wieder neben einem Ameisenhaufen zu landen, wie am ersten Tag, als du aufsprangst und zum Spaß der *Muchachos* herumhüpftest wie ein Derwisch, um die beißenden Tiere abzuschütteln, die sich in deinen Hosenbeinen eingenistet hatten.

Du hast in diesen zwei Tagen verlassene und verfallene Bauernhäuser gesehen, aber auch die Ruinen niedergebrannter kleiner Siedlungen — von Feuer und Rauch geschwärzte Mauerreste, die für dich zu Symbolen des Kampfes der *Con-*

tras geworden sind. Das denkt dein Kopf und der denkt an alles mögliche, um die Quälerei des Körpers vergessen zu machen. Schon wieder regnet es, du spürst auf den Fußsohlen jeden Nagel an deinem Schuhzeug und zwingst dich dazu, weiter einen Fuß vor den anderen zu setzen, obwohl du dich nur hinfallen lassen und ausruhen willst.

„He, *Chele,* das hilft", sagt der Mörserschütze und hält dir etwas hin, das du für einen aus dem Unterholz gehackten und geschälten Ast hältst. *„Caña!"* erklärt er dir und du beißt in das Zuckerrohr und spuckst die holzigen Splitter aus, wie die *Compas* das vormachen. Was dir im Mund bleibt, kaust du und spürst tatsächlich, wie dir das Zeug neue Kraft gibt.

Ihr stampft nun durch dichtes Unterholz, deine Füße sinken immer tiefer im Morast ein. Der *Politico* ruft dir zu, du sollst nicht zu dicht aufschließen. „Ist gut", antwortest du und willst bloß nicht deinen Vordermann aus den Augen verlieren — diese Rückenpartie eines getigerten Kampfanzuges, die dein einziger Orientierungspunkt in der grünen Hölle ist, in der ihr euch jetzt befindet. Ringsum scheint alles zu dampfen und zu blubbern als sei die Natur wahnsinnig geworden.

Deine Schuhe versinken bei jedem Schritt bis zu den Knöcheln im Schlamm. Insekten kriechen dir unter die Kleider. Weiter vorne in der Reihe hackt ein *Muchacho* mit der *Machete* die Schlingpflanzen und herabhängenden Äste ab — in Kopfhöhe der *Cachorros*. Für dich ist das in Brusthöhe. Du achtest darauf, dich nicht zu erdrosseln und bleibst zugleich mit den Füßen in Lianen hängen, die wie Stolperdrähte deinen Weg kreuzen.

Du rutscht aus, fällst beinahe hin, kannst dich gerade noch an einem Ast festhalten und hastest weiter, um den Anschluß nicht zu verlieren. Sobald der Vordermann zwei Meter voraus ist, siehst du ihn nicht mehr. Wie eine Wand schließen sich Pflanzen und Blattwerk vor dir. Du fürchtest, in die falsche Richtung zu laufen. Zwar kannst du hören, wie sich deine Begleiter ihren Weg bahnen, doch diese Geräusche scheinen aus allen Himmelsrichtungen zugleich zu kommen. Der Mörserschütze hastet an dir vorbei, um den Anschluß zu den vor euch gehenden *Muchachos* wieder herzustellen.

Nach ein paar Schritten stehst du vor einem hölzernen Monstrum — dem Stamm eins umgestürzten Baumriesen. Hinter dem *Politico* kletterst du hinauf und bemühst dich, die gut zehn Meter bis zum Wurzelwerk auf der glitschigen Rinde nicht auszurutschen und in das dornige Gestrüpp zu stürzen, das den Stamm bis zur Hälfte seines Durchmessers säumt.

Endlich wird kurz angehalten. Ein tief eingegrabenes Bachbett durchquert den Dschungel und du wartest, bis du an der Reihe bist, da drüberzuspringen — nicht zu dicht hinter dem Vordermann, schärft dir ein *Compa* ein, denn über dem Bach gibt es keine Deckung, dieser Platz wäre ideal für einen Hinterhalt.

Tatsächlich, dort vorne irgendwo wird geschossen. Du hörst das zwar nicht erst jetzt, nimmst es aber nun erst wahr: *ta-ta-ta-ta,* das einsilbige Geräusch von Schnellfeuergewehren, das klingt, als würden in rascher Folge Bretter aufeinander geworfen. Dazwischen das dumpfe Bellen eines schweren Maschinengewehrs und mitunter das Röhren und Donnern der Mörser.

Zwei Tage lang bist du hinter dem Krieg hergelaufen und nun, da du dran bist, ist dein Körper derart ausgelaugt, daß du nichts mehr empfindest außer dem Wunsch nach einer ausgedehnten Zigarettenpause.

Die *Compas* rücken nun langsamer vor. Der Dschungel wird weniger dicht, läßt Platz für etwas, das als Pfad gelten könnte. Von vorne werden Kommandos weitergegeben und einige *Muchachos* schwärmen nach den Seiten hin aus. Du siehst im Unterholz die Metallhülle einer Mörsergranate stecken und vermeidest es sorgfältig, gegen den Blindgänger zu treten.

Die Schießerei wird schwächer, entfernt sich, du trittst auf eine weite Lichtung und gehst auf die *Cachorros* zu, die dort herumstehen, als sei der Krieg vorbei. „Feierabend“, sagt der *Politico,* „wir sind abgelöst worden, ein frisches Bataillon macht den Rest.“

Erst jetzt siehst du sie aufgereiht wie die Strecke einer Treibjagd auf der Wiese liegen. Vier sind es, vier tote *Contras*. Etwas weiter weg liegen noch ein paar Leichen und rund um sie Gewehre, Rucksäcke, Munitionstaschen, Schlafsäcke, Sprengstoffpakete. Alles von bester US-Qualität. Einige der Toten tragen Zivilkleider von *Campesinos* und einer hat dazu gelbe Gummistiefel an, wie man sie in Miami in jedem Warenhaus sieht, die aber kein Bauer in Nicaragua besitzt.

Auf der Rückfahrt in die Hauptstadt hältst du in Jinotega, um im Krankenhaus nach den Verletzten des Anschlages, der diese Operation ausgelöst hat, zu sehen. In einem dunklen kleinen Zimmer, in dem drei Betten stehen, hängt ein zwölfjähriges Mädchen am Tropf. Du fragst, ob sie Schmerzen habe. Nein, antwortet sie und erzählt dir mit der ambitionierten Sachlickeit eines Kindes, das sich von einem Erwachsenen ernst genommen fühlt, den Hergang des Überfalles.

Doch mit einem Mal verstummt sie und preßt sich die Hand vor die Augen. Nachdem ihr die Hand kraftlos vom Gesicht geglitten ist, siehst du ihre großen dunklen Augen in einem See von Tränen ertrunken und weißt, daß das niemals mehr die Augen eines Kindes sein werden.

In einem anderen Zimmer dämmert eine junge Frau im Koma vor sich hin und der Arzt führt dich an das Ende des Flurs zu einem Pappkarton, in dem ein zusammengeknülltes schmutziges Laken zu liegen scheint. Der Arzt zieht sich Gummihandschuhe über die Finger, entfaltet das Laken und hebt etwas aus dem Karton, das du zuerst für eine zerbeulte Zelluloidpuppe hältst. Er dreht das Ding um und du siehst eine breite Bahn geronnenes Blutes auf dem Rücken des Embryos, das im Mutterleib erschossen wurde.

Das hätten sie der Frau herausoperiert, sagt der Arzt. Sie lebe noch, wie du ja gesehen hättest, doch es stehe nicht gut um sie. Am nächsten Tag wirst du hören, daß sie gestorben sei.

Zurück in Managua triffst du einen gerade aus Europa angekommenen Kollegen. Ob es jetzt hier nicht langweilig werde, fragt er, zumal der Krieg vorbei sei.

März 1989

Die Pampa ertrinkt

Bei Gauchos, die zu Fischern werden

Abends gegen acht ist mit dem Erscheinen des Zeitungsverkäufers zu rechnen: ein Mann mit grauen Haaren und einem Zug zu würdevoller Aura — wäre da nicht zugleich die seinem Gewerbe immanente Hektik. Und die bei melancholischem Timbre stets heisere Stimme.

Ein Tangointerpret am Ende einer wechselvollen Karriere trifft gewöhnlich jene Tonlage, in der unser Mann aus der Nachrichtenbranche einen allabendlichen Auftritt bei *„Don Pipon"* im Zentrum von Buenos Aires zelebriert: *„Hay una novedad!"*

„Es gibt eine Neuigkeit", die an diesem Samstag im September 1987 — dem Abend vor den landesweiten Regionalwahlen, denen gewöhnlich gut informierte Beobachter besondere Bedeutung beimessen — lautet: „Die Urnen stehen für das Volk bereit."

Diese Schlagzeile skandierend, eilt der Kolporteur durch das Restaurant und schwenkt ein großformatiges Tagblatt, dessen Namen sich ein Verleger — zumal in Argentinien — erst einmal einfallen lassen muß: *„La Razon"* — Die Vernunft.

Kaum ein Gast blickt von seinem saftigen Steak auf. Nur ein alternder Vorzugschülertyp trifft eine Kaufentscheidung und zieht damit das staunende Interesse der anderen Anwesenden auf sich.

Wieder beim Ausgang angelangt, geht der ambulante Handelsmann in Neuigkeiten abermals in Position. Nun schwenkt er die kleinformatige, von oben bis unten mit Schlagzeilen vollgepflasterte „*Gazette*" und legt in der Stimmlage des ausgereiften Tragöden los: „Furchtbarer Mord an einer Familie!"

Schon werden ihm erste Käuferhände entgegengestreckt. Mit jedem verkauften Exemplar gibt der Zeitungsmann weitere Details des abscheulichen Verbrechens preis. Dies mit einer Anteilnahme in Stimme und Gestus, die vermuten läßt, er habe in einem nahen Verwandtschaftsverhältnis zur ermordeten Familie gestanden.

Ich winke den Branchekollegen von der Verkaufsfront herbei und erwerbe beide Produkte aus seinem Sortiment, um in diesen nach Meldungen jene Angelegenheit betreffend zu fahnden, die mich nach Argentinien geführt hat. Doch darüber ist keine Zeile zu finden.

Einheimische Zufallsbekanntschaften, die ich bislang in Buenos Aires auf mein Thema angesprochen hatte, wußten gleichfalls von nichts und ließen sich erst von mir darüber ins Bild setzen, daß in ihrem Lande immerhin 15 Millionen Hektar Land überschwemmt seien. Im fernen Europa hatten einige Blätter berichtet, es handle sich um eine der größten durch menschliche Fehler verursachten Katastrophen aller Zeiten.

Als einer der Angesprochenen vernimmt, dies alles trage sich einige hundert Kilometer westlich der Hauptstadt zu, lehnt er sich beruhigt zurück: „In der *Pampa* — das ist weit weg."

Zwei Tage später wird der Reporter in der Provinzstadt Pehuajo Sergio kennenlernen: einen in den Sechzigern stehenden Bauern, der in der *Pampa* ein — für die örtlichen Verhältnisse — kleines Anwesen von 70 Hektar bewirtschaftet hatte.

Als „erschütternde Familientragödie" war dem Besucher die Sache mit Sergio von Alejo angekündigt worden, der sich gerade in einem euphorischen Zustand befand, weil die Peronisten — jene für den Fremden auf unbegreifliche Weise antikommunistisch-antikapitalistische Partei — soeben nahezu überall in Argentinien einen erdrutschartigen Wahlsieg errungen hatten.

Alejo ist ein umtriebiger, bulliger Mann und Privatsekretär des *Intendente Municipal* von Pehuajo.

Demzufolge ist Alejo des Umgangs mit Medienmenschen kundig. Er weiß, welcher Ingredienzien eine runde Geschichte bedarf.

Sergio zum Beispiel: Kleinbauer, Familienvater, der sich abgerackert hat auf seinen — ihm gelegentlich einer peronistischen Landreform übereigneten — 70 Hektar, um neben der Aufzucht einiger Dutzend Rinder noch Weizen- und Maisfelder zu bebauen. Deren Ertrag reichte immerhin aus, um der örtlichen Filiale der Entwicklungsbank vorhandene Kreditwürdigkeit zu belegen.

Sergio wollte seiner Familie ein ordentliches Zuhause bieten: Garagen für die Traktoren und Erntemaschinen, moderne Silos für das Getreide und dazu ein Wohnhaus, zwar nicht so groß, doch beinahe so schön wie die herrschaftlichen Wohnsitze auf den *Estancias* der Großgrundbesitzer in der *Pampa* zu sein pflegen.

Wohl an die zehn Jahre wird Sergio mit seiner Frau und seinen zwei Kindern an all dem neben Viehzucht und Ackerbau geschuftet haben, bis der Neubau vor einem Jahr als fertiggestellt betrachtet werden konnte, erinnert sich Alejo.

Doch Sergio hatte kein Glück. Im März 1987 kam das Wasser — ganz langsam und unspektakulär, ohne Flutwelle oder dergleichen, doch unaufhaltsam. Immer weitere Teile von Sergios Äcker und Weiden wurden zur Lagune. Das Vieh mußte weggetrieben und verkauft werden.

Im Mai reichten die Fluten bis nahezu an die Haustür, doch Sergio und die Seinen trafen keine Anstalten, den Besitz zu verlassen, für den sie gearbeitet und sich verschuldet hatten.

„Wir mußten mit dem Helikopter eine psychologisch geschulte Persönlichkeit hinschicken, um die Leute zur Evakuierung bewegen zu können", erzählt Alejo: „Doch vier Tage später waren sie schon wieder dort — mit einem Floß hingerudert, was enorm gefährlich ist. Es sind uns schon genug Menschen auf diese Weise ertrunken, denn schwimmen kann hier keiner und stellenweise ist das Wasser bis zu fünf Meter tief und eiskalt."

Nun sitzt Serigo mit seiner Frau wieder in einer Notunterkunft am Rande von Pehuajo, und wenn er aus dem Haus blickt, türmen sich vor ihm die Erdmassen auf, die einen Damm nahezu um die gesamte Stadt bilden. Weite Teile Pehuajos liegen bereits unter dem Niveau der Lagune, zu der die *Pampa* in diesem Teil des Landes geworden ist.

Die 25.000-Einwohner-Gemeinde, bislang Handels- und Handwerkszentrum für eine Region von insgesamt über 40.000 Menschen, ist zur Frontstadt geworden. „Alle lebenden Kräfte beteiligen sich an den Befestigungsarbeiten", berichtet die örtliche Tageszeitung: „Wenn der Damm nach der nächsten Regensaison brechen sollte, steht ganz Pehuajo zumindest 50 Zentimenter unter Wasser."

Der Regen setzt gewöhnlich Ende September ein und erreicht seinen Höhepunkt zwischen Dezember und Februar.

Doch so weit will Sergio gar nicht denken. Mit Begriffen wie *Zukunft* weiß er nichts anzufangen. Zwar kommt anfangs so etwas wie ein sachliches Gespräch mit ihm zustande — beispielsweise seine Kinder betreffend. Die seien ja nun schon erwachsen und mangels anderer Möglichkeiten weggezogen: weit weg — irgendwohin jenseits des Rio Salado, wo das Wasser sicher nicht hinkomme.

Doch wenn es um ihn selbst, um seine Pläne und Hoffnungen geht, verfällt Sergio in tiefe Apathic, stammelt allenfalls unzusammenhängende Sätze darüber, daß er seinen Kredit nicht zurückzahlen könne und in seinem Haus überall das Wasser stehe.

Wie es weitergehen soll, darauf weiß er keine Antwort. Sergio starrt den Reporter an, als verstünde er den Sinn der Frage nicht.

„Für viele Menschen ist das wie ein böser Traum — im Grunde glauben sie ganz einfach nicht, was sie jetzt erleben", sagt der Tierarzt, den wir im Boot auf der Fahrt vom Weiler Moctezouma zur Provinzstadt Carlos Casares kennenlernen.

Ein eiskalter Wind fegt über die ebene Fläche und peitscht das Wasser zu halbmeterhohen Wellen auf. Der Bauer, der seit einem halben Jahr im Dienst der Bezirksverwaltung mit einem — von dieser beigestellten — Motorboot als Fährmann unterwegs ist, bestand darauf, daß wir Schwimmwesten anlegen.

Manche Leute hätten damit begonnen, sich als Fischer zu versuchen, berichtet er. Der eine oder andere habe auch schon etwas gefangen. Jüngst sei bei einer Versammlung darüber diskutiert worden, ob mit einer Fischzucht Geld zu verdienen sei — und niemand habe über diese Idee gelacht.

Am Rand von Grasinseln stolzieren Störche durch das seichte Wasser, haben sich Enten, Gänse und Reiher niedergelassen. Solche Tiere habe es hier nie gegeben, doch nun würden sie sich in rasender Geschwindigkeit vermehren, kommentiert ein einheimischer Begleiter.

Erstmals, seit sie sich erinnern können, beobachten die Bewohner der *Pampa* die ihnen bislang fremde Art der Biber dabei, wie diese ihre Dämme bauen.

Neben den oberhalb des Wasserspiegels liegenden Straßen stecken im angrenzenden Schlamm die Kadaver verendeter Rinder: den Kopf untergetaucht, die Rückenpartie angespannt vom Todeskampf um festen Grund unter den Hufen.

Noch vor wenigen Monaten galt dieser Landstrich als einer der fruchtbarsten überhaupt — als *Speisekammer der Welt.* Eine eigentümliche Gegend war das indes schon immer: „Die langweiligste Landschaft des Erdenrunds", wie in einem Reiseführer „die zum Verzweifeln flache *Pampa*" genannt wird, „in der sich noch nicht einmal Flüsse bilden können, weil es keine Andeutung von Gefälle gibt."

Flüsse haben sich in dieser Ebene an der Grenze der drei Provinzen Buenos Aires, Cordoba und La Pampa tatsächlich keine gebildet — doch einer der vermutlich größten Binnenseen der Erde. Unterwegs mit dem Militärhubschrauber, der von Pehuajo aus zum Transport von Menschen und Material in der nunmehrigen Inselwelt der *Pampa* eingesetzt wird, blickt der Besucher auf direkt unter ihm erdig braun, mit zunehmender Entfernung in dunklem Grün schimmernde Wassermassen, die rundum von einem Horizont zum anderen reichen.

Mit ihren kleineren und größeren, langgestreckten und runden Festlandfragmenten, die so flach sind wie die Wasseroberfläche, bietet die Lagune ein Bild entrückter Ewigkeit — als gehörte sie hierher und sei immer schon dagewesen.

Gekräuselte Linien in stattlicher Breite zeigen an, wohin der Wind die Strömung lenkt. Dort, wo dann wieder sanft ein Stück Weide aus dem Wasser hervortritt, haben sich weiße Streifen gebildet, die von oben aussehen wie faulende Schneereste in der Frühlingssonne: Salzablagerungen, die aus der Erde hervorgespült wurden.

Erst im Tiefflug wird klar, wie jung dieser See ist: über mehrere Kilometer ragen schnurgerade gezogene Zäune und Elektroleitungen aus dem Wasser, stehen Windräder und zur Hälfte versunkene Häuser in den Fluten. Rinder, Pferde, Schafe und Schweine tummeln sich auf den Inseln, die kein Mensch mehr bewohnt. Die Tiere stürzen in wilder Panik davon, wenn der Helikopter knapp über sie hinwegdröhnt. Auf einem Feldweg, der annähernd zwanzig Meter lang aus dem Wasser hervortritt, steht verlassen ein Auto.

Nur die großen Hauptverkehrsstraßen und Bahngeleise befinden sich noch weithin knapp über dem Wasserspiegel. Wo die Fahrbahn bereits von den Fluten überspült wurde, ziehen Traktoren — umgeben von einem aus Bojen gefertigten Schwimmgürtel — Lastwagen von einem Festlandstreifen zum anderen.

Sicher, eine einzigartige Katastrophe sei dies alles, bestätigt der Ingenieur Guillermo Nottelmann, ein gewichtiger Herr mit Krawatte, den seine Visitenkarte als *Presidente* der *Direccion Provincial de Hidraulica* in Cordoba ausweist. Doch von menschlichem Versagen könne gleichwohl nicht gesprochen werden. Der Anteil des Rio Quinto am Zustandekommen der nun herrschenden Verhältnisse sei allenfalls mit zehn Prozent anzusetzen.

Auch Hans Vermeulen, ein Zivilingenieur aus Holland, und Martin Loschacoff, Generaldirektor eines riesigen Landgewinnungsprojektes an der Küste der Niederlande, zwei Experten, die von der Provinzregierung nach Cordoba gebeten wurden, um sich mit Rat und Tat an der Bewältigung dieser größten Abnormität der Natur in der überblickbaren Geschichte Argentiniens zu beteiligen, stimmen dieser Einschätzung zu.

Dann breiten sie in ihrem klimatisierten Büro im Gebäude des Ministeriums für öffentliche Arbeit zu Cordoba großflächige Landkarten aus, um den Besucher über die Besonderheiten des Rio Quinto zu informieren, einem vorrangig aus dem Monsunregen gespeisten Fluß, der in der hügeligen Provinz San Luis seinen Ausgang nimmt und dann auf einer Distanz von etwa 300 Kilometern nahezu die gesamte Provinz Cordoba durchquert.

Flüsse haben in der *Pampa* nicht die Gewohnheit zu münden, sondern zu versickern, klärt Don Guillermo auf. Der Rio Quinto sei üblicherweise in der sogenannten *Amarga* versickert, einem Geflecht aus Sümpfen und Lagunen, die nach der Regenzeit weitgehend austrockneten.

1983 habe man zwar damit begonnen, den Unterlauf des Rio Quinto zu kanalisieren, um einerseits in der *Amarga* neues Weideland zu gewinnen und andererseits die Ackerbaugebiete weiter südwestlich bei Trenque Lauquen in der Provinz Buenos Aires zu bewässern. Dadurch sei das Wasser des Flusses in Gebiete gelangt, die es zuvor nicht erreichte. Man habe auch erkennen müssen, daß als Folge der Abholzung im Gebirge, der Überweidung und des exzessiven Ackerbaues in der *Pampa* die Bodenerrosion weit fortgeschritten sei, der Rio Quinto also immer mehr Erde mit sich geführt habe, durch die dann die neuen Kanäle verstopft und die Ebenen entlang der neuen Wasserläufe überschwemmt wurden.

Doch das alles reiche nicht aus zur Erklärung der gewaltigen Katastrophe, mit der man sich nun konfrontiert sehe. Die sei zu wenigstens 90 Prozent von den ungewöhnlich starken Regenfällen verursacht worden, die seit nunmehr schon fünfzehn Jahren über dieses Gebiet niedergingen.

Die Herren Experten aus den Niederlanden nicken bestätigend. Man befinde sich gegenwärtig in einem Regenzyklus, von dem niemand sagen könne, wie lange er noch anhalten werde. Daher sei der Grundwasserspiegel in der *Pampa* derart angestiegen, daß der Boden die vom Himmel fallenden Wassermassen nicht mehr aufnehmen könne, diese also nicht einsickerten, sondern sich auf weite Flächen ausbreiteten. Dazu sei die Wasserdurchlässigkeit dieser Böden horizontal stärker als vertikal.

Da helfe vorerst nur eines, sagt Hans Vermeulen und breitet eine andere Landkarte aus: das Wasser in bestehende Lagunen zu leiten und dort bis zum Ende der Regenzeit aufzustauen, sowie anschließend kontrolliert in trockene Gebiete abfließen zu lassen. Dafür seien nun die entsprechenden Pläne ausgearbeitet worden, mit derer Realisierung man sich allerdings beeilen müsse, zumal die nächste Regenzeit unmittelbar bevorstehe.

Ein Problem bestünde darin, räumen die Herren aus Holland zum Abschluß ein, daß sie nur Maßnahmen für den Bereich der Provinz Cordoba anregen könnten und selbst erst aus den Zeitungen erführen, was die anderen von der Katastrophe betroffenen Provinzen zu unternehmen gedächten.

Im Schulfhof von Pehuajo sah der Besucher Hunderte von Jutesäcken liegen. Die würden mit Erde gefüllt und zu Dämmen am Stadtrand aufgeschichtet, wurde ihm erklärt. Darüber werde sodann eine Schicht Beton gegossen — ein in der USA entwickeltes Verfahren, das sich garantiert bewähre, wenn in den kommenden Wochen und Monaten die Fluten weiter ansteigen sollten.

Stella Carballo und Oscar Dominguez sind im *Nationalen Institut* für Agrartechnik in Buenos Aires anzutreffen und verstehen sich als reine Naturwissenschaftler, deren Funktion es nicht sei, politische Entscheidungen oder Versäumnisse zu kritisieren. Sie gestatten sich lediglich den Hinweis auf eine von ihnen bereits vor mehreren Jahren — gestützt auf Erkenntnisse, die aus Satellitenfotos gezogen werden konnten — in den USA veröffentlichte Arbeit, aus der man die Gefahr weitflächiger Überschwemmungen aufgrund verstärkter Regenfälle herauslesen habe können.

Diese Vorhersage sei nun eingetroffen: „Wir befinden uns mitten in einem Regenzyklus und wissen nicht, wann dieser aufhören wird“, zumal insgesamt weitreichende Klimaveränderungen zu beobachten seien, die im Zusammenhang mit der Ausbreitung des *Corrente EL Niño* vor der Küste Perus stünden — jener warmen Strömung, die zunehmende Regenfälle in Südamerika bei gleichzeitiger Dürre in Asien und Afrika verursache.

Der Reisende, der von der *Amarga* aus in südwestlicher Richtung dem Weg des Wassers folgt, das sich seit März 1987 langsam auf einer Front von annähernd 180 Kilometer Breite pro Tag um durchschnittlich einen Kilometer voranarbeitet, trifft in der überschwemmten *Pampa* keinen Menschen, der mit solchen erhellenden Erkenntnissen etwas anzufangen wüßte. Hier gilt das Prinzip, wonach man sich selbst zu helfen hat — und dabei auf Nachbarn nicht immer Rücksicht nehmen kann.

Ich werde an eine Stelle geführt, wo ein Großgrundbesitzer und Waffenfabrikant eine Schneise in den Fahrbahndamm der Nationalstraße sprengen ließ, damit jenes Wasser durchfließe, das sich entlang dieser Sperre aufstaute und solcherart seine angrenzenden Ländereien bedrohte.

In einem Dorf beklagen sich die Bewohner über die Leute aus der Nachbarortschaft, die einen Kanal gegraben hätten, um die Wassermassen von ihren Grundstücken auf die bis dahin nicht überschwemmten Böden abzuleiten.

So fügt sich das unüberblickbare Bild dieser Katastrophe zusammen aus unzähligen Momentaufnahmen von beseitigten Sperren, aufgeschütteten Dämmen, gegrabenen und an anderer Stelle wieder zugeschütteten Kanälen — unkoordinierten, von niemandem autorisierten oder gar großräumig geplanten Maßnahmen, die jede für sich den isolierten Versuch darstellten, inmitten der sich schleichend ausbreitenden Wassermassen den eigenen Besitz zu retten, alles in allem jedoch zur Ausbreitung der Überschwemmung beitrugen. Letztendlich ist es noch keinem gelungen, für sich dauerhaft eine Insel zu schaffen in jenem Ozean, dessen Entstehen niemand für möglich hielt.

Natürlich habe es hier gegen Ende der Regenzeit immer wieder Überschwemmungen gegeben, hört der Reporter die Einheimischen erzählen: in den letzten Jahren sogar häufigere und ausgedehntere als zuvor. Doch in der Trockenzeit sei das Wasser noch immer versickert und habe die Böden fruchtbar erhalten.

Erst ab März — in Argentinien dem Herbst — des Jahres 1987 wäre mit einem Mal alles überschwemmt gewesen und keinerlei Anzeichen deuten darauf hin, daß das Wasser wieder verschwinde. Im Gegenteil: die riesige Lagune, zu der die *Pampa* geworden ist, führe nun wohl über die Verdunstung zu noch stärkeren Regenfällen — und wie dieser Kreislauf enden könne, sei nicht auszudenken.

Es gebe keine nationale Politik zur Bekämpfung dieser unfaßbaren Katastrophe, ja nicht einmal koordinierte Maßnahmen im Rahmen der Provinz Buenos Aires, will Julio Rodriguez festgehalten wissen. Der kleingewachsene, energische Mann, der sich vom einfachen Volksschullehrer zum Direktor einer technischen Schule emporgearbeitet hatte und nach seinem altersbedingten Ausscheiden aus dem Berufsleben als Parteigänger der Peronisten eine politische Karriere startete, amtiert nun bereits die zweite Legislaturperiode als *Intendente Municipal* in Pehuajo.

Wenige Tage vor unserem Gespräch war er mit ansehnlichen Stimmengewinnen wiedergewählt und anschließend mit einem stürmischen Volksfest von mehr Bürgern gefeiert worden, als für ihn votiert hatten, was Alejo, seinem Privatsekretär, umgehend aufgefallen war.

Im Wahlkampf sei der zuständige Gouverneur aus Buenos Aires nach Pehuajo gekommen, berichtet Don Julio, und habe den Leuten bloß zu sagen gehabt, sie müßten lernen, mit dem Wasser zu leben. Doch den Menschen hier stehe der Sinn nicht nach solchen Erklärungen, setzt der *Intendente* zu einer leidenschaftlichen Rede an, sondern nach konsequent in Angriff genommenen Maßnahmen. Daher hätten die in Buenos Aires regierenden *Radikalen* des Präsidenten Alfonsin überall in der Provinz schlimme Niederlagen einstecken müssen.

Dann lehnt sich das politische Oberhaupt des Bezirkes tief durchatmend in seinem Stuhl zurück und beginnt dem Besucher vorzurechnen: Allenfalls 20 Prozent des Bodens seien in dieser Region gegenwärtig noch kultivierbar. Das bedeute zuerst einmal den Ruin für die etwa 10.000 Kleinbauern. Als solcher gelte in der *Pampa,* wer zwischen 50 und 300 Hektar besitze.

Annähernd ein Fünftel der gesamten landwirtschaftlich nutzbaren Fläche müßten sich diese 10.000 Kleinbauern teilen, während rund 80 Prozent des Bodens auf 30 bis 40 Großunternehmen mit einer Betriebsgröße von 1000 bis 15.000 Hektar entfielen. Das seien zumeist anonyme Aktiengesellschaften, deren Anteilseigner ihr Kapital im Regelfall breit über verschiedene Wirtschaftszweige gestreut hätten.

Die Kleinbauern hingegen müßten nun ihren gesamten Viehbestand verkaufen, faktisch also ihre Betriebe radikal dekapitalisieren, um wenigstens die laufenden Lebenshaltungskosten decken zu können. Für Kreditrückzahlungsraten sei da nichts mehr drin, weshalb er die Vereinbarung eines Moratoriums zwischen den Banken und ihren Kreditnehmern angeregt habe, berichtet das Bezirksoberhaupt über seinen Beitrag zum Krisenmanagement.

Es seien ja nicht bloß die Bauern von der Katastrophe betroffen, sondern auch alle Handels- und Handwerksbetriebe in Pehuajo, deren gute Kunden die Landwirte zu besseren Zeiten waren. Für die Bezirksverwaltung heiße dies, daß sie seit einigen Monaten faktisch keine Steuereinnahmen mehr erziele, also ihrerseits über kein Geld verfüge, um entlastende Maßnahmen zu setzen — beispielsweise die Ansiedlung kleinerer Industriebetriebe zur Schaffung von Arbeitsplätzen zu fördern und die dafür notwendige Infrastruktur zu errichten.

Ein Teufelskreis sei das, sagt Don Julio: ein Prozeß, der das langsame Absterben der ursprünglich blühenden Stadt Pehuajo bewirke. An die zehn Prozent der Bewohner seien im letzten halben Jahr bereits weggezogen — vor allem jüngere, qualifizierte Leute. Und es würden wohl noch viele folgen, für die es hier keine Perspektive mehr gäbe.

Pehuajo, Carlos Casares, Trenque Lauquen, 9. de Julio, Villegas, Lincoln, Viamonte und wie sie sonst noch alle heißen, diese Städte in der *Pampa,* die kaum voneinander zu unterscheiden sind, haben ihr architektonisches Erscheinungsbild erhalten als Ausdruck der — zurückliegenden — Wohlhabenheit ohne weiterreichende Ambition: lange, schnurgerade Straßen, an denen bemerkenswert einfallslos gebaute, nur selten mit einem Stockwerk versehene Häuser stehen, von denen die wenigsten älter als zwanzig Jahre zu sein scheinen — Stadtlandschaft als von Menschen geschaffene Fortsetzung der öden Eintönigkeit der *Pampa.*

Irgendwo ragt in jeder dieser Gemeinden eine Art Hochhaus auf, das dorthin paßt, wie ein Tangosänger auf das Oktoberfest und von den Einheimischen als Einsprengsel weltläufiger Modernität verstanden wird.

Schon zur Zeit des florierenden Weizen- und Rinderexportes, der reichlich Geld in die *Pampa* brachte, müssen solche Siedlungen von dumpfer Spießigkeit durchdrungen gewesen sein. Nun, da das agrarische Hinterland von Handel und Handwerk buchstäblich ertrinkt, liegt ein konturloser Schatten sich ankündigender Vergänglichkeit über die akkurat gemauerten Manifeste eines disziplinierten Biedersinns, der seine Funktion verloren hat, wo die Fundamente aller Verteilungshierarchien in den Fluten versunken sind.

Als erste gehen jene, die am wenigsten zurückzulassen haben. Etliche dieser Absiedler aus der *Pampa* vergrößern inzwischen das Heer der zwischen unerfüllbaren Hoffnungen und apathischer Hoffnungslosigkeit schwankenden Bewohner der Elendsviertel, von denen die 11-Millionen-Stadt Buenos Aires umwuchert wird. In löchrigen Pullovern drängen sie sich um offene Feuerstellen vor zugigen Holzhütten — ohne Arbeit und ohne die geringste Chance, einen Arbeitsplatz zu finden.

Die Jahre des *Booms* sind auch für Argentinien längst vorbei. Die europäischste Hauptstadt Lateinamerikas, in ihrem

Zentrum eine geglückte Mischung aus Rom, Paris und Madrid, beginnt an immer mehr Stellen den grauen Außenbezirken von Bratislava, Budapest oder Bukarest ähnlich zu werden.

Die Regierung fördere mit ihrer Wirtschaftspolitik Spekulationen statt Investitionen, hatte Juan Carlos Zamora, der Vorsitzende der örtlichen Handelskammer in Trenque Lauquen, erklärt.

Präsident Alfonsin sei nach dem Zusammenbruch der jüngsten Militärdiktatur mit den drei Versprechungen angetreten, die Folter-Offiziere aus der Ära zwischen 1976 und 1983 streng zu bestrafen, das Land von den Diktaten des *Internationalen Währungsfonds* zu befreien und vermittels einer Industrialisierungswelle neue Arbeitsplätze zu schaffen. Doch nichts davon sei eingehalten worden. Sogar ohne die nun noch hinzugekommene Überschwemmungskatastrophe sei die Lage ausweglos und es dürfte niemanden verwundern, wenn allenthalben ein neuer Militärputsch erwartet werde.

Er überlege ernsthaft, ins Land seiner Väter, nach Italien, zurückzukehren, sagt Juan Carlos.

Unserem Einwand, daß die Lage dort auch nicht sehr rosig sei, setzt er den Hinweis entgegen, daß einer seiner Vettern in Genua ein Sekretär der *Democrazia Cristiana* wäre, also wohl etwas für ihn tun werde können.

Unweit dem *Teatro Colon,* das die gebildeten Herrschaften von Buenos Aires zu den bedeutendsten Opernhäusern der Welt zählen, werden wir in einem *Penthouse* zwei Stützen der agrarischen Elite Argentiniens vorgestellt, die übers Wochenende in ihren Hauptstadtwohnungen logieren, um hier ihre Stimme bei den Regionalwahlen abzugeben.

Luis Perazzo ist ein siebzigjähriger Patriarch spanischer Herkunft, der bis 1983 fünf Amtsperioden lang der *Junta der Fleisch- und Getreideproduzenten* vorstand. Diese bedeutende Institution sei dann aufgelöst worden, sagt er mit klarer Verachtung für die gegenwärtig regierenden Politiker.

Soviel jedenfalls stehe fest: zur Zeit der Militärregierung wäre ein Überschwemmungskatastrophe wie die gegenwärtige unmöglich gewesen, weil tatkräftige Leute jedes Übel sofort an der Wurzel beseitigt hätten. Doch den jetzt um die Macht buhlenden Parteien sei ja egal, was in der *Pampa* vorgehe, weil diese sehr dünn besiedelt sei — alles in allem stünden dort nur an die 700.000 Wählerstimmen zur Disposition, was faktisch nichts sei, bei insgesamt 30 Millionen Argentiniern.

Oscar Inchauspe ist Mitte dreißig und neigt zu schwammiger Dicklichkeit. Sein Urgroßvater sei bereits 1884 aus dem Baskenland nach Argentinien gekommen und habe in der *Pampa* 70.000 Hektar Boden zur Schafzucht erworben, erzählt er: „Nur zwei Jahre, nachdem das Land von den Indianern befreit wurde."

Mit dem Viehzuchtboom zwischen 1920 und 1930 habe das Unternehmen einen ersten steilen Aufschwung genommen, bis unter Peron 35.000 Hektar enteignet worden seien: „Um Wählerstimmen zu ködern."

Der Name des *Caudillo* kommt Oscar Inchauspe nur schwer über die Lippen und er ist offenkundig überzeugt, beim Besucher die Verachtung für „diesen Juan Domingo" voraussetzen zu können, der — mit aller denkbaren Widersprüchlichkeit — die Unterschichten Argentiniens organisierte und sich dann mit dem Klerus anlegte.

Zur Verarmung der Familie Inchauspe führte diese Phase in der Geschichte Argentiniens nicht. Oscar ist heute der *Patron* über 11.000 Hektar Acker- und Weideland, das jetzt freilich zu 60 Prozent überflutet ist.

Bereits zwischen 1984 und 86 habe er wegen der immer länger anhaltenden Überschwemmungen seine Anbaugebiete um die Hälfte reduzieren müssen und 1987 sei erstmals überhaupt keine Aussaat mehr möglich gewesen. Allein auf diesem Sektor mache das einen Verlust von einer Million Dollar pro Jahr aus und auch den Viehbestand habe er umständehalber von 13.000 auf 7000 Rinder reduziert.

Bezöge er nicht Einnahmen aus Beteiligungen in anderen Sparten, stünde er vor dem Ruin, klagt der junge Don Oscar und läßt dem Besucher Kaffee nachschenken. Soeben erst seien ihm wieder 25 Rinder ertrunken, die in panischer Flucht ins Wasser galoppierten, während von einem tieffliegenden Helikopter aus ein spurlos verschwundener *Gaucho* gesucht wurde.

Im übrigen sei dieser Kerl vermutlich betrunken gewesen und daher auf dem Heimweg irgendwo ersoffen.

Nicht nur in einem solchen speziellen Fall erweist sich die Suche nach den *Gauchos* als vergeblich. Diese berittenen *Pampa*-Bewohner, von denen es heißt, jeder Schritt zu Fuß sei für sie eine Schande gewesen und früher einmal hätten sie gelegentlich ein Rind abgestochen, bloß um an dessen Horn ihr Pferd anbinden zu können, wenn sie sich zur *Siesta* ins Gras legen wollten, gibt es faktisch nicht mehr — zumindest in diesen mit Zäunen eingegrenzten Gebieten Argentiniens, wo noch vor wenigen Jahren die höchsten landwirtschaftlichen Erträge erwirtschaftet wurden und nun die Wassermassen sich ausbreiten.

Aus den *Gauchos* waren schon vorher Landarbeiter geworden, die jetzt froh sein können, wenn sie in einer der Provinzstädte beim Schuster oder beim Tischler Arbeit finden.

Er habe auf seiner *Estancia* vor einem Jahr acht Leute beschäftigt, erzählt Lorenzo Lopumo. Nun seien es nur noch zwei — obwohl einer reichen würde. Lorenzo ist 52 Jahre alt und der Sohn eines Einwanderers aus Italien, der bei Pehuajo 100 Hektar Land gepachtet hatte, die sein Sohn dann zur Zeit Perons erwerben und weitere 400 Hektar hinzupachten konnte.

Die letzte Mais- und Sonnenblumenernte habe er nicht mehr einbringen können und die Weizen-Aussat sei auch verloren, beschreibt Lorenzo seine Situation. Seit März stehen an die 30 Prozent seines Landes unter Wasser und selbst *wenn* die Fluten einmal weg seien, würde es wenigstens vier weitere Jahre dauern, bis der Boden erneut etwas trage, aus dem das Salz an die Oberfläche gesickert sei, was jede Kultivierung unmöglich mache.

An eine Rückzahlung seiner Bankschulden könne er jedenfalls vorerst nicht denken, sagt Lorenzo, der in Pehuajo ehrenamtlich die Helikopter-Transporte für seine Nachbarn organisiert und gelegentlich mitfliegt, um den Piloten den Weg zu weisen.

Er, für den der Tag von Kindheit an — beginnend bei Son-

habe, müsse nun froh sein, wenn er wenigstens auf diese Weise etwas Nützliches tun könne.

Einmal jede Woche läßt sich Lorenzo bei seinem Besitz absetzen, um nach den Rindern zu sehen, die ihm verblieben sind. 200 Stück besaß er, 130 wurden inzwischen zur Finanzierung des Lebensunterhalts verkauft.

Wir fliegen über eine kleine Insel hinweg, auf der an die zwei Dutzend Tiere grasen. Wie dieses Vieh evakuiert werde, fragen wir Lorenzo. Er zuckt die Achseln: „Da kann man nichts machen."

Wenn der Regen wieder einsetzt, werden viele dieser kleinen Inseln gleichfalls unter der Wasseroberfläche verschwinden. Dann weichen die Hufe der Tiere auf, sie knicken ein und verenden, weiß Lorenzo. Der kräftige Mann mit dem rundlichen Glatzkopf hat feucht schimmernde Augen, während er das sagt.

Neben ihm sitzt Christina Bal Dormira, Lehrerin in einer Zwergschule in der *Pampa*. Jeden Montag wird sie mit dem Helikopter zu ihrem Arbeitsplatz gebracht und jeden Freitag wieder abgeholt. Letzte Woche seien noch sechs von ehemals 20 Kindern zum Unterricht gekommen, erzählt sie — die meisten mit dem Pferd aus einem Umkreis von 30 Kilometern. Manche Eltern würden ihre Kinder nun nicht mehr über teilweise überschwemmtes Gebiet in die Schule schicken, weil das zu gefährlich sei. Die meisten Familien seien überhaupt schon weggezogen.

Wegziehen würde auch Laura, wenn sie wüßte, wohin. Sie ist eine breithüftige, energische Frau, die sich vor dem Reporter aufbaut und ohne Umschweife zu berichten beginnt: „Mein ganzes Leben lang habe ich mir nicht vorstellen können, daß ich jemals betteln gehen würde — doch genau das tue ich jetzt. Betteln und sonst gar nichts. Da sieht man viele Gesichter: böse, die einen wegschicken — und manchmal auch solche, die Mitleid haben und etwas geben."

Neben Laura steht verschüchtert ihr Mann und sagt gar nichts. Landarbeiter sei er gewesen, fährt sie fort — doch nun schon seit Monaten ohne Arbeit. Sie hätten nicht einmal genug, um woanders einen neune Anfang versuchen zu können: „Das Wasser ruiniert uns alle — zuerst die Armen und dann auch die Reichen."

Marcellano, ein nachdenklicher junger Oberleutnant der Luftwaffe aus Buenos Aires und Helikopterpilot, der nun schon seit Monaten immer wieder in Pehuajo stationiert ist, kennt inzwischen dieses Land und seine Leute. Er transportiert sie von ihren Weilern in die von einem Damm umgebene Stadt, sucht nach Verschollenen, fliegt Brennmaterial und Lebensmittel zu eingeschlossenen Siedlungen, wird zur Bergung der Habseligkeiten einer ertrunkenen Familie losgeschickt und hat die Zuneigung von Alejo, dem umtriebigen Peronisten gewonnen, weshalb die örtlichen Funktionäre der *Radikalen Partei* spötteln, dieser verbrüdere sich „mit den Putschisten".

Wenn er das Wort *Putsch* bloß hört, hebt Marcellano abwehrend die Hände und wechselt rasch das Thema: Ihm sei aufgefallen, daß in der *Pampa* die Siedlungen mit einem eindeutig indianischen Namen alle auf ein wenig höherliegendem Terrain stünden und daher am wenigsten von den Überschwemmungen betroffen seien. Ob das wohl bedeute, daß es solche langanhaltende Regenperioden wie die derzeitige schon früher, „vor der Kolonisation", gegeben habe?

Jedenfalls sehe es nicht danach aus, daß sein Job hier bald zu Ende sei, sagt Marcellano, bevor er zu einem vom Wasser eingeschlossenen Gehöft startet, um von dort eine Frau nach einer Fehlgeburt ins Krankenhaus zu fliegen. Zum Abschied zitiert der Pilot ein altes argentinisches Sprichwort: *„Sobre mojado llovido"* — Auf's Nasse kommt der Regen.

September 1987

Die Wüste lebt

Bei den Landbesetzern vor den Toren von Lima

Es gab keine Feier und auch sonst keine Zeremonie. Nur einen alltäglichen Verwaltungsakt: am Morgen war Magno, begleitet von seiner Frau und zwei erwachsenen Töchtern, zur Bürgermeisterei gekommen. Dort wurden ein paar Formalitäten erledigt. Gegen 9 Uhr 15 verließ er das gelb angemalte, gerade im Ausbauzustand begriffene Amtsgebäude wieder. In seiner Tasche hatter er nun ein Papier, das ihn als Herren über 140 Quadratmeter Wüstenboden auswies.

Magno und die Seinen gingen in westlicher Richtung am Rande der breiten Straße den Hügel hinab und auf die große Düne zu, die sich zwischen Villa El Salvador und dem Strand des Pazifik auftürmt. An der Kreuzung der zweiten großen Querstraße passierten sie einen großen modernen Neubau, auf dem das Wort *Hospital* zu lesen war. Magnos Töchter können lesen. Ihretwegen hatte er vor zwanzig Jahren sein Heimatdorf in den Anden verlassen und war in die Hauptstadt gezogen, nach Lima, wo es Schulen und großen Reichtum gab, wie man sich in den Bergen erzählte.

Auf dem Weg bis zum Krankenhaus hatte eine der Töchter ihn darauf hingewiesen, wieviele ordentlich aussehende Märkte es in dieser Stadt gebe und wieviele manierliche Läden. Einen Metzger, der seine Ware gekühlt aufbewahrt, einen Gemischtwarenhändler mit einer durch das Schaufenster deutlich zu sehenden Gefriertruhe, Obsthändler, Papierwarenhändler . . .

Die müßten es wohl schon geschafft haben, hatte die zweite Tochter ergänzt und darauf aufmerksam gemacht, wie viele Hausfassaden hier verputzt und gekalkt waren. Magnos Interesse hatte mehr den Ziegelstapeln gegolten, die er vor und auf den flachen Dächern auch dieser scheinbar schon so prächtigen Häuser sah und auf die Betoneisen, die aus den Zementsäulen nahezu aller Bauten ragten: untrügliche Zeichen dafür, daß sich kein Hausherr mit dem zufriedenzugeben beabsichtige, was er schon geschaffen hat, sondern seine Behausung noch zu erweitern gedenke.

Die vielen streunenden Hunde und die noch größere Anzahl von Kindern, die die Straßen von Villa El Salvador an diesem Vormittag eines ganz gewöhnlichen Arbeitstages bevölkerten, fielen keinem in dieser Familie auf. Die hatte es überall dort ebenso gegeben, wo sie in den letzten zwanzig Jahren an den diversen Stadträndern Limas gelebt hatten: zusammengedrängt in kleinen Löchern, zumeist ohne Strom und Wasser, jedenfalls immer mit der Wahrscheinlichkeit im Blick, bald wieder eine neue Bleibe suchen zu müssen, weil erfahrungsgemäß irgendwelche Gründe dafür auftauchen würden, warum sie dort nicht bleiben könnten: ein Straßenbau, ein Erdrutsch, ein vorrangiges Bauvorhaben oder die unerträglich gewordene Beengtheit im ständig wachsenden Heer der Neuansiedler aus den Anden oder dem Urwald des Südens, von denen die Einwohnerschaft des Großraumes Lima binnen zwei bis drei Jahrzehnten auf acht Millionen Menschen vervielfacht wurde.

Doch hier, in Villa El Salvador, hier würde er bleiben. Diesen Vorsatz hatte Magno nicht nur angesichts seines 60. Lebensjahres gefaßt, auf das er nun zuging. In dieser Stadt wies vieles darauf hin, daß man da bleiben könne. Allein schon die Grundstückzuweisung: Magno hatte sich im Gemeindeamt registrieren lassen und etliche Fragen im Hinblick auf seine Bedürftigkeit beantwortet, sowie anschließend einige Wochen lang warten müssen, bis Villa El Salvador um einen nächsten Block erweitert würde.

Dann bekam er sein Papier, ohne einem Gemeindebediensteten ein paar Geldscheine zugesteckt oder sonstige nützliche

steten ein paar Geldscheine zugesteckt oder sonstige nützliche Abgaben geleistet zu haben, für die es ihm ohnedies an Geld gefehlt hätte. Ja, ein entfernter Verwandter, der in den Reihen der *Izqierda unida*, der *Vereinigten Linken* aktiv war, hatte seinen politischen Freunden in Villa El Salvador bestätigt, daß Magno ein ehrlicher Mensch und ein aufrechter Mann des Volkes sei. Mehr war nicht nötig gewesen.

Magno befühlte das Papier in seiner Tasche, das ihn zum Grundeigentümer machte, den niemand mehr wegschicken könne, während er den Block westlich des Krankenhauses hinter sich ließ und einen weiteren Block passierte, der zum Großteil noch nicht aus gemauerten Häusern bestand, sondern aus Hütten, deren Wände und Dächer Strohmatten bildeten, doch die da ausgerichtet standen in Reih und Glied, jedes auf einem Grundstück von 140 Quadratmetern Größe, in geometrischer Ordnung einen Platz mit betonierten Gehwegen und Ruhebänken umgebend, in dessen Zentrum einige Sträucher und eben erst gepflanzte Bäume grau und dürr gegen den Wind ankämpften, der den feinen Sand der Wüste aufwirbelte.

Faktisch neben jeder dieser Hütten türmten sich Ziegelstapel und manchenorts wurden erste Mauern aufgezogen. Je weiter er sich von der Bürgermeisterei, somit vom Zentrum der Stadt entfernt hatte, umso häufiger war Magno die gelbe Flagge aufgefallen, die über den Arealen der Baustoffhändler wehte mit dem roten Firmenschriftzug eines weltweit operierenden Unternehmens in der Mitte, dessen Produkte in den Kreisen der Umweltschützer in den industrialisierten Ländern keinen besonders guten Ruf genießen. Doch das konnte Magno nicht wissen und es hätte ihn vermutlich nicht übermäßig interessiert, während er nun den Fuß des Hügels erreichte, wo in der sandigen Ebene die nächste quadratische Ausdehnung Villa El Salvadors in Angriff genommen wurde.

Ein paar jüngere Männer, schon seit mehreren Jahren Bürger von Villa El Salvador und freiwillige Mitarbeiter der Gemeindeverwaltung, hatten dort gewartet, um die Neuankömmlinge einzuweisen. Von ihnen erfuhr Magno, zwischen welchen vieren der in den Wüstenboden gerammten Pflöcken sich von nun an seine Heimat befinde und er war dann aufgebrochen, um Latten, Nägel und Strohmatten zu besorgen.

Als kurz vor Mittag die Fremden kamen, die sich als Berichterstatter einer Zeitschrift aus Deutschland vorstellten, hatte Magno schon die Eckpfeiler seiner Hütte in den Boden gerammt, sowie drei Strohwände daran befestigt. Assistiert von seiner Frau und seinen Töchtern war er soeben dabei, eine Türe einzupassen, wobei er nicht beabsichtigte, sich von seiner Tätigkeit ablenken zu lassen. Der kräftige, untersetzte Mann wirkte abweisend, wie er sich in seine Arbeit hineinkniete — doch zugleich entschlossen, es dieses Mal zu schaffen, sich und den Seinen ein Dach über dem Kopf zu errichten, das endlich seines sein sollte.

Als Indio aus den Bergen, der alle Schattenseiten des Lebens in der Hauptstadt kennengelernt und auch ansonsten schon genug Erfahrungen gesammelt hatte, um diesen abermaligen Neubeginn in seinem Leben mit der gebotenen Nüchternheit anzugehen, war er nicht ein Mensch der großen oder gar feierlichen Worte. Erst nachdem sich seine von der Gemeindeverwaltung geschickten Helfer einige Zeit mit den Fremden unterhalten hatten, gesellte sich Magno zu dieser Gruppe und begann zögernd auf die ihm gestellten Fragen zu antworten.

Er lebe von Gelegenheitsarbeiten und vom Straßenhandel in Lima, schlage sich eben so durch, doch seine Familie habe nie hungern müssen und seine Töchter hätten die Schule besuchen können. Richtig eingelebt habe er sich in all den Jahren nie in Lima und nun versuche er es eben in Villa El Salvador, weil es hieße, hier sei alles besser.

Was genau? Nun . . . alles! Magno blickt auf das von Latten gehaltene Kabelgeflecht, das dieses Areal überspannt: Stromleitungen, an denen sich jeder neue Siedler seinen Anschluß abzapfen kann.

Ein Haus werde er sich hier bauen, fügt Magno hinzu. Doch zuvor gelte es, in kleinen Mengen — seiner jeweiligen finanziellen Situation entsprechend — Ziegel herbeizuschaffen. Mit etwas Glück könne er in einem halben Jahr genug beisammen haben, um die vier Grundmauern zu errichten. So wie das hier alle anderen machen. Natürlich, im Straßenhandel lasse sich nicht viel einnehmen und die Konkurrenz sei groß — Magno blickt zu den wenigen bereits fertiggestellten Hütten, deren Türen mit einem Vorhängeschloß versperrt sind; ihre Besitzer hielten sich tagsüber in Lima auf, heißt es, um Geld zu verdienen. Doch jetzt müsse er sich wieder seiner Arbeit zuwenden, sagt Magno zum Abschied.

Als die Fremden am frühen Nachmittag abermals vorbeikommen, um ihn und seine Familie im Bild festzuhalten, finden sie eine fertiggestellte und abgeschlossene Hütte vor. Gleich daneben sind junge Leute damit beschäftigt, Strohmatten an Latten zu befestigen, die sie in den Boden rammen.

Er sei hier in Villa El Salvador aufgewachsen, erzählt ein junger Mann, seine Eltern hätten dort weiter oben ein schönes Haus. Doch er habe nun geheiratet und wolle ein eigenes, weshalb er hier herunter gezogen sei.

Am Abend wird Magno zurück sein und auch alle anderen seiner neuen Nachbarn, von denen er bisher noch keinen kannte. Das sei gut so und beabsichtigt, werden die Fremden im Gemeindeamt erfahren, das fördere die gegenseitige soziale Kontrolle.

Einer der jungen Männer, die vor über einem Dutzend Jahren — als Kleinkinder — nach Villa El Salvador kamen, als diese Stadt gerade zu existieren begann und die nun zu den Stützen der Gesellschaft in dieser Kommune von inzwischen 350.000 Einwohnern zählen, wird sich erheben, die neuen Bürger willkommen heißen und ihnen darlegen, wie wichtig es sei, sich zu organisieren, weshalb gleich hier und jetzt damit begonnen werden sollte. Er wird ihnen erklären, daß sie einen Verantwortlichen für das Gesundheitswesen zu wählen hätten, einen für die Wasserzuleitung, für die Müllabfuhr, für die Herbeischaffung und Verteilung der täglichen Milchration, die jedem Kind zustehe, für die allgemeinen Kontakte zur Gemeindeverwaltung. Natürlich müsse es auch Verantwortliche für die Jugend- und die Frauenarbeit geben und er wird zu jedem dieser Arbeitsbereiche einige Erläuterungen einstreuen, damit sich jeder Zuhörer vorstellen könne, welche die Aufgaben dieser neuen Funktionäre sein würden und wie diese somit beschaffen sein sollten.

Zuletzt wird er nicht zu erwähnen vergessen, daß die nun zu vollziehende Wahl keineswegs für alle Zeiten gelte — im Gegenteil: wenigstens nach einem Jahr müßten neue Wahlen stattfinden, damit möglichst viele Bürger konkrete Verantwortung tragen könnten, möglichst viele genauen Einblick in die verschiedenen Aufgabenbereiche erlangen würden.

Magno, dem Ältesten unter den Anwesenden, wird die Sache mit dem Müll übertragen werden: ab morgen wird er darauf achten, daß nicht jeder seinen Mist einfach vor seine Hütte wirft oder irgendwo in der Gegend verbrennt, sondern in Plastiksäcken sammelt, die an bestimmten Tagen an bestimmten Straßenecken zu stellen sein werden, die an der Route des Müllwagens liegen.

Villa El Salvador, wird der Redner zum Abschluß erklären, sei — wie man ja wisse — ein Modell für eine bessere Zukunft, was sich nicht nur in Peru, sondern der ganzen Welt herumgesprochen habe. Die Nominierungen zu höchsten Ehrungen und die Zuerkennung angesehener Auszeichnungen — jüngst erst den *Friedenspreis von Astrurien* — beweise das eindrucksvoll. In einer solchen Stadt zu leben, bedeute nicht nur eine Chance, sondern auch die Verpflichtung, im Interesse aller dazu beizutragen, daß Villa El Salvador sich weiter wie bisher entwickle.

Magno wird beeindruckt sein von dieser Rede und seiner neuen Aufgabe. Dort, wo er die letzten Jahrzehnte zugebracht hatte, war nie ein Wagen der Müllabfuhr vorbeigekommen, war mit Stromzufuhr und Wasserzuleitung nicht zu rechnen gewesen. Das Recht des Stärkeren hatte dort geherrscht: etwas Anarchie und noch mehr Apathie — logische Folgen eines sich über Jahrhunderte hinziehenden Prozesses, an dessen Anfang die restlose Zerschlagung der indianischen Hochkulturen im Reich der Inka durch europäische *Conquistadoren* gestanden war, die nur das Interesse kannten, die Schätze dieses Landes zu erobern, sowie seine Bewohner zu unterwerfen, Arbeitssklaven ohne eigenes Bewußtsein aus ihnen zu machen.

Was dieser Herrschaft folgte, die Machtübernahme durch die Kreolen und der Einfluß des reichen Nordamerika, war gleichfalls zu keiner Zeit dazu angetan, selbständig denkende und gemeinschaftlich handelnde Menschen heranwachsen zu lassen. Doch das waren naturgemäß nicht Magnos Überlegungen, sondern Gedankensplitter, die in Lima der Psychoanalytiker Cesar Rodriguez Rabanal in das Gespräch mit den Fremden eingestreut hatte, in dem es in erster Linie um die konkreten Erfahrungen ging, die der Wissenschaftler während seines fünfjährigen Einsatzes in den *Pueblos jovenes* gesammelt hatte — in den „Jungen Dörfern“ also, wie die Elendsquartiere genannt werden, die rund um Perus Hauptstadt auf hunderten Quadratkilometern wie krebsgeschwüre aus dem Wüstenboden wuchern.

Es sei nicht nur materielles Elend, das dort herrsche, hatte der Doktor betont: es existiere panischer Neid — um jedes Stück Brot. Kinder würden ihre Angehörigen hassen, weil sie mit denen das wenige teilen müßten, das der Ernährer nach Hause bringe. Geschwister wünschten sich gegenseitig den Tod. Angesichts der hohen Geburtenrate und der miserablen Gegebenheiten erlebe im Durchschnitt jeder Bewohner der *Pueblos jovenes* noch im Kindesalter das Sterben zwei seiner Brüder und Schwestern — was unbewußte Schuldgefühle wecke, zumal man ihnen den Tod tatsächlich gewünscht habe.

Solidarität sei dort ein Fremdwort, faßte Rodriguez Rabanal seine Analyse zusammen — gemeinschaftliches Handeln faktisch nicht zu erreichen und dauerhafte Beziehungen existierten nicht.

Als die Fremden die dreißig Kilometer von Lima in Richtung Süden fuhren, kamen sie an dicht aneinandergedrängten Hütten und Häusern vorbei. Wo die Beschaffenheit des Wüstenbodens jede Art von Ansiedlung unmöglich gemacht hatte, breiteten sich zwischen den Sanddünen wilde Mülldeponien aus. Einmal hatten sie ihren Wagen am Straßenrand angehalten, um zu fragen, ob sie sich auf dem richtigen Weg nach

Villa El Salvador befänden. Das schon, wurde ihnen geantwortet und zugleich von der Weiterfahrt abgeraten: das sei ein *Pueblo joven* — und solche Orte wären wirklich nichts für *Gringos*.

Was sie dann als erstes von dieser Stadt wahrgenommen hatten, war ein Monument an einer Straßenkreuzung: heroische Gestalten, die mit Schaufeln und Knüppeln den Platz verteidigen, auf dem sie stehen. Jose Carlos Mariategui war ihnen bei diesem Anblick eingefallen, der 1930 34jährig verstorbene Journalist und Mitbegründer der peruanischen Linken, den seine Anhänger schon zu Lebzeiten als „ersten bedeutenden Marxisten Lateinamerikas" gepriesen hatten und dessen Credo lautete: „Der Sozialismus muß eine heroische Schöpfung sein."

Einige Tage später, nachem die ersten Bekanntschaften geschlossen waren, die zu Einladungen in Privathäuser führten, sahen sie überall dort, wo ein ambitionierter junger Mensch und Mitarbeiter der Gemeindeverwaltung wohnte, eine Gesamtausgabe der Werke Mariateguis am Bücherbord stehen und erlangten die Gewißheit, daß sie keinen führenden Funktionär dieser Stadt finden würden, der sich nicht als Sozialist verstünde.

Das galt auch für Filomeno Rojas, der in seiner rosigen Rundlichkeit den Papierwarenhändler glaubhaft darstellte, zu dem er inzwischen geworden war. Die Fremden hatten den kleingewachsenen 42jährigen aufgesucht, um einen Veteranen und Mitbegründer von Villa El Salvador kennenzulernen.

Als man Filomeno diesen Besuch ankündigte, ließ er seine Frau ein frischgebügeltes Hemd herbeischaffen und er selbst war aufgebrochen, um die Archive und sonstigen zeitgeschichtlichen Quellen der Stadt zu konsultieren, damit er seiner historischen Rolle fehlerlos gerecht werden könne. Solcherart vorbereitet, stand er vor seinem Ladentisch, in der Rechten ein Blatt Papier, auf dem die Namen aller Mitbürger notiert waren, die im gegenständlichen Zusammenhang erwähnt werden müßten.

Dann war er aber darum gebeten worden, seine eigene Geschichte zu erzählen und Filomeno Rojas erinnerte sich an die Zeit, als er 12 Jahre alt war und sein Vater, ein Händler, die gesamte Familie von Ajacucho in den Anden nach Lima übersiedelte, um ihr ein „besseres Leben" zu ermöglichen, wie der alte Rojas gehofft hatte.

Filomeno hatte in Lima zwar die Schule besuchen können, doch daneben seinen Eltern beim ambulanten Handel in den Straßen der Hauptstadt helfen müssen, und je älter er wurde, desto klarer war ihm die Aussichtslosigkeit der Lage geworden, in der sie sich befanden. Diese Meinung äußerten auch die Nachbarn der Rojas, lauter Menschen mit einem ähnlichen Lebensweg, und alle Gespräche wurden zu Variationen der Frage, wo es das bessere Leben tatsächlich geben könnte.

Ende der Sechzigerjahre, Filomeno ging auf Mitte Zwanzig zu, begannen die großangelegten Grundstückbesetzungen am Stadtrand von Lima: Leute aus den Elendsquartieren ließen sich einfach irgendwo nieder, bauten ihre Hütten — und begründeten damit neue Elendsquartiere, mit denen sich die Besitzer der besetzten Grundstücke genausowenig wie die wohlsituierten Nachbarn abfinden wollten. Immer wieder begann es irgendwo zu brennen, Unfälle vielleicht oder auch Brandstiftung — jedenfalls verloren auf diese Weise viele Besetzer das wenige, das sie gehabt hatten.

Das sei keine Lösung, man müsse weiter aus der Stadt hinausgehen, hatte man in der Nachbarschaft der Rojas gefunden und am 1. Mai 1971, welcher Tag aus dem simplen Grund gewählt wurde, weil überall die Arbeit ruhte, zogen einige Hundert Familien in den Süden von Lima, um einen Wüstenstreifen zu besetzen, der Pamplona genannt wurde.

Filomeno erinnert sich an die Polizei, die bald aufmarschierte, und an die Straßensperren der Besetzer, hinter denen sich nach und nach an die 10.000 Menschen verschanzten. Am 5. Mai war es zu ersten Kämpfen gekommen, wurde der erste Besetzer getötet: Edilberto Ramos Salvatierra hatte er geheißen — Filomeno mußte nicht in seinen Notizen nachsehen, um diesen Namen nennen zu können — und irgendwie wurde der Märtyrer zum Namenspatron von Villa El Salvador. *Salvatierra* (Rettende Erde) und *Salvador* (Erlöser), das drängte sich ganz einfach auf, nachdem die Regierung den Invasoren unweit von Pamplona jenes Stück Wüste zur legalen Besiedlung zugewiesen hatte, auf dem sich nun die Stadt befindet.

Zuvor war allerdings noch der für diese Region zuständige Bischof verhaftet worden, weil er sich auf die Seite der Besetzer gestellt hatte, was — schließlich ist Peru ein katholisches Land — dem für diese Inhaftierung verantwortlichen Innenminister dessen Posten kostete und den Anlaß für das Einlenken der Regierenden bildete.

Das Zusammentreffen mehrerer glücklicher Umstände habe die Gründung von Villa El Salvador ermöglicht, werden die Fremden vom Bürgermeister erfahren, nachdem ihnen auf einem zentralen Platz das Denkmal zu Ehren des Generals Juan Velasco Alvarado aufgefallen war, der Peru in den frühen siebziger Jahren zwar diktatorisch, doch mit dem Anspruch regierte, eine „Nationale Revolution“ zu verwirklichen. Beeindruckt von den Vorgängen auf Kuba und in Jugoslawien hatte der General beschlossen, in der Wüste vor den Toren der Hauptstadt ein Stück Sozialismus nicht nur zu tolerieren, sondern zu fördern. Als Militär wußte er, was dort zuvörderst benötigt würde: Organisation und Disziplin. Der *Caudillo* hatte befohlen, die hellsten Köpfe unter den Bodenbesetzern in diesen Fächern zu unterweisen.

Velasco und dessen Reformpolitik müsse man ganz sicher zu den erwähnten glücklichen Umständen rechnen, wird der Bürgermeister bekräftigen und ansonsten bemüht sein, alle Erfolge als solche der Gemeinschaft darzustellen, die ihn schon zweimal mit überwältigender Mehrheit an ihre Spitze gewählt hat, seit Villa El Salvador 1983 zu einer eigenständigen politischen Körperschaft wurde.

Michel Azcueta hatte nie die Absicht, Politiker zu werden. Ein guter Lehrer wollte er sein. Zu diesem Beruf ließ sich der Baske aus katholischer Familie von den Jesuiten im heimatlichen Bilbao ausbilden. 1968, gerade erste 21 Jahre alt, ging er nach Peru. Dort wurden Lehrer dringender benötigt als in Spanien.

Drei Jahre später stieß Michel noch im Pamplona zu den

Landbesetzern, die Villa El Salvador gründen sollten. Ihn faszinierte die Möglichkeit, seine Vorstellungen von Volkserziehung an einem Ort zu verwirklichen, wo noch absolut nichts war: keine Strukturen, keine Regeln, keine Gewohnheiten — auch noch keine Häuser, kein Strom, kein Wasser. Das wurde einmal wöchentlich mit Tankwagen geliefert oder in Eimern zehn Kilometer weit herangeschleppt.

Eine Gemeinschaft von Gleichen war zusammengekommen: alle hatten nichts — auch nichts zu verlieren. Ihr erster Gewinn war die Einsicht, daß sie in dieser Wüste nicht gegeneinander, nur miteinander überleben könnten: Jeder bekam gleichviel Boden zugewiesen, jeder baute sich die gleiche Hütte aus Strohmatten.

Eineinhalb Jahrzehnte später gibt es in Villa El Salvador Reichere und Ärmere — doch keine Viertel der Reichen und solche der Armen. Nur ältere Wohnblocks mit weiter gediehenen Häusern und neuere, auf deren Boden noch Hütten stehen, wie sie die Gründer der Stadt als ersten Schritt bauten. Jeder hat dieselben Verpflichtungen gegenüber der Gemeinschaft und dieselben Ansprüche an sie.

Bildung zum Beispiel: nun gibt es 34 Schulen in Villa El Salvador, die Stadt habe die geringsten Analphabetenrate von ganz Peru und die höchste Quote an Mittelschulabsolventen, referiert Michel Azcueta, der im September 1971 als erster Lehrer der ersten Schule zu unterrichten begonnen hatte.

Neben allen Verpflichtungen, denen der Bürgermeister nachkommen muß, übt er diesen Beruf noch immer aus. Da ist der kräftige, mittelgroße Mann in seinem Element, sprüht vor Energie — und führt vor, wie er Politik macht: Aktivierung, Einbeziehung möglichst vieler gleichzeitig. Kein passives Konsumieren soll da aufkommen, Eigeninitiative im Rahmen geordneter Strukturen wird gefördert, Verantwortung delegiert, Optimismus verbreitet, der aus ständiger Aktion entsteht.

Nach dem Unterricht hastet Michel zurück zum Gemeindeamt, um an einem Festakt teilzunehmen: eine Hilfslieferung mit Büchern aus der Sowjetunion ist eingetroffen — Werke über kommunales Rechnungswesen, Bewässerungstechniken, Säuglingspflege ...

Anderntags findet die feierliche Übergabe von Werkzeugmaschinen durch den Botschafter Spaniens statt, die von dessen Regierung gespendet wurden. Für den Bürgermeister ist das ein Signal der Hoffnung auf die Aktivierung der Industriezone, die sich die Zentralbehörden in Lima am nordöstlichen Ende von Villa El Salvador vorgestellt haben. Ein paar Mauern umgeben dort Wüstenareale, die meisten der unter diesem Titel errichteten Hallen stehen leer — die nationale Industrie transferiert ihr Kapital ins Ausland, sie investiert nicht. Und wenn, dann nicht in Villa El Salvador.

Michel Azcueta versteht jeden Hoffnungsfunken als Feuerwerk zu sehen. Diese Maschinen, betont er, seien der erste Schritt zur Schaffung einer eigenständigen Kleinindustrie, die Arbeitsplätze schaffen werde.

Höchstens ein Drittel der erwachsenen Bewohner der Stadt haben eine geregelte Arbeit, einen eigenen Laden oder Handwerksbetrieb. Zwei Drittel leben von Gelgenheitsarbeiten, dem ambulanten Handel, von Familienangehörigen: faktisch sind sie arbeitslos — ohne Anspruch auf Arbeitslosenunterstützung. Solche Errungenschaften des Sozialstaates kennt man in Peru nicht.

Doch in Villa El Salvador passiert jeden Tag etwas anderes: wird da etwas eröffnet, dort etwas in Betrieb genommen, wird zur freiwilligen Mitarbeit beim Bau einer Schule, der Erweiterung eines Veranstaltungsgebäudes aufgerufen. Vollversammlungen von Stadtteilkomitees wollen besucht werden, Jugendversammlungen, Frauentreffen ...

Alles vollzieht sich im Rahmen einer vorgegebenen Ordnung, jede Gruppe, die etwas gemeinsam unternimmt, ist eine registrierte Organisation — an die 2000 gibt es davon in der ganzen Stadt, berichtet Michel Azcueta. Das unausgesprochene Ziel dieses hochtourigen Aktivismus ist klar und macht einen wesentlichen Gegensatz zu anderen *Publos jovenes* aus, die geprägt sind von der Apathie der Älteren und der Anarchie der Jungen, denen nur die Kriminalität als Entfaltungsmöglichkeit offensteht.

Solche Probleme hätten in Villa El Salvador nie existiert, wird der Bürgermeister erklären und auf die ideale Zusammensetzung der Einwohnerschaft während der Gründungsphase der Stadt hinweisen: lauter Indios aus den Bergen, die sich in der ersten Generation in Lima aufhielten; fast durchwegs jüngere Familien mit Kleinkindern; Männer mit gewerkschaftlichen Bindungen, die politisch schon einiges mitbekommen hatten.

In der Anfangsphase habe es also fast keine Jugendlichen in Villa El Salvador gegeben: somit keinen Nährboden für Kriminalität. Nun, da der Großteil der Bewohner unter 25 Jahre alt ist, könne dieses Problem als erzieherisch gelöst betrachtet werden. Die Stadt komme mit einem Dutzend Polizisten und zwei Arrestzellen aus.

Ja, natürlich, im Moment hielten sich wesentlich mehr Leute von der Polizei in Villa El Salvador auf, räumt Michel ein. Doch das sei nur wegen der *Nationalen Volksversammlung,* zu der in diesen Tagen über 3000 Delegierte aus allen Landesteilen erwartet würden — durchwegs Vertreter verschiedener Basisorganisationen, die sich hier zum ersten Male treffen würden, um eine Alternative zur Politik der Regierung zu beraten.

Andertags werden Polizeifahrzeuge mit heulenden Sirenen und der Aufschrift *EXPLOSIVO* durch die Stadt rasen um eine Bombe zu entschärfen, die von Mitgliedern der *Sendero Luminoso,* dem *Leuchtenden Pfad,* zum Zweck der Sabotage der Volksversammlung in der privaten Radiostation deponiert wird.

In der Nacht darauf wird plötzlich das Licht ausfallen und alle werden wissen, daß der *Sendero* wieder einmal einen Leitungsmast gesprengt hat. Doch die Leute von Villa El Salvador werden das gelassen hinnehmen und nun eben im Kerzenschein darauf warten, bis gegen ein Uhr früh für vielleicht zwei, drei Stunden tatsächlich Wasser aus den Leitungen rinnt, die sie in ihren Häusern installiert haben. Für die Installationen ist die Gemeinde zuständig — doch das Wasser selbst kommt aus Lima.

Auch den Umstand, daß die Armee tagsüber am Rand der Stadt übungshalber Fallschirmjäger absetzen läßt, wird man als Signal in Richtung Volksversammlung verstehen — und ignorieren. Man hat schließlich schon härtere Zeiten durchgestanden: damals, 1975, als General Morales Bermudez die Reform-Junta von Velasco in Lima verdrängte und eine nächtliche Ausgangssperre im Land verhängte. In Villa El Salvador fanden weiterhin Abend für Abend die diversen Versammlungen der diversen Organisationen statt — ein guter Vorwand für den General, um die Aktivisten dieser ungefügigen Stadt immer wieder verhaften zu lassen.

Oder auch dann, zwischen 1980 und 1985, als der konservative Zivilist Fernando Belaunde Terry regierte, der gerne behauptete, Villa El Salvador befände sich praktisch in den Händen der Terroristen vom *Sendero Luminoso* und den Geldhahn des Staates zudrehte.

So wichtig war diesen Machthabern, den Militärs und allen sonstigen wichtigen Institutionen des In- und Auslandes, die darüber wachten, daß Peru nicht vom rechten Weg abkam, dieser Spuk draußen in der Wüste doch wieder nicht, um gleich mit ihren schwersten Geschützen aufzufahren. Man versuchte Villa El Salvador möglichst zu übersehen, also als Geschwür zu tolerieren, das sich schon nicht ausbreiten würde.

So einfach war das nicht. Michel Azcueta hatte sich erfolgreich um internationale Solidarität und Hilfe für seine Stadt bemüht und wenn deren Bewohner nach Lima zogen, um für eine Wasserzuleitung oder den Bau neuer Schulen zu demonstrieren, mußte man sich in der Hauptstadt auf eine wohlorganisierte Truppe einstellen, die mit Polizeiknüppeln und Wasserwerfern nicht gleich einzuschüchtern war.

Oben auf der Düne, wo die Bewohner von Villa El Salvador ihre Toten bestatten, hat man die beiden Friedhofseinheiten nach zwei Märtyrern benannt, die bei solchen Demonstrationen umkamen. Könnten sie sehen, was sich zu ihren Füßen ausbreitet, würden sie vielleicht finden, daß sich der Einsatz gelohnt hat: eine Oase mitten in der Wüste ist hier entstanden — und das nicht aufgrund der Segnungen der Natur, sondern menschlicher Ideen und Arbeit. Drüben in der Stadt mag es zu übersehen sein, daß jeder Bewohner, der sich ein Haus baut, dazu angehalten ist, einen Baum zu pflanzen — dort kümmern die dürren Stämme dahin, grau wie der Wüstensand und die Ziegel, die allerorten gestapelt, geschlichtet, als Zeichen der Zuversicht zu immer neuen Mauern zusammengefügt werden. Doch dort unten, in der Talmulde, wo die Abwässer, die man zuvor gereinigt hat, zusammenfließen, steht ein richtiger Wald, werden Obst und Gemüse gezogen, Mais angebaut, Rinder, Schweine und Ziegen gehalten. Bauern aus den Bergen, die in die Stadt gezogen waren, um ein besseres Leben zu finden, schaffen dieses hier, indem sie zu ihrer ursprünglichen Arbeit zurückkehren.

Alan Garcia Perez, der 1985 als 35jähriger zum Staatspräsidenten gewählte Führer der mit der internationalen Sozialdemokratie verbundenen APRA, will nun „die in Villa El Salvador gewonnenen Erfahrungen für ganz Peru nützen". Um das zu verkünden, ist er in die Stadt gekommen und läßt seine imponierende Rednergabe auf die Zuhörer wirken. Man weiß, daß der hünenhafte junge Mann nur Gegner hat — einmal abgesehen von jener Mehrheit des Volkes, die ihn wählte: die Reichen des Landes, die internationale Finanzwelt, die die Zinsen für die von seinen Vorgängern aufgenommenen und ausgegebenen Kredite sehen will, die Armee, die einen Staat im Staat bildet, der ultralinke *Sendero Luminoso,* der unter den Indiobauern in den Bergen die gleichen Massaker anrichtet, wie die Militärs, und sich von der Drogenmafia finanzieren läßt, die rechte Fraktion innerhalb der APRA und auch die *Vereinigte Linke,* die in Villa El Salvador regiert.

Da muß dem trickreichen Alan manches Mittel recht sein, um seine Position und die seiner APRA auszubauen, die 60 Jahre lang darum kämpfte, in Peru an die Macht zu kommen. Finanzielle Hilfe des Staates werde nicht direkt an die Gemeindeverwaltung von Villa El Salvador bezahlt, sondern an die örtlichen Parteigänger des Präsidenten, die sich damit bei ihren Mitbürgern beliebt machen könnten, beklagen sich die Mitarbeiter des Bürgermeisters. Dann weisen sie auf die hunderten Betonzellen hin, die unter einem Wald von Bogenlampen entlang betonierter Gehwege vom Wohnbauministerium am Ostrand der Stadt in den Sand gesetzt wurden. Staatsangestellte bekämen hier die Möglichkeit, diese Grundelemente zu Häusern auszubauen — natürlich Anhänger von Alan Garcia.

Solcherart pfusche die APRA nicht nur in die Entwicklungspläne von Villa El Salvador hinein, sondern versuche auch, die politischen Mehrheitsverhältnisse zu kippen.

Doch der Osten der Stadt ist überhaupt ein Kapitel für sich: ein Zeichen dafür, daß das kontinuierliche Wachstum von Villa, die überschaubare Ausweitung vorgegebener Strukturen, nicht mehr so einfach durchzuhalten ist. Dort gibt es Leute, die sich ihr Haus nicht selbst bauen mußten, sondern vom UNO-Flüchtlingshilfswerk ins gemachte Nest gesetzt wurden: mehrere Dutzend Kubaner, die 1980 ihr Land verließen, nachdem Fidel Castro erklärt hatte, jeder könne gehen, dem die Revolution nicht passe.

Ramon, ein Telegrafist aus Havanna, war damals mit den Bildern der Autos und *Swimmingpools* vor Augen gegangen, die andere Emigranten aus Miami ihren Verwandten nach Kuba geschickt hatten. Ramon kam nicht bis Miami. Nun sitzt er mit anderen Landsleuten von der blühenden Karibikinsel in der Wüste von Peru und hat viel Zeit, sich und den anderen zu versichern, daß sie es prächtig getroffen hätten. Hier nämlich herrsche Freiheit und Demokratie — kein Kommunismus.

Daß in Villa El Salvador gleichfalls Kommunisten regieren, ficht sie nicht an: „Die sind moderater — hier gibt es Freiheit", wird Ramon den Fremden erklären: „In Kuba könnte man nicht so wie wir jetzt am Nachmittag vor dem Haus sitzen und Bier trinken. Da würde gleich jemand kommen und fragen, warum man nicht bei der Arbeit ist. Biertrinken kann man dort erst am Abend!"

Die Kubaner sind meist unter sich, wenn sie ihr Bier trinken. Die Einheimischen meiden den Kontakt mit ihnen. Dabei hatten sich die Leute aus der Karibik hier durchaus kontaktfreudig eingeführt. Ihr Beitrag zum Ausbau von Villa El Salvador war die Einrichtung eines Bordells. Das mußte bald wieder geschlossen werden — wegen der Lärmbelästigung der Nachbarn, wie Oscar berichtet.

Der Bauernsohn aus Cuzco kam 1983 ebenfalls nicht allein hierher. Er brachte mit einem Schlag 400 Familien mit, die zuvor unter Oscars Anleitung versucht hatten, am Rand von Lima ein Areal zu besetzen. Ihre Hütten waren dort bald abgebrannt.

In Villa El Salvador stellten sie die Gemeindeverwaltung dann vor vollzogene Tatsachen und es brauchte Monate, bis diese Besetzungsaktion in den legalen Rahmen der Stadt eingefügt wurde. Doch man einigte sich. Schließlich sei er — ebenso wie der Bürgermeister — ein Marxist, sagt Oscar, seit er als Kind armer Eltern ein paar Semester Ökonomie studieren und dabei einiges begreifen habe können.

Beim Kapital kennt er sich aus. Oscar besitzt nun einen Gemischtwarenladen und einen Gemüsestand auf dem Marktplatz seines Stadtteils. Als er hörte, daß die Gemeindeverwaltung dort die Errichtung eines Marktes plane, ging er gleich mit gutem Beispiel voran.

In Villa El Salvador nämlich, da herrsche Gleichheit, da bekomme jeder seine Chance — man müsse sie nur ergreifen. Das sagt auch Marta, die 1971 als Siebenjährige mit ihrer Mutter und drei Geschwistern aus Lima kam. Der Vater war da schon abwesend, wie das häufig in Lateinamerika vorkommt.

Was das für einer gewesen sein muß, sieht man Marta an: sie hat eine schokoladebraune Haut und einen schwarzen Wuschelkopf. Zwar halten Perus Indios, die wissen, daß die Weißen die Herren sind, alle Neger und Chinesen für Untermenschen, aber in dieser Stadt gilt das nicht so. Marta ist eine Person des öffentlichen Lebens von Villa El Salvador. Wenn nicht gerade — wie gegenwärtig — ein Hauptdarsteller wegen Krankheit ausfällt, spielt sie mit einer Gruppe anderer junger Leute Theater: eigene Stücke über die Geschichte dieser Stadt und dieses Landes. Daneben arbeitet sie am Aufbau von Bibliotheken mit.

Es wird den Fremden zwar nie gelingen, Marta in einer solchen Bibliothek anzutreffen und an diesen Orten auch sonst niemanden vorfinden, doch das ist nicht so wichtig. Jeder weiß, daß es die Bibliotheken tatsächlich gibt — und ist stolz darauf.

Marta bestätigt auch spontan, daß es in Villa El Salvador faktisch keine Kriminalität gäbe. Nur rät sie den Fremden, Autos über Nacht nicht einfach an der Straße zu parken. So ein Rad sei schnell abmontiert. Dem Bürgermeister habe man schon einmal die Motorhaube abgeschraubt, als er seinen Wagen in die Garage zu fahren vergaß.

Auf einem Versammlungsplatz wird sie die Fremden auf ein Kreuz hinweisen, auf dem geschrieben steht: „Du sollst nicht stehlen." Hier binde man ertappte Diebe fest und unterhalte sich eingehend mit ihnen, erzählt Marta. Mancher habe das nicht überlebt, weil die Polizeit zu spät kam.

Die Frage, wie es denn hier mit Rauchwaren aussehe, die etwas gehaltvoller seien als purer Tabak, mißversteht sie als Kaufabsicht und vertröstet auf später. Marta findet es nämlich gerade angebracht, eine Analyse der politischen Lage Perus zu entwickeln, wo es ganz sicher noch zu einer Revolution kommen müsse. Aber gleichfalls später. Jetzt sei es wichtig, die Leute zu organisieren, damit diese sich selbst helfen könnten. Das sei schwerer, als ihnen bloß Waffen zu geben, wie der *Sendero* das vorschlage, der in Villa El Salvador nie Fuß fassen habe können: „Bei uns wird alles in Versammlungen diskutiert, das ist kein guter Boden für Geheimbünde."

Padre Eugene, der irische Priester, wird den Fremden erzählen, in gewisse Stadtviertel würden sich die Polizisten nur noch zu dritt hineinwagen, da schon etliche von ihnen erschossen worden seien. Doch der Pfarrer sieht manches etwas düster: „Als ich 1974 ankam, hatte noch keiner etwas, aber die Leute waren teilweise besser organisiert als jetzt, wo es nicht mehr ums Überleben geht", sagt er.

Villa El Salvador mag ein Modell für Lateinamerika sein — doch es ist auch ein Stück Lateinamerika.

Für Menschen wie den mit einer alterslosen Kräftigkeit

ausgestatteten Iren ist das nicht zu übersehen. Es stört ihn, wenn Lehrer ihre Pflichten nicht so genau nehmen, Eltern zwar beim Bau von Schulen mitarbeiten, den regelmäßigen Besuch von Elternabenden aber als lästige Pflicht empfinden, junge Leute zunehmend versuchen, körperlicher Arbeit aus dem Weg zu gehen . . .

Dabei lebte Padre Eugene schon mit den Indios in den Bergen, als es Villa El Salvador noch gar nicht gab. Er ist ein politischer Kopf, der die aus den USA kommenden Missionare evangelischer Sekten für „Instrumente des Kapitalismus" hält, deren Funktion es sei, „die Menschen in Apathie zu halten".

Als der Papst 1985 nach Villa El Salvador kam, war es vor allem Padre Eugene, der dafür sorgte, daß bei dieser Gelegenheit nicht nur die Dogmen der Kirche, sondern auch das Elend der Menschen zur Sprache kam.

„Ich kam hierher, um die Menschen zu evangelisieren — und wurde von ihnen evangelisiert", sagt der Pfarrer. Für ihn heißt das, die Realität zu sehen.

Der Mann für das Spirituelle scheint in dieser Stadt der Bürgermeister zu sein: er sieht die Realität so, wie sie sein sollte und ist ständig darum bemüht, daß der Wunschzustand den Tatsachen näherkommt — daß die jungen Leute endlich Startkapital erhalten, die sich zu einer Produktionsgenossenschaft für Baumaterialien zusammengeschlossen haben; daß die Maschinen repariert werden können, deretwegen die kleine Brotfabrik stillsteht; daß in der Käserei endlich nicht nur für den Eigenbedarf der Familien der Mitarbeiter produziert wird . . .

Und daß es die Gemeinschaft ist, die das erreicht — nicht er: Michel Azcueta wird von bürgerlichen Zeitungen längst als nächster Präsidentschaftskandidat der Vereinigten Linken gehandelt. Was er brüsk von sich weist.

Doch, glaubt Jose Ramos, einer seiner engsten Mitarbeiter: man sei soweit — wenn der Bürgermeister nicht mehr zur Verfügung stünde, könnten andere von einem Tag auf den anderen an dessen Stelle treten.

Michel sei unersetzbar, wird Joses Mutter die Fremden

später ins Vertrauen ziehen. Sie lebt hier, seit es diese Stadt gibt. Auf ihren 140 Quadratmetern Wüste wurden schon Tausende Ziegel gesammelt, gestapelt, zu Mauern verarbeitet. Ein weiterer Stapel für den Ausbau des Obergeschosses steht bereit. Was die Baustoffhändler am Morgen aus Lima geliefert bekommen, haben sie zumeist bis zum Abend verkauft. Mancher transportiert sein tägliches Dutzend Ziegel mit einem Fahrrad den Hügel hinab zu den jüngsten Stadtteilen. Etliche Häuser werden dort auch mit Zementblöcken gebaut, die irgendwo in der Gegend von Lima für ein öffentliches Gebäude vorgesehen waren.

Ohne die Hauptstadt wäre Villa El Salvador so oder so nicht vorstellbar. In der Metropole gibt es noch immer am ehesten Arbeit, läßt sich noch immer am ehesten etwas verkaufen, bestaunen die Touristen in den Museen und Kathedralen die Zeugnisse der stolzen Vergangenheit dieses Landes, tragen Kameras, Uhren und Halsketten mit sich herum, erhalten also die Arbeitsplätze der Straßendiebe und werfen ein paar Münzen hin, wenn sich auf der Plaza San Martin die Feuerschlucker produzieren: noch junge, aber körperlich und geistig ruinierte Männer, denen man ansieht, daß sie nur noch wenige Jahre vor sich haben.

In Villa El Salvador werden die Fremden Kinder treffen, die sich Spiritus in den Mund schütten und dann anzünden. Sie üben, werden die Kinder sagen. In Lima könne man als Feuerschlucker viel Geld verdienen.

Zugleich werden außerhalb der Stadt Zuwanderer aus Lima ihre provisorischen Hütten aufstellen und warten, bis man sie aufnimmt in die Gemeinschaft von Villa El Salvador. Dort werden sie Ziegel sammeln, sich ein Haus bauen und zum ersten Mal nicht wie Treibsand vorkommen müssen, seit ihre Familien aus den Bergen weggezogen sind.

Doch sie werden weiterhin Heimweh empfinden und dieses äußern, sobald sie zuviel getrunken haben, weiß Padre Eugene.

Ihre ursprüngliche Heimat liegt hinter 5000 Meter hoch gelegenen Andenpässen, wo nacktes Gestein und verkarstete

Abgründe den Weg säumen, wie auf der Hochebene von La Oroya, wo Gold, Silber, Kupfer, Zink und andere Metalle gefördert werden. Riesige Schmelzen speien Rauch und Gifte in die dünne Gebirgsluft. Die Minenstadt verschwindet nahezu unter einer Smogwolke, die sich bitter auf den Gaumen legt und die Augen tränen macht.

Dicht am Rande der Schmelze stehen langgezogene Baracken, die auf den ersten Blick eine Hühnerzucht vermuten lassen. Die Häftlingsunterkünfte in den Konzentrationslagern müssen genauso ausgesehen haben. Arbeiterunterkünfte also.

Wer seine Arbeit in der Mine verliert, hat auch das Recht verwirkt, in diesem Lager zu leben. Seit auf den Weltmärkten die Preise für die hier geförderten Rohstoffe stetig fallen, werden immer weniger Arbeiter benötigt. In La Oroya hat die Minengesellschaft im letzten Jahr ihre Belegschaft von 11.000 auf 8000 Man reduziert. Und die erhalten nur noch für jeweils drei Monate eine Anstellung.

Wer hier weg muß, wird nicht zurückgehen in das Bauerndorf, in dem er geboren wurde. Dort hieße es, er sei gescheitert. Er wird seine nächste Chance in Lima suchen und dort viel zu viele treffen, um die es steht, wie um ihn.

Die *Pueblos jovenes* rund um die Hauptstadt werden weiterwuchern. Und Villa El Salvador wird weiter wachsen: um drei- bis vierhundert Familien jeden Monat.

Die Fremden, die das beobachten, werden sich fragen, wie sie einem europäischen Menschen, für den der Fortschritt aus Ideen besteht, anschaulich machen könnten, was es in Peru heißt, ein eigenes Dach über dem Kopf zu haben. Und daß zehn Ziegel mehr zehn Schritte näher zu einem Ziel bedeuten, das in Villa El Salvador *Sozialismus* genannt wird. Doch das ist nur ein Wort.

November 1987

Arme reiche Küste

An Costa Ricas atlantischer Seite

Die Brandung des Atlantik hatte uns im kleinen Holzhaus unter Palmen geweckt. Mauricio war schon unterwegs gewesen, um die Pferde zu suchen, die er auf seinem noch weithin aus Urwald bestehenden Grundstück direkt am Strand frei herumlaufen läßt. Der Indianer aus dem Südosten Costa Ricas, der abseits der Ortschaft Puerto Viejo mit seiner deutschen Frau von der Vermietung seiner drei Gästezimmer und Dschungel-Exkursionen lebt, hatte einen der Gäule erst wenige Tage zuvor zugeritten.

Mauricio war zuerst mit dem Pferd am Zügel ins Meer hineinmarschiert, bis das Wasser dem Tier an den Hals reichte und schließlich aufgestiegen. Dort draußen, umspült von den Wellen, war der Gaul genug mit sich selbst beschäftigt gewesen, um den Reiter gewähren zu lassen. Erst als er von Mauricio wieder ans Ufer gelenkt wurde, hatte der vierbeinige Nachwuchs gebockt.

Ja, der sei noch jung und ein wenig störrisch, hatte Mauricio gesagt, aber wenn man ihm von allem Anfang an Respekt vor dem Reiter lehre, würde es kein Problem geben.

Wie gesagt, Mauricio ist Indianer und versteht sich auf die kleingewachsenen Indio-Pferde. Doch was helfen dir großgewachsenem *Gringo* die Fragmente von einem Zaumzeug, wenn das eigenwillige Vieh justament dort zwischen den eng aneinander stehenden Bäumen hindurch will, wo die mächtigsten

Äste am tiefsten hängen? Der Gaul kann stur sein und das führt er dir bei diesem Ritt hinauf in die Berge vor. Du verrenkst dich im Sattel wie ein angehender Kosake vom Don, um deinen Oberkörper unter dem herabhängenden Gehölz durchzumanövrieren, nachdem es dir gerade gelungen ist, das Pferd weit genug von einem Baumstamm wegzulotsen, um nicht abgestreift zu werden.

Mauricio hat die Ruhe weg, leicht nach vorne gebeugt sitzt er im Sattel, treibt seinen Gaul über Hangabbrüche hinunter, durch das klare Wasser reißender Dschungelbäche und dann wieder hinauf, hinauf, hinauf, immer umgeben von üppig wuchernder Vegetation, wo du nicht die Spur eines Pfades erkennen kannst. Mitunter dreht er sich um und weist dich auf eine Pflanze hin, wie das Kraut dort, beispielsweise, aus dem man einen Tee brauen könne, der garantiert zu einem Abortus ohne Nebenwirkungen führe.

Nach drei Stunden stehen wir auf einer kleinen Lichtung. Die Indianer der Umgebung — ein kümmerlicher Rest der Ureinwohnerschaft Costa Ricas — haben hier ein Versammlungshaus gebaut: eine nach allen Seiten hin offene Konstruktion aus Baumstämmen, gedeckt mit den Blättern von Bananenstauden.

Nach einer weiteren Stunde auf dem Pferderücken werden wir auf das nächstgelegene Anwesen eines solchen Indio-Bauern stoßen, eine auf die gleiche Weise auf Pfählen gebaute Hütte, die leersteht, weil alle Familienmitglieder bei der Arbeit seien, wie Mauricio sagt.

Ein wenig Bohnen, Mais und Bananen würden sie rundum auf gerodetem Dschungelboden anbauen, wo es reichlich Giftschlangen und Wildkatzen gäbe. Ja, wird unser Führer hinzufügen, viel sei da heroben nicht aus dem Boden herauszuholen, doch alle anderen *Campesinos*, die es unten im Tal mit dem Kakao-Anbau versuchten, hätten überhaupt nichts mehr, seit einer Pilz-Krankheit die Pflanzen befallen habe.

Noch stehen wir aber auf der Lichtung und blicken hinab ins Tal, auf den palmenbestandenen Sandstrand zwischen Puerto Viejo und Cahuita, an dem sich die Kiff-Brüder aus aller Welt einen einsamen Platz suchen. Dort werden sie in Ruhe gelassen. Dafür kontrolliert die Landpolizei an der Küstenstraße durchfahrende Autos nach Drogentransporten. So genau nehmen sie ihren Job nicht. Man kann die *Guardias* mit dem einen oder anderen Geldschein leicht auf andere Gedanken bringen.

Gesetze sind eine Sache, die Volkswirtschaft ist eine andere. Drogen seien der einzige Rohstoff Lateinamerikas, dessen Preis auf dem Weltmarkt konstant bleibe und dessen Vermarktung auch etwas für die Einheimischen abwerfe, hatte uns in einer der Kneipen von Cahuita ein baumlanger Schwarzer in dem karibischen Englisch beigebracht, das von der dunkelhäutigen Bevölkerung an Costa Ricas Atlantikküste gesprochen wird.

Im Hintergrund dröhnte *Reggae* und *Son* in seiner zu *Salsa* degenerierten Form aus den Lautsprecherboxen, während unser Gesprächspartner seine Theorie mit dem nächstliegenden Beispiel illustrierte: den Bananenplantagen, die entlang dieser Küste weite Landesteile bedecken und die um die Jahrhundertwende von eigens dafür von den karibischen Inseln herbeigeschafften Farbigen im Dienst nordamerikanischer Unternehmen in bis dahin verseuchten Sümpfen angelegt wurden.

Jedes Jahr würden hier mehr Bananen geerntet, doch der Staat Costa Rica verdiene daran immer weniger, weil die *Yanqui*-Konzerne dafür gesorgt hätten, daß die Export-Steuern drastisch gesenkt wurden, hatte uns der Schwarze mit dem Eifer eines Predigers eingehämmert und hinzugefügt. Männer wie er hätten genug von der Sklavenarbeit in den Pflanzungen.

In den Tagen zuvor waren wir über ausgewaschene Pisten zu einigen dieser *Bananeras* gefahren und hatten inmitten der endlos wirkenden Wälder von Bananenstauden die aus einfachen Holzhäusern bestehenden Siedlungen der *Bananeros* vorgefunden, wie Konzentrationslager, aus denen keiner mehr wegkommt, der einmal dort gelandet ist.

Sogar die Arbeiter, die längst keinen Job mehr in der Plantage haben, weil sie als Gewerkschafter aufgefallen waren, hatten wir dort noch angetroffen und einen von ihnen nach Einbruch der Dunkelheit über verborgene Pfade zu einem geheimen Treffen der faktisch verbotenen Gewerkschaft begleitet, wo andere *Bananeros* erzählten, rund um ihre Häuser verendeten die Vögel und Schweine an den Pflanzenschutzmitteln, die tonnenweise über die Anbaugebiete gesprüht würden, was nebstbei die Sterilisierung Hunderter Männer bewirkt habe.

Ein mit einem großkalibrigen Revolver bewaffneter Plantagenwächter hatte uns gesagt, wir bräuchten keine Angst vor Giftschlangen zu haben, denn „hier gibt es keine Tiere und Insekten mehr, denen ist es viel zu giftig".

Die wenigen Touristen, die mit uns zusammen in dem als *Jungle Train* angekündigten Zug von der Hauptstadt San Jose im zentralen Hochland zur Küste unterwegs gewesen waren, hatten den Anblick der auf Hunderten Quadratkilometern in exakter Ordnung ausgerichteten Bananenstauden als imposant empfunden, die den Schienenstrang ab etwa der Hälfte der Strecke nahezu ununterbrochen säumten, bis die Lokomotive gleich hinter dem chinesischen Friedhof in den Bahnhof von Puerto Limon einfuhr.

Der Bau dieser Eisenbahn im Jahr 1878 hatte den ersten Bananenboom in Costa Rica ausgelöst und gebaut wurde diese Strecke hauptsächlich von Chinesen — wie fast alle Bahnlinien in Lateinamerika, an denen die Chance für die Arbeiter groß war, an Unfällen oder Epidemien zu sterben. In Costa Rica werden die Eisenbahnschwellen noch immer *muertos* genannt — Tote.

Puerto Limon war für diese Bananenrepublik einst das Tor zur Welt. Der Fremde wird zunächst Gefallen finden an der Ansammlung meist bunt bemalter, großteils aus Holz im karibischen Stil erbauter Häuser und an dem mit riesigen tropischen Bäumen bewachsenen *Parque central* gleich neben der Einfahrt zum Hafen. Weiß er die Signale der karibischen Welt zu deuten, wird der Reisende rasch realisieren, daß er in den Straßen dieser Stadt auf seine Geldbörse und Handtasche, Uhr oder gar Schmuck mit großer Sorgfalt achten soll.

Nach einem ersten Rundgang wird ihm klar geworden sein,

daß in Puerto Limon die Gastronomie und das Beherbergungsgewerbe weithin in den Händen von Chinesen ist, die breite Palette des Handels und der Dienstleistungen hingegen in jenen von Schwarzen — diesem Erwerbszweig sind die häufig mit bemerkenswert ausladenden Hinterteilen gesegneten Mulattinen zuzurechnen, die den Besucher mit ihrer forschen Freundlichkeit zuerst in der Bar des Hotels *Caribe* konfrontieren, das als erstes Haus am Platze gilt.

Die Weißen, die er in dieser Stadt trifft, stellen sich dem Fremden häufig als Mitarbeiter staatlicher Stellen vor — wie Ramon, beispielsweise, der sagt, sein Dienstgeber sei das Justizministerium. Näher will er sich dazu aber nicht erklären.

Ramon war an diesem Abend schon etwas betrunken gewesen und hatte die Unterhaltung mit der Erklärung begonnen, er würde uns „am liebsten umbringen". Als Grund dafür hatte unser neuer Bekannter seine Vermutung genannt, es mit *Yanquis* zu tun zu haben.

Es war ihm daran gelegen gewesen, noch etwas in dieser Bar zu verweilen. Dort drüben im *Parque central* nämlich, hatte Ramon erklärt, warte ein Mann auf ihn, der mörderische Absichten hege — was freilich in dieser Stadt nicht ungewöhnlich sei.

Ramon hatte sein Hemd geöffnet, um Narben vorzuzeigen, die von Messerstichen herrührten. Dann war er — schwer verständlich, weil der Alkohol seine Zunge hemmte — auf die Geschäfte zu sprechen gekommen, die über den Hafen von Puerto Limon abgewickelt würden. Der Umschlag von Drogen aus Kolumbien in die USA vor allem. Aber auch die Versorgung nicaraguanischer *Contras*, die sich an der Nordgrenze Costa Ricas niedergelassenen hätten.

Ja, hier in und um Puerto Limon passiere zwar einiges — doch kaum etwas, wovon die Einheimischen etwas hätten, sagte Ramon.

Die Zeiten seien nicht rosig, meinte auch Alexis, die in der Bar von *Wong Fu Wong* unsere Bekanntschaft gesucht hatte. In ihrem schwarz und silberig glänzenden Kleid wirkte sie mondän, verglichen mit dem sonstigen beweglichen und unbeweglichen Inventar dieses Etablissements, in dem *Cucarachas* über Wände und Tische laufen — das uns aber als geeigneter Ort zur Erkundung des örtlichen Nachtlebens empfohlen worden war.

Geht der Gast hinaus zur Toilette, wird er neben dieser den Eingang zu einem schmalen Flur finden, an dem sich aufgereiht wie Kaninchenställe eine Kammer neben der anderen befindet, deren jede gerade Platz für ein Bett und eine Waschschüssel bietet.

Wer 100 *Colones* auf das Pult der *Consierge* legt, erhält als Service des Hauses neben dem Zimmerschlüssel einen halben Meter Toilettenpapier ausgehändigt.

Eine schon etwas angejahrte Mulattin versucht am Tor zu den irdischen Freuden einen betrunkenen *Caballero* abzuschleppen. Sie ist mit ihrem Offert schon auf fünfzig *Colones* herunten — das ist nicht ganz ein Dollar.

Alexis gehört in eine andere Preiskategorie. Doch sie ist eben — mengenmäßig gesehen — eine imponierende Erscheinung mit viel Metall zwischen den Zähnen, die für 500 *Colones* ein paar unvergeßliche Augenblicke verspricht.

Während sie noch ihr Angebot formuliert, ist ein gerade erst im langen Gang verschwundenes Paar schon wieder getrennt zum Bier zurückgekehrt. Dabei hätten alle viel Zeit in dieser Stadt. Es kämen kaum noch Fremde, seit der gesamte Bananenexport über den außerhalb von Puerto Limon gelegenen neuen Hafen von Moin abgewickelt werde — und die Männer hier verdienten nicht mehr genug, um mehr als eine minimale Zeiteinheit an Zuwendung wert zu sein, hatte Alexis mit etwas anderen Worten gesagt.

Christoph Kolumbus, der 1502 während seiner letzten Fahrt in die *Neue Welt* in dieser Gegend gelandet war, hatte geglaubt, hier gäbe es große Mengen Goldes zu finden und dem Landstrich *la costa rica* genannt — die reiche Küste. Bekanntlich hat sich der Entdecker des öfteren geirrt.

Gleich neben dem Pier von Moin, wo das *Grüne Gold* — die Bananen — in Containern von der Größe eines Eisenbahnwaggons dorthin verschifft wird, wo damit tatsächlich Reichtum erzielt wird, legt das kleine Boot von *Doctor Luis* ab — dem Arzt, der eine verstreut im Urwald bis hinauf zur Grenze nach Nicaragua lebende Klientel von Subsistenzbauern betreut.

Straßen gibt es hier keine und erst seit vor einigen Jahren die durch den Dschungel führenden Flüsse mit Kanälen verbunden wurden, ist dieses Gebiet durchgehend zu Wasser passierbar. Der *Doctor* hat eine Kühlbox mit Antiserum gegen den Biß der *Terciopelo* — Amerikas größter Giftschlange — an Bord. Das würde da desöfteren gebraucht, sagt er.

Kurz nach dem Ablegen ist kein Flußufer mehr zu sehen. Die schmale Wasserstraße wird von meterhohen Wänden tropischer Vegetation eingesäumt. Aufgeschreckt vom Bootsmotor flattern Vogelschwärme hoch, aus dem von riesigen Bäumen überwucherten Dunkel sind Brüllaffen zu hören, in einem der Äste hängt ein weißes Knäuel, das der Bootsmann als Faultier identifiziert, auf einem angetriebenen Stamm liegt regungslos ein Aligator.

Etwas später begegnen uns bis zur Brust im Wasser watende Männer, die Baumstämme schleppen, aus denen Furnierholz gewonnen werden soll.

Der Eindruck einer unerschlossenen Wildnis stimmt trotzdem nur noch bedingt. Am Ziel dieser Fahrt, in Tortuguero, einem der seltenen Brutplätze der schon nahezu ausgestorbenen Riesenschildkröten, wartet ein Touristenzentrum auf naturbeflissene Gäste. Die Riesenschildkröten tauchen in der Nacht trotzdem auf. Doch lange werden sie das wohl nicht mehr tun. Und nicht nur für sie gilt: Wo *Gringos* in organisierter Form auftreten, hilft nur noch abreisen.

April 1988

Don Ernesto wohnt hier nicht mehr

Auf Heimingways Spuren in Kuba

Die Annäherung fand auf Umwegen statt. Am 28. März 1928 schrieb der damals 29jährige Ernest Hemingway an Bord der *RMS Orita* während der Fahrt von La Rochelle nach Havanna an seine zweite Ehefrau Pauline Pfeiffer: „Wir sind jetzt schon fünf oder zehn Tage auf unserer Reise nach Kuba und sie verspricht sich auf unbestimmte Zeit in die Zukunft zu erstrecken. Ich habe mich oft gefragt, was ich mit dem Rest meines Lebens anfangen soll und jetzt weiß ich es — ich werde versuchen, Kuba zu erreichen."

Wie man weiß: er hat dieses Land erreicht, das dann bis kurz vor seinem Selbstmord am 2. Juli 1961 in Ketchum, Idaho, für mehr als zwanzig Jahre — ein Drittel seines Lebens — sein Wohnsitz werden sollte. Es war der Ort, an dem er seine besten Bücher schrieb.

Bereits Jahre bevor er sich dort niederließ, hatte Hemingway Kuba als idealen Ort für Arbeit und Vergnügen entdeckt. Am 30. Mai 1952 schrieb er aus Havanna an John Dos Passos: „In diesem Hotel — Ambos Mundos — kann man ein gutes sauberes Zimmer mit Bad bekommen, mit Ausblick auf Hafen und Kathedrale — man kann die ganze Hafeneinfahrt und das Meer für 2,00 Dollar überblicken — 2,50 für zwei Personen."

Bei diesem Aufenthalt entdeckte er die Marlinfischerei für sich, um die herum er später seinen Roman „Der alte Mann und das Meer" komponieren sollte, der mit dem Satz beginnt:

„Er war ein alter Mann, der allein in einem kleinen Boot im Golfstrom fischte, und er war jetzt vierundachtzig Tage hintereinander hinausgefahren, ohne einen Fisch zu fangen."

Die Häuser entlang der Gassen, die vom Hafen vorbei an der Kathedrale durch die Altstadt Havannas zur *Calle Obispo* führen, sind wohl dieselben geblieben, seit der hünenhafte Dichter nach Beendigung seiner Fischzüge hier vorbei flanierte. Etwas mehr Verputz mag seither von den Fassaden abgebröckelt sein, ein wenig mehr noch mag der Meereswind an den ehemals bunten Fassadenanstrichen gekratzt haben. Und seit vor einigen Jahren damit begonnen wurde, diese Altstadt Block für Block zu restaurieren, mag dieses Havanna auch ein wenig schmucker geworden sein, als Hemingway es erlebt hat. Zu seiner Zeit war die Hauptstadt Kubas das Bordell der USA — voller Touristen, die freilich im Regelfall das etwas weiter westlich gelegene Hotelviertel selten verließen und denen er — das hat er in seinen Briefen häufig betont — füglich aus dem Weg ging.

Der kleine Platz an der *Calle Obispo,* dem Altstadtrand von Havanna, gehört am Samstag vormittag den Dichtern. An diesem Tag präsentieren sie hier ihre Bücher. Ein junger Mann referiert gerade über den afrikanischen Einfluß auf die kubanische Lyrik. Er sitzt dabei geradewegs zwischen *La Moderna Poesia,* der traditionsreichsten Buchhandlung der Stadt, und der *Floridita,* der legendärsten Bar Havannas.

1952 schrieb Hemingway in einem Brief an den Autor und Literaturkritiker der *New York Times,* Harvey Breit: „Aber ich erinnere mich, wie ich 1942 einmal in den Hafen einlief, weil das Wetter zu schlecht war, um draußen zu bleiben, und in der Floridita zufällig auf Guillermo, den berühmten baskischen Pelotaspieler, stieß. Es war halb elf morgens; er hatte am Abend zuvor gespielt und verloren, und ich fühlte mich völlig kaputt. Im Lauf des Tages tranken wir jeder siebzehn doppelte geeiste Daiquiris, ohne die Bar zu verlassen, außer für gelegentliche Ausflüge zum Klo. Jeder Doppelte enthielt 4 Unzen Rum. Das macht 68 Unzen Rum. Aber es war kein Zucker in den Drinks."

Äußerlich wird die *Floridita* ihrem guten Ruf als Trinkerkultstätte noch immer gerecht. Das Kernstück dieses Bar-Restaurants ist eine L-förmige Theke aus massivem, poliertem Mahagoniholz. Die Hocker sind hoch, bequem und stehen nicht zu dicht nebeneinander. Von der Decke herab ist das beruhigende Surren eines Ventilators zu hören und hinter dem Tresen arbeitet mit ruhiger Gewissenhaftigkeit ein *Tender,* der sich auf der Höhe jener Jahre befindet, die Vertrautheit und Respekt zugleich vermitteln.

Mit einem Elektromixer braut er jene *Daiquiris,* über die der Stammgast Ernest Hemingway schrieb, „daß sie nicht nach Alkohol schmeckten, und wenn man sie hinunterkippte, schmeckten, als führe man mit Skiern einen verschneiten Gletscher hinunter, und der sechste oder achte schmeckte, als führe man einen verschneiten Gletscher hinunter und wäre nicht angeseilt."

Am Ende der Schmalseite der Theke markiert ein gerahmtes Foto und ein Schild an der Wand den Platz, an dem der Meister zu sitzen pflegte. Auf den mit Mahagoniholz verkleideten Eisschränken wurden inzwischen goldfarbene Lettern angebracht, die dem touristischen Sonntagstrinker zweisprachig verkünden, wo er sich befindet: *„The Cradel of the Daiquiri" / La cuna del Daiquiri.*

Als der Dichter noch hier residierte, berichtet sein Biograph A. E. Hotchner, wurde bereits ein solcher Drink nach ihm benannt: der *Hemingway-Daiquiri* oder *Papa Doble,* bestehend aus zweieinhalb Gläsern *White Label* Rum, dem Saft zweier Zitronen und einer halben Grapefruit, sowie sechs Tropfen Maraschino.

Auf der Getränkekarte der *Floridita* wird heute an erster Stelle ein Drink namens *Papa Hemingway* ausgelobt. Er ist doppelt so teuer wie die folgend aufgeführten *Daiquiris* — dafür schwimmt er wie diese in Zucker. Man darf annehmen, der alte Hemingway hätte bei diesem Anblick getobt.

Wir fahren entlang der Lagerhäuser durch den Hafen, später vorbei an Industrieanlagen und vereinzelt am Straßenrand stehenden Wohnhäusern. Nach etwa zehn Kilometern ist eine ländliche Siedlung erreicht, die fast durchwegs aus kleinen Holzhäusern besteht: San Francisco de Paula.

In seinem auf Kuba verfaßten, aus dem Nachlaß veröffentlichten Roman „Inseln im Strom“ schrieb Ernest Hemingway: „Jetzt hatten sie die Brücke hinter sich und fuhren den Abhang hinauf nach Luyano . . . Das war das Stück Straße, das er nicht mochte, wenn er in die Stadt fuhr, und wegen dieses Stücks nahm er sich immer den Drink mit. Er trank ihn gegen die Armut, gegen den Schmutz, gegen den Staub von vierhundert Jahren und die Rotznasen der Kinder, gegen die abgebrochenen Palmen am Straßenrand und die Dörfer, die aus Konservenbüchsenblech zusammengenagelt waren, gegen das Elend der Syphilis, die nicht behandelt wurde, gegen den Unrat in den alten Flußbetten und die Hühner, die so verlaust waren, daß sie keine Federn an den Hälsen hatten, gegen die Krätze im Genick der alten Männer und den Altweibergeruch und die brüllenden Radios. Es ist eine Schweinerei, was ich hier mache, dachte er. Ich sollte mir das alles einmal genau ansehen und etwas dagegen tun. Statt dessen hast du deinen Drink bei dir, wie sie früher Riechsalz bei sich führten.“

Zwischen zwei Holzhäusern, deren Bretter am unteren Ende von den vorbeifließenden Abwässern zerfressen sind, biegt ein Weg nach links von der Hauptstraße ab, der von Rinnsalen durchfurcht ist. Wir holpern einen Hügel hinan bis zu einem Gittertor mit einem kleinen Pförtnerhaus dahinter. Der ab diesem Punkt gepflegte Kiesweg zieht sich in einer weiten Linkskurve durch einen Park mit Palmen, Mangobäumen, Sträuchern und Blumenbeeten. Der Rasen dazwischen ist von britischer Qualität.

Wir stellen den Wagen neben einem weißgestrichenen Holzhaus ab, das früher als Gästeunterkunft diente. Auf der Hügelkuppe führt eine breite Treppe auf die Fliesenterrasse, die von den Wurzeln eines gewaltigen Ceibabaumes aufgeworfen wurde. Am graugesprenkelten Stamm wuchern Orchideen empor.

Wir stehen am Eingang eines langgezogenen flachen Kalksteingebäudes, der *Finca Vigia,* die Hemingways dritte Ehefrau, Martha Gellhorn, entdeckt und die der spätere Pulitzer- und Nobelpreisträger 1939 gekauft hat.

Zu der Zeit entstand sein Buch über den spanischen Bürgerkrieg, „Wem die Stunde schlägt". Im März 1938 schrieb Hemingway an seinen Lektor Maxwell Perkins über die Arbeit im *Ambos Mundos* zu Havanna: „Dann fing ich eine andere (Kurzgeschichte) an, zu der ich lange Zeit keine Lust gehabt hatte, und nachdem ich regelmäßig jeden Tag daran gearbeitet hatte, entdeckte ich, daß ich fünfzehntausend Wörter geschafft hatte, daß sie sehr aufregend war, und daß sie ein Roman war."

Fidel Castro erklärte einmal, dieses Buch habe er als Student gelesen und es sei ihm eine wichtige Hilfe bei der Entwicklung der Kriegstaktik im Kampf gegen die Batista-Armee gewesen.

Die *Finca Vigia* wurde vor einigen Jahren renoviert und ist nun als Museum zugänglich. Fast alle Räume sind durch weite, offenstehende Türöffnungen miteinander verbunden. Von der zweiten, Havanna zugekehrten Terrasse her tritt der Besucher ins Eßzimmer. Der auf geschnitzten Beinen stehende Holztisch ist mit blau gemustertem Steingutgeschirr, Gläsern für alle Arten trinkbarer Flüssigkeiten und einem mächtigen gläsernen Wasserkrug gedeckt.

Hier und in dem sich über die ganze Längsseite des Hauses hinziehenden Wohnzimmer hängen rundum an den Wänden Jagdtrophäen aus Afrika und Originalmalereien, die als Druckvorlagen für Stierkampfplakate dienten. Auf den Bodenfliesen liegen abgetretene Tierfelle und entlang der Wände sind mit Büchern gefüllte Stellagen aufgestellt — auch auf der Toilette, aus deren Fenster über die Wipfel der Palmen hinweg Havanna und das Meer zu sehen sind.

Hemingway schrieb zumeist in seinem gleichfalls mit Büchern vollgeräumten Schlafzimmer — stehend auf einer Reiseschreibmaschine, die auf einer der Bücherablagen stand. Einen Schreibtisch gibt es hier wohl auch. Er ist an-, aber zugleich aufgeräumt. Der Meister könnte jederzeit auftreten und zu arbeiten beginnen. Er hielt sich stets an das Prinzip, daß die Tagesarbeit erst dann beendet werden dürfe, wenn man genau weiß, wie die gerade entstehende Geschichte am nächsten Tag weitergehen wird.

Etwas abseits des Hauses ragt ein quadratischer Turm auf, den die vierte Ehefrau, Mary Welsh, bauen hatte lassen, um im Untergeschoß eine Heimstatt für die zu jeder Zeit zu Dutzenden auf der *Finca* beheimateten Katzen und oben unter dem Dach für den Dichter eine ruhige Schreibwerkstatt zu schaffen. Penibel aufgeräumt findet der Besucher dieses Zimmer nun vor, in das sich Hemingway nur dann zurückzog, wenn er Korrekturfahnen zu lesen hatte.

Ein gepflegter Weg führt vom Turm den Hügel hinab zum *Swimmingpool,* um den herum Säulen stehen, die ein Sonnendach tragen. Am Rand dieser Anlage ragen vier kleine Grabsteine auf. In jedem von ihnen ist der Name eines von seinem Herrn darunter begrabenen Hundes eingraviert. Mister Hemingway war bekanntlich ein Kind der USA.

Dieses Haus, dieser Garten, dieser für einen Schriftsteller ideale Arbeitsplatz, konnten nicht verhindern, das Hemingway schon lange vor seinem Selbstmord Phasen druchlebte, in denen er an seinem Beruf und dem Leben litt. So schrieb er im Februar 1940 aus Kuba an seinen Verleger Charles Scribner nach New York: „Charlie, nichts hat mehr Zukunft. Ich hoffe, Du stimmst mir zu. Darum gefällts mir im Krieg. Da besteht jeden Tag und jeden Nacht die große Wahrscheinlichkeit, daß man getötet wird und nicht mehr schreiben muß. Um glücklich zu sein, muß ich schreiben, ob ich dafür bezahlt werde oder nicht. Aber es ist eine teuflische Krankheit, damit geboren zu werden. Mir macht es Spaß. Was noch schlimmer ist. Denn dadurch wird es von einer Krankheit zu einem Laster. Obendrein will ich es besser machen als jeder andere je zuvor, und dadurch wird es zur Manie."

Aber natürlich gab es auch den *Macho* Hemingway — dankbares Sujet für die illustrierten Blätter mehrerer Kontinente. Gleichfalls von der *Finca Vigia* schrieb er am 22. Juli 1949, einen Tag nach seinem 50. Geburtstag, an den auf gute Umgangsformen bedachten Ostküsten-Sir Scribner: „Die Summe der Wörter beträgt für Mittw. 577, und gest. morgen, an meinem Geburtstag, 573 vor dem Frühstück. Gewicht genau 200. Zur Feier meines fünfzigsten Geburtstages ... habe ... im Klub genau zehn (sehr schnelle) Tauben abgeschossen, mit fünf Freunden eine Kiste Piper Heidsick Brut getrunken und den ganzen Nachmittag den Ozean nach großen Fischen abgesucht. Waren aber keine da ... Ich denke, ich werde heute schreiben, da ich an einem Ort bin, wo ich mir die Landschaft ansehen kann, was ich lieber tue als alles andere."

Hemingway schrieb — zumindest teilweise — in Kuba „Tod am Nachmittag", „In einem anderen Land", „Wem die Stunde schlägt", „Über den Fluß und in die Wälder", „Der alte Mann und das Meer", „Paris, ein Fest für's Leben", die beiden aus dem Nachlaß veröffentlichten Romane „Inseln im Strom" und „Der Garten Eden", dazu zahlreiche Kurzgeschichten und Zeitschriftenartikel. In einer solchen *short story* hielt er seine Erlebnisse beim Sturz des kubanischen Diktators Gerardo Machado im Jahr 1929 fest.

Hemingway hatte sich Zeit seines Lebens auf Kuba von der örtlichen US-Kolonie fernzuhalten und Abstand zu den Repräsentanten der Batista-Diktatur zu wahren versucht. Als dann zu Jahresbeginn 1959 die von Fidel Castro angeführte Revolution siegte, äußerte sich Hemingway laut seinem Biographen Carlos Baker: „‚Das kubanische Volk hat jetzt zum allerersten Mal eine leidliche Chance'. Er bedauerte nur, daß er bei der Vertreibung Batistas nicht dabeigewesen war."

Der Schriftsteller, der des öfteren erklärt hatte, er habe mit Politik nichts im Sinn, zeigte sich jedenfalls 1960 politisch weitsichtiger als seine Regierung in Washington. E. A. Hotchner zitiert ihn: „Ich hoffe nur zu Gott, daß die Vereinigten Staaten nicht die Zuckerquote kürzen. Damit wäre alles vermasselt. Kuba würde den Russen in den Schoß fallen. Du würdest dich über die Veränderungen wundern. Zum Guten und zum Schlechten. Verteufelt viel Gutes."

Als die US-Regierung dann damit begonnen hatte, Kuba zielsicher in das Lager ihrer Feinde zu manövrieren, glaubte sich Hemingway trotz seiner positiven Einstellung zur Revolution gezwungen, das Land zu verlassen, in dem er wie in keinem anderen Wurzeln geschlagen hatte: „Aber ich bin doch Amerikaner und kann nicht bleiben, wenn andere Amerikaner mit einem Fußtritt hinausbefördert werden und mein Land beschimpft wird", erklärte er laut Carlos Baker: „Ich glaube, in der Nacht, als sie (Hemingways Hund, Anm.) Black Dog erschlugen, habe ich gewußt, daß es für mich hier zu Ende geht. Ein Batista-Kommando kam auf der Suche nach Waffen mitten in der Nacht angerückt. Der arme Black Dog, alt und halbblind, wollte das Tor der Finca bewachen, aber ein Soldat erschlug ihn mit dem Gewehrkolben. Armer alter Black Dog! Ich vermisse ihn. Frühmorgens, wenn ich arbeite, liegt er nicht mehr auf dem Kudu-Fell neben der Schreibmaschine, und nachmittags, wenn ich bade, jagt er nicht mehr Eidechsen neben dem Bassin, und abends, wenn ich in meinem Sessel sitze und lese, ruht nicht mehr sein Kinn auf meinem Fuß. Ich vermisse Black Dog wie einen Freund, den ich verloren habe. Und jetzt verliere ich die Finca — es hat keinen Sinn, sich etwas vorzumachen —, ich weiß, ich muß alles verlassen und weggehen. Aber wie kann man diesen Verlust ermessen? Alles, was ich besitze, ist hier. Meine Bilder, meine Bücher, mein schöner Arbeitsplatz, die schönen Erinnerungen."

Juli 1988

Eine Demokratie

Vom Kampf um das Land in Guatemala

Hoch oben in den Bergen vergruben sie seine Nabelschnur und zeigten das Kind dem Großvater Vulkan, der Mutter Erde, der Großmutter Sonne, dem Vater Mond und allen anderen mächtigen Großeltern, um sie zu bitten, den Neugeborenen vor Schaden und Irrtümern zu bewahren: *„Vor dem Regen, der uns netzt und vor dem Wind, der unser Zeuge ist, säen wir, die wir ein Teil von Euch sind, dieses neue Kind in diesen Flecken Erde . . . "*

Sebastianos Eltern, Nachfahren der Maya vom Volke der Tzutuhil aus Santiago am Lago Atitian, erzählten später, damals sei eine gute Zeit gewesen. In der Hauptstadt regierte ein Präsident, der die Indios vom Zwang zur Arbeit auf den *Fincas* der Weißen befreite. Sein Nachfolger, ein Mann mit Namen Jacobo Arbenz Guzman, versprach gar, den Völkern des Landes den Boden zurückzugeben, den ihnen die Herren der Plantagen und die *Gringos* des Bananenkonzerns genommen hatten. Er kündigte eine Landreform an, ließ brachliegende Felder an die Dorfgemeinschaften verteilen.

Die gute Zeit dauerte nur kurze neun Jahre. 1954, Sebastiano war noch ein Kind, kamen Söldner, verwüsteten die Felder, zündeten die Häuser der *Campesinos* an und brachten um, wer sich ihnen in den Weg stellte. Von den Basen der USA am Panama-Kanal starteten Bomber mit übermalten Hoheitszeichen und luden ihre Last über den Dörfern und Brücken Guatemalas ab.

*

Auch Hubertino war noch ein Kind, als die USA in Guatemala den Kommunismus besiegen ließen. Seine Eltern waren keine Indios, gehörten somit nicht zur Mehrheit in diesem Land. Und sie waren auch keine Weißen wie die Herren, die der Staat sind. In ihren Adern floß Blut beider Seiten. Sie waren Mestizen und nannten sich *Ladinos*.

Hubertinos Vater war ein *Campesino*, der unten in der Küstenebene, am Rand der großen Plantagen, ein sumpfiges Stück Land gepachtet hatte. Arbenz, der Präsident, hatte sein Versprechen nicht mehr einlösen können, die Pächter von der Zinsknechtschaft zu befreien. An seine Stelle traten die Generale die den Putsch gegen ihn angeführt hatten. Die kleine *Finca*, auf der Hubertino geboren wurde, fraß *el pulpo* — der Krake. So nannten die Leute den Bananenkonzern. Hubertinos Vater beendete sein Leben als Plantagenarbeiter der *United Fruit Company*.

Wenn er Kummer gehabt hatte, war er mit seiner Familie hinaufgepilgert nach San Andres Itzapa, wo in einer Kapelle der San Simon auf einem Stuhl sitzt: eine Puppe, fast lebensgroß, im schwarzen Anzug, mit Krawatte, schwarzem Hut, Stock, Schnurrbart. Dort hatten sie lauthals auf den San Simon eingeredet, ihn mit *aguadiente*, dem Feuerwasser, besprengt, ihm Blumen, in schwerwiegenderen Fällen auch wertvollere Gaben zu Füßen gelegt.

Irgendwann im letzten Jahrhundert, heißt es, sei der San Simon am Namenstag des Hl. Judas Thaddäus in Guatemala aufgetaucht, habe Wunder gewirkt und sei gut zu einem gewissen Felipe gewesen. Seither ist er für Fürbitten zuständig, mit denen man einem kanonisierten Heiligen nicht kommen dürfte.

Der San Simon hat sich noch immer viele Klagen anzuhören, er blickt noch immer mit seinen funkelnden Glasaugen auf die Opferkerzen hinab, die jeden Tag zu seinen Füßen entzündet werden. Rote, wenn es um Liebeshändel geht, violette um Geld, gelbe um persönlichen Schutz . . .

*

Als Arbenz gestürzt wurde, war Andres sieben Jahre alt. Die Männer seiner Familie hatten diesen *Kommunisten,* wie sie ihn nannten, schon lange zum Teufel gewünscht. Sie waren Offiziere, und Händler — wohlhabende Herrschaften und im Hochland, wo sie lebten, Herren über die Indios — Kreolen nämlich, Nachkommen der *Conquistadores.* Dazu mischten die Männer der Familie Giron in der Politik mit in einem Land, in dem nun wieder einmal dreißig Jahre lang ein Putschgeneral den anderen im Präsidentenpalast ablöste. Die Fäden wurden in der Botschaft der USA gezogen. Manch einer verhedderte sich darin tödlich. Andres' Vater und zwei seiner Onkel starben zu der Zeit ganz plötzlich. „Sie wurden Opfer interner Machtkämpfe", sagt er.

Andres wollte nicht werden wie sie. Er studierte in den USA Soziologie und begründete in seiner Dissertation, warum es in Guatemala zu einer Revolution kommen müsse. Er wollte seinen Beitrag leisten, um gegen Unwissenheit und Aberglauben anzukämpfen. Zwölf Jahre lang arbeitete er als Lehrer im Hochland. Dann resignierte er vor der Einsicht, daß die Menschen, die er erreichen wollte, gar nicht zur Schule gingen. Und daß diese Schulen Instrumente des Staates waren, den er bekämpfen wollte. Andres Giron zog die Konsequenzen aus der Erkenntnis, daß in seiner Heimat die einzige Autorität, die sich nicht auf Geld, Bajonette und den Schutz der Herren in Washington stützt, die der Priester ist.

*

Seine politische Laufbahn, erzählte Vinicio später, habe begonnen, als er noch ein Kind war und in der Krone eines Baumes nächst dem Haus seiner Eltern an der *Avenida Bolivar* saß. Von da aus sah er die Gringo-Flugzeuge über die Hauptstadt hinwegdonnern. Er habe nicht gewußt, was das bedeute — wohl aber, daß das nur etwas schlimmes bedeuten könne.

Wenige Tage später wurde Vinicios Vater, der dem Präsidenten Arbenz als hochrangiger Richter loyal gedient hatte, verhaftet. Die Nachbarn wechselten daraufhin die Straßenseite, wenn sie ein Mitglied der Familie Cerezo kommen sahen.

Als der 14jährige Vinicio — wenige Jahre zuvor noch ein höherer Sohn aus hauptstädtischen Kreisen — zu einem Fest der *Jeunesse doree* auf einem Landsitz erschien, schickte man ihn zum Essen in die Küche. Das hat er nie vergessen.

Auch Vinicio wurde zum Studium in die USA geschickt — das war in den Jahren der weltweiten Revolten an den Universitäten. Auch er gebärdete sich als Rebell.

Als der junge Rechtsanwalt nach Guatemala zurückkehrte, waren dort die Todesschwadrone zugange, die Gewerkschafter, Bauernführer, Intellektuelle, Kommunisten, Sozialisten, Sozialdemokraten, mitunter auch Christdemokraten aus ihren Häusern holten, um diese Gegner der Militärdiktatur verschwinden zu lassen, auf offener Straße, bei Parteiversammlungen oder nötigenfalls direkt im Parlament zu erschießen.

Für Vinicios Vater waren die Christdemokraten verachtete Konservative. Vinicio vertraute Freunden an: „Ein Linker in diesem Land zu sein, das ist ein Todesurteil."

Er wurde Christdemokrat. Der grüne Stern, das Symbol dieser Partei, ziert sein Teeservice und ist in die Wandteppiche eingewebt, die er sich von Indios anfertigen ließ. Vinicios Haus ist ein Bunker mit kugelsicheren metallverkleideten Fenstern. Er geht nie ohne Waffe im Schulterhalfter aus und seine Kinder schickte er sicherheitshalber schon 1980 auf US-Internate.

1985, die Opposition war buchstäblich geköpft und um das Ansehen Guatemals stand es nicht gut in der Welt, hielten die Ratgeber aus den USA die Zeit für reif, Demokratie zu wagen. Zur allgemeinen Überraschung schaffte es Vinicio Cerezo, zum Präsidentschaftskandidaten der Christdemokraten gekürt zu werden. Links von denen gab es nichts im Spektrum der von den Militärs als Wahlwerber zugelassenen Parteien. Dafür war die Unterstützung aus den USA tatkräftig. Washington wollte bei seinem Klienten einen Wechsel deutlich machen, Pluralismus erkennen lassen.

*

Die Fremden werden ihre Suche nach dem wahren Guatemala dort beginnen, wo es am ältesten ist. In den Urwäldern des Peten, wo die Ruinen der Tempelstadt Tikal stehen. Von der schwindelerregenden Höhe der Plattform einer Pyramide werden sie auf die in mühevoller Arbeit dem Dschungel wieder abgerungenen Monumente blicken — Pyramiden, Tempelbauten, Opfersteine, Götterstatuen.

Noch im verwitterten Grau der Steine gibt sich die versunkene Pracht zu erkennen. Wie ehrfurchtgebietend müssen diese Bauten erst zur Blütezeit der Maya gewesen sein — bunt bemalt, reich mit Stuck verziert. Ein Pantheon und Pandemonion, dessen Götter leibhaftig und riesig auf die kleinen Menschen zu ihren Füßen herabdrohten und stets besänftigt werden mußten. Sei es mit Weihrauch, sei es mit Blut.

Doch wer waren die Vorfahren von wenigstens zwei Drittel aller heute lebenden Guatemalteken — die Menschen, die hier Stein auf Stein gefügt haben? Die sich opfern, sich das Herz aus dem lebendigen Leib reißen ließen? Angehörige der herrschenden Priesterkaste werden es wohl nicht gewesen sein.

War dies eine Hochzeit für alle Angehörigen der Maya-Völker? Und warum zerbrach diese Hochkultur, lange bevor die Spanier auf der Suche „nach mehr Gold und schöneren Weibern“ ihren Fuß in das heutige Guatemala setzten?

*

Es gibt Dinge, über die Hubertino nicht spricht. Zum Beispiel: wann, wo, unter welchen Umständen er zur *Guerrilla* kam. Soviel wird aus seinen vagen Antworten klar: er muß noch sehr jung gewesen sein, als er die höchsten Berge, die abgelegensten Täler, verschlungensten Pfade und dichtesten Wälder des Landes zum ersten Mal sah. Er hat alle vorläufigen Höhen und Tiefen der Bewegung miterlebt, die eine Revolution durch den bewaffneten Kampf herbeiführen wollte, nachdem die Reform blutig niedergeschlagen worden war.

Die USA hatten Spezialisten geschickt, die der Armee Guatemalas beibrachten, wie man gegen solche Banditen vorgeht. Doch Hubertino, der Mestize, der *Ladino,* weiß nun, was die Ursache der ersten großen Niederlage nach fast zehnjährigen

Kämpfen war. Zu lange hatten die *Guerrilleros* — fast durchwegs *Ladinos* wie er — die Indios, ihre Sitten, ihre Sprachen ignoriert.

Die versprengten Reste der *Guerrilla* benötigten nahezu weitere zehn Jahre — zu dieser Zeit allen Kämpfen aus dem Weg gehend —, bis sie das Vertrauen vieler Dorfgemeinschaften im Hochland erworben hatten.

Dann, um den Beginn der achtziger Jahre, als die Soldaten ganze Dörfer ausrotteten und die *Campesinos* des Hochlandes in Massen zur *Guerrilla* flohen, als somit die Stunde des Sieges gekommen schien, wurden die Rebellen zu Opfern ihres politischen Triumphs. Zehntausende Frauen, Kinder, Alte an ihrer Seite wurden zu Mühlsteinen am Hals der kämpfenden Einheiten.

Die mußten sich zurückziehen und hilflos zusehen, wie junge Männer, die im Verdacht standen, ihre Verbündeten zu sein, bei lebendigem Leib von den Soldaten verbrannt wurden. Wie die Soldateska Frauen lebendig in Stücke hackte, nachdem sie ihnen die Kleider von *Guerrilleros* angezogen hatte.

Hubertino begann daran zu zweifeln, ob der bewaffnete Kampf, an dem er seit fast zwanzig Jahren teilnahm, zum Ziel führen könne. 1986, als der neue Präsident Vinicio Cerezo die während der zurückliegenden Jahre verübten Verbrechen der Militärs für null und nichtig erklärte („Wenn wir die Vergangenheit bewältigen wollten, müßten wir die gesamte Armee einsperren", begründete der Staatsmann diese Vorgehensweise) und aus Gründen der Optik gegenüber dem Ausland auch den *Guerrilleros* Straffreiheit zusicherte, die ihre Waffen niederlegten und sich amnestieren ließen, beendete Hubertino sein Leben im Untergrund.

*

Wie alle Indios hat Sebastiano seine Geheimnisse. Über den Maximon, zum Beispiel, spricht er nicht. Den gibt es nur in Santiago, dem Dorf über dem Atitlan-See, wo Sebastiano aufgewachsen ist: eine lebensgroße Puppe, gekleidet wie ein weißer Mann, eine Zigarre im Gesicht, Filzhut auf dem Kopf, bunte Tücher um den Hals geschlungen und grellgelbe Schuhe an den Füßen. Nur am Karfreitag, wenn Christus tot ist, hat er seinen Platz in der Kirche. Während der anderen Tage der Karwoche sitzt der Maximon auf einer Bank nahe dem Portal. Die Indios ziehen an ihm vorbei, küssen seine Schuhe und Halstücher, entzünden ihm Kerzen und Pom, den Weihrauch, bevor sie die Kirche betreten.

1950, Sebastiano war noch ein Kind, feuerte der Pfarrer von Santiago drei Schüße gegen den Maximon ab, ohne ihn zu treffen. Anderntags erklärte er der Gemeinde: „Entweder verschwindet der Maximon oder ich gehe!“ Die Indios verabschiedeten sich vom Pfarrer.

Der kam wenig später mit einem Kirchenoberen zurück und hieb die Puppe mit einer *Machete* in Stücke. Die Leute von Santiago schnitzten einen neuen Maximon und kamen bei den Osterfeiern lange Zeit ohne katholischen Priester aus.

Sebastiano hat seit seiner Kindheit kaum eine Karwoche in Santiago versäumt, obwohl er als junger Mann mit anderen jungen Familien weggezogen war vom Ufer des Atitlan. Dort war alles bebaubare Land vergeben. Sie hatten sich oben in den Bergen niedergelassen, wo nachts ein eisiger Wind weht und am Morgen Nebelschwaden über die Erde hinziehen. Fernab von Dörfern und Wegen hatten die Siedler ein Stück Wald gerodet, mit Hacken Ackerfurchen in die steilen Abhänge gegraben, Hütten aus Ästen und Weidengerten gebaut, Mais und Bohnen gepflanzt.

Die Ernte reichte nicht aus. Jedes Jahr zogen sie zur Küste hinunter, um für ein paar *Centavos* pro Tag auf den großen *Fincas* zu arbeiten. Die Kinder mußten dort bei der Baumwoll- und Kaffee-Ernte zupacken, sobald sie laufen konnten. Viele starben am Gift der Pestizide.

Dort unten an der Küste erfuhr Sebastiano, was *Demokratie* ist. Wenn die Regierung Wahlen ausgeschrieben hatte, wurde auf der *Finca* eine Urne aufgestellt. Der Verwalter ließ die Arbeiter antreten, zeigte ihnen, wo sie ein Kreuz hinmalen sollten und kassierte nachher vom siegreichen Kandidaten eine kleine Kopfprämie für jeden Indio, der von seinen demokratischen Rechten Gebrauch gemacht hatte.

Sebastiano betete oft zu Gott und den alten Göttern, daß er und die Seinen nicht mehr zur Küste hinunter fahren müßten. Doch kaum hatten die eigenen Felder oben in den Bergen besser zu tragen begonnen, tauchten Leute von einer großen *Finca* auf, begannen den Boden zu vermessen und fragten die Indios, ob sie beweisen könnten, daß dies ihr Grund sei.

Dann kamen Soldaten, rissen die Maiskolben aus, zündeten die Hütten an, zerschlugen das Tongeschirr. Die Leute des Dorfes hatten sie rechtzeitig kommen hören und sich im Wald versteckt.

Schließlich brach an der Küste der große Streik aus, in den Sebastiano verwickelt wurde, ohne das Wort *Streik* zuvor jemals gehört zu haben. Er hatte gefunden, daß die Forderungen der Arbeiter gerecht seien — auch wenn die Männer, die dem *Patron* den Kampf angesagt hatten, *Ladinos* waren. Sebastiano hatte den Leuten seines Dorfes gesagt, sie sollten gleichfalls die Arbeit niederlegen.

Als der Streik vorbei war und man begann, die Rädelsführer zu begraben, floh Sebastiano in die Berge. Er kam mehrere Jahre lang nicht mehr in sein Dorf. Doch in der Karwoche schlich er nach Santiago, küßte dem Maximon die Schuhe und Halstücher und verschwand dann wie dieser spurlos für ein weiteres Jahre.

Der Maximon wird kurz vor dem Ende der Zeremonien rasch von der Kirche weggebracht und bis zur nächsten Karwoche im Haus eines Gemeindemitglieds versteckt. Niemand darf verraten, wo er sich aufhält.

*

Andres Giron erfuhr früh, worauf er sich einlassen würde als Priester, der nicht nur vom Himmelreich predigen wollte. Er wurde Augenzeuge, als in Memphis, Tennessee, sein großes Idol, der farbige Prediger Martin Luther King, ermordet wurde. Der junge *Padre* nahm die Herausforderung an. Im Hochland Guatemalas, wo winzige Äcker die Berghänge bis hinauf zu den Kämmen bedecken und in den Tallagen einige wenige mehr Boden besitzen, als sie bebauen lassen, predigte er den Indios von der Notwendigkeit einer Landreform.

Die Kirchenfürsten des Landes, stets um ein gutes Einvernehmen mit den Herren der Plantagen und der Generalität bemüht, hielten den Landpfarrer für besserungsfähig. Sie schickten ihn nach Rom, zum Studium der Moraltheologie.

Andres Giron hielt es nicht lange beim Heiligen Stuhl. Er ging in die USA, das Land, in dem zumeist über das Schicksal Guatemalas entschieden wird, um dort Verbündete zu finden. 1983 kehrte er nach Guatemala zurück. Seine neue Pfarre wurde Nueva Concepcion, ein in der drückenden Schwüle der Küstenebene dösender Ort, wo um den Marktplatz die Abfälle verfaulen, das Beerdigungsinstitut *Lucky* heißt und das einzige Hotel in der Hauptsache von Stundenkundschaft aus der näheren Umgebung lebt.

Der Pfarrer baute ein kleines Krankenhaus auf, schließlich ein Seminar, in dem begabte Söhne armer Leute aus dem ganzen Land die Universitätsreife erlangen können.

Priester sollen die Seminaristen werden — seine Nachfolger, wie der *Padre* sagt. Priester, die mitten im Leben stehen — wie Andres Giron, der sich in Nueva Concepcion nicht mit den Honoratioren umgab, sondern mit den Landarbeitern der großen *Fincas* rundum.

Deren Eigentümern steckte der Ärger über die großen Streiks der Jahre 1980/81 noch in den Knochen. Als weltweit die Baumwoll-, Zucker- und Kaffeepreise verfielen, stellten sie ihre Produktion auf Hirse um. Das kann maschinell geerntet werden. Der *Padre* erlebte das Elend der vielen, die keine Arbeit mehr fanden. Er hatte eine Idee, wie sie ihr Schicksal selbst in die Hand nehmen könnten. Zusammen mit seinen Katecheten gründete Andres Giron Anfang 1986 das *Movimiento pro tierra*. Der Pro-Land-Bewegung schlossen sich bald Zehntausende *Campesinos* an. Jetzt sind es schon über eine Viertelmillion.

*

Vinicio Cerezo kam während seiner Wahlkampagne fast bis Nueva Concepcion. Er kam nach Tiquisate, das nur wenige Kilometer entfernt liegt: eine gesichtslose Stadt voller Lagerhäuser. Früher einmal war Guatemala faktisch von Tiquisate aus regiert worden. Hier hatten die örtlichen Bosse der *United Fruit Company* residiert. In den Sechzigern zog sich der Konzern — wie aus den meisten Konfliktzonen Lateinamerikas — aus Guatemala zurück. Das Land wurde an solche Einheimische verkauft, die schon vieles hatten.

Die schnurgeraden Straßen der Küstenebene führen an uniform gebauten Holzhäusern vorbei, die auf Stelzen vor sich hinmodern. Die ehemaligen Unterkünfte der Bananenarbeiter stehen zumeist leer wie die Kapellen, ohne die keine solche Siedlung auskommen mußte. Der Konzern, dem hier alles Land, dazu die Eisenbahnen, Lebensmittelläden, die Kraftwerke und die lokalen Politiker gehörten, förderte großzügig die Hoffnung auf ein besseres Leben nach dem Tode.

So lange müßten die Armen nicht warten, wenn er Präsident werde, versprach Vinicio Cerezo — da werde er sich von den Militärs nicht dreinreden lassen: „Entweder sie lassen mich regieren, oder es gibt einen Putsch".

Ein solcher Putsch wäre nämlich keine Tragödie, „nur eine Klarlegung der Verhältnisse".

Kurzum, auf ihn, Vinicio Cerezo, könnten die Armen bauen! Das versprach der Kandidat auch dem populären *Padre* Giron. Aber der möge darauf achten, daß seine Herde am Wahltag an der richtigen Stelle das Kreuz schlage.

Nachdem er im November 1985 die Wahl gewonnen hatte, sah Vinicio Cerezo manches gewissermaßen pragmatischer. Nun habe er „zwar die Regierung, aber damit noch lange nicht die Macht erreicht." Das Wort Landreform vermied er auszusprechen: „Ich vermeide alle Aussagen, die zu einer Polarisierung der Gesellschaft führen könnten."

*

Die Fremden werden auf ihrer Suche nach dem wahren Guatemala einen Besuch in Chichicastenango nicht verabsäumen. Dort, wo auf den Fundamenten eines Maya-Tempels die Kirche des Santo Tomas steht, sei das traditionelle Zentrum der Quiche, hat man ihnen gesagt.

Am Allerheiligentag, einem der höchsten Feiertage der Indios Guatemalas, kündigt der Klang von Flöten, Trommeln und Marimbas zur frühen Morgenstunde das Fest der Toten an. Eine farbenprächtige Prozession zieht von der Kirche zum Friedhof. Männer in der Tracht der Quiche schwitzen unter der Last von Altären und Statuen der Schutzheiligen. Hoch ragen die mit Spiegeln und bunten Federn geschmückten Altarwände auf, schwanken im Wind und im Takt der Schritte ihrer Träger.

Hinter jedem Altar schreitet eine Gruppe von Tänzern in reich verzierten Gewändern einher. Sie tragen aus Holz geschnitzte Masken. Der an der Spitze tanzt, stellte Pedro de Alvarado dar, von dem Guatemala unter das Joch der Krone Kastiliens gezwungen wurde. Die Priester, die im Gefolge der *Conquistadores* kamen und einen neuen Gott an die Stelle der alten Götter stellten, lehrten die Indios, dem hellhäutigen Eroberer zu huldigen.

Masken, wie sie die Tänzer tragen, werden am Platz vor der Kirche verkauft. Der indianische Händler trägt ein *T-Shirt*, auf dem Miami gehuldigt wird. In der Werkstätte eines Maskenschnitzers sehen die Besucher ein am besten Platz des Hauses aufgestelltes Sternenbanner. Daneben hängt ein gerahmtes Foto, das Ronald Reagan zeigt. Wo Gott wohnt, erfahren auch schon viele Indios aus dem Fernsehprogramm.

*

Sebastiano war während der Jahre, die er sich vor den Autoritäten des Staates verborgen hielt, viel im Land herumgekommen. Er hatte in den indianischen Gemeinschaften des Hochlandes gelebt, in denen neue Ideen besprochen wurden. In der Küstenebene hatte er die Unterstützung der konspirativ agierenden Landarbeitergewerkschaft genossen, war mit Botschaften von hier nach dort gezogen — ein kleines Glied einer sich lose formierenden Kette.

Irgendwann hatte er den *Padre* Andres Giron predigen hören. „Demokratie ist, wenn alle zu essen haben", hatte der ausgerufen und seinen Zuhörern einen Plan dargelegt, in dem nicht von *Revolution* gesprochen worden, nicht einmal das Wort *Landreform* vorgekommen war.

Es gäbe genug brachliegende *Fincas,* hatte der *Padre* gesagt. Die müsse man bloß für die *Campesinos* kaufen. Deren Hände sollten den Banken Sicherheit genug sein, um solche Ankäufe zu finanzieren. Und die Regierung müsse für diese Kredite bürgen.

Das hatte Sebastiano eingeleuchtet. Er war dem *Padre* gefolgt, als der die Landlosen aufrief, mit ihm in die Hauptstadt zu gehen, um dem Präsidenten diesen Plan vorzutragen.

Mit seinen hastigen, kurzen Schritten, den Rücken gebeugt von den schweren Lasten, die er von Kind an über steile Pfade geschleppt hat, war der stämmige kleine Mann in dem Zug mitmarschiert, der nach drei Tagen auf 15.000 Menschen anschwoll. Alle Rassen, Religionen und Sprachen Guatemalas seien vertreten gewesen, erinnert sich Sebastiano.

Das war im Mai 1986, der Name des *Padre* wurde mit diesem Ereignis schlagartig im ganzen Land bekannt. Der Präsident hatte sich nur zögernd der Versprechen erinnert, die er während der Wahlkampagne vollmundig hinausposaunt hatte. Nach vielem hin und her und Ausflüchten und Einwänden sagte er zu, in dieser Sache etwas zu unternehmen.

Zwei Monate später starb die Lieblingstante des *Padre* plötzlich. Ein Unfall — möglicherweise.

*

Hubertino hatte im Radio davon gehört, daß der *Padre* Giron der Regierung bereits die dritte *Finca* abgetrotzt habe. Ein heruntergewirtschaftetes Gut, auf dem Hypotheken lasten, die die neuen Eigentümer der staatlichen Entwicklungsbank abstottern müßten, doch auch von internationaler Hilfe für die Bauernbewegung war berichtet worden. Von Zusagen der *Europäischen Gemeinschaft* und ausländischer Hilfsorganisationen.

Hubertino machte sich auf zu dieser *Finca San Carlos Malaga* nahe Tiquisate, sah sich alles an. Und blieb. Wenn nun Besucher dorthin kommen, tritt er ihnen barfuß, ohne Hemd, aber in seiner besten Hose entgegen. Ein kleiner, drahtiger Mann ist er, dessen Wort etwas gilt unter den 380 Familien — an die 2000 Menschen sind das —, die jetzt auf diesen 800 Hektar Mais, Ölfrüchte, Soja und Melonen ziehen und auf drei Siedlungen verteilt leben. Genauer: in Hütten aus Wellblech, Holz und getrockneten Palmzweigen.

Ja, das Wohnen sei ein Problem, sagt Humbertino. Doch bald würden richtige Häuser gebaut. Drei Schulen gäbe es schon und vieles sei besser geworden, seit die *Finca* im April 1987 zur Kooperative wurde. Damals sei nichts zu essen dagewesen, keine Traktoren, keine Lastwagen, kein Dünger ...

Vor allem in den Köpfen von immer mehr Leuten werde vieles besser — mehrheitlich mestizischen Landarbeitern, die bis dahin stets einen Verwalter hinter sich gehabt, nie gemeinschaftlich und für sich selbst gearbeitet haben. Anfangs hätten manche gemeint, es sei ihr Vorteil, wenn sie sich vor der Arbeit drückten. Etliche hätten geglaubt, von heute auf morgen ins Paradies zu gelangen. Und als sie den Irrtum merkten, hätten sie enttäuscht die Arbeit niedergelegt.

Gegen wen sie jetzt streikten, hatte ihnen Hubertino zugerufen — gegen sich selbst?

Er steht in vorderster Front im jüngsten Konflikt, der auf der *Finca* ausgebrochen ist. Ein paar Leute wollen, daß der Boden in Parzellen aufgeteilt wird. Idiotisch sei das, sagt Hubertino. Gegen die Konkurrenz der großen *Fincas* ringsum könne man nur bestehen, wenn gleichfalls auf großer Fläche, aber gemeinsam gearbeitet werde. Hier seien von der Armee eingeschleuste Provokateure am Werk, gegen die man sich behaupten müsse. Zwar glaube er nicht mehr an das Konzept des bewaffneten Kampfes, doch er wolle nicht all die Jahre umsonst in der *Guerrilla* gekämpft haben, versichert Humbertino. Deshalb kämpfe er jetzt darum, daß die Hoffnungen nicht zerstört würden, die diese Kooperative für alle Landlosen Guatemals bedeute.

*

In der letzten größeren Siedlung vor Yepocapa steigt Andres Giron in den Jeep eines Priesterkollegen um. Sein eigener

Wagen ist zu bekannt in dieser Gegend. Oberhalb von Yepocapa ist Kriegsgebiet — ein günstiger Platz, um jemanden umlegen und dann sagen zu können, der sei in ein Feuergefecht geraten. Oder an einer *Guerrilla*-Attacke beteiligt gewesen. Es fehlt nicht an Mächtigen, die öffentlich erklären, Andres Giron sei einer der Chefs der *Guerrilla*. In Guatemala kommt eine solche Behauptung einem halben Todesurteil gleich.

Hinten im Jeep sitzen zwei Leibwächter, einer mit einem Gewehr, der andere mit einer Maschinenpistole. Ein Kollege von ihnen starb, als zuletzt im August 1988 auf den *Padre* geschossen wurde. Von der *Guerrilla*, behauptete die Regierung. Von der Armee, ist er überzeugt.

Der korpulente Mann mit dem markanten Schnurrbart und wuscheligen Haarschopf, der glaubwürdig einen mexicanischen Revolutionsgeneral darstellen könnte, bekennt offen, daß er Angst hat. Guatemala befindet sich gerade in einer Vorwahlzeit. Das ist für politisch unliebsame Erscheinungen immer eine besonders gefährliche Periode. In seinem Posteingang findet der *Padre* regelmäßig Morddrohungen.

Doch er weiß, daß er die Leute in *Monte Llano* nicht allein lassen darf — gerade jetzt nicht. Diese in den Falten eines Vulkans oberhalb von Yepocapa gelegene Kaffeepflanzung war die erste *Finca*, die seine Bauernbewegung der Regierung abtrotzte. Als in zähen Verhandlungen nichts weiterging, wurde das Gelände kurzerhand besetzt. Dann kam es zum Vertragsabschluß. Der Großgrundbesitzerverband strengte gegen den Priester daraufhin ein Verfahren wegen „öffentlicher Aufwiegelung" an.

Inzwischen leben 250 Familien, an die 1500 Menschen, auf *Monte Llano*. Für 170 Kinder im Schulalter gibt es einen Lehrer. Und es gibt Probleme. Die EG hat ihre Hilfe für dieses Projekt eingestellt, nachdem vor wenigen Wochen der Administrator der Kooperative erschossen wurde. Von der *Guerrilla*, ließ die Regierung verlautbaren. Von der Armee, ist der Padre überzeugt.

*

Sebastiano hat den Wagen kommen hören und ist dem *Padre* entgegengeeilt. Seiner Frau hat er zuvor aufgetragen,

Bohnen aufs Feuer zu stellen, Eier in die Pfanne zu schlagen, *Tortillas* zu bereiten. Sebastiano war von Beginn an in *Monte Llano* dabei. Hier bewohnt er nun wie alle *Campesinos* der Kooperative eine Hütte aus Bambusrohr mit einem Wellblechdach darüber. Zwei Doppel- und zwei Einzelbetten passen da dicht aneinandergedrängt hinein. Dazu ein kleiner Tisch, an dem drei Leute sitzen können.

Bevor der *Padre* beim Frühstück zulangt, spricht er ein Tischgebet: Der Vater, der Sohn und der Heilige Geist mögen die Speisen segnen und das Fett aus ihnen nehmen, damit er nicht dick werde.

In der Türöffnung der Hütte drängen sich Kinder, Frauen kommen hinzu. Sie tragen *Huipiles,* die bunt bestickten Blusen der Indigenas Guatemalas. Fast alle Leute von *Monte Llano* sind Indios aus dem Hochland. Bei denen gäbe es eine Tradition der gemeinschaftlichen Arbeit, das mache manches leichter, hat der *Padre* während der Fahrt hinauf nach *Monte Llano* erzählt.

Doch die meisten besäßen wenig Selbstvertrauen im Umgang mit den Institutionen und scheuten sich, Verantwortung zu übernehmen. Nicht einmal zu Kursen, wo sie lernten, einen Brief zu schreiben, ein Telegramm abzusetzen, wollten sie kommen. Und die größeren ihrer Kinder nicht fortlassen auf bessere Schulen. Aber auf der *Finca* besäßen die Jungen keine Zukunft.

Einen Tag lang ist der *Padre* auf der Pflanzung unterwegs. Sterbenskranke Säuglinge werden ihm gereicht, Familienangelegenheiten dargelegt, Klagen über das Ausbleiben des Düngers vorgetragen, der nicht herantransportiert werden kann, seit die EG den Lastwagen abgezogen hat. Andres Giron erfährt, daß etliche Männer zweifeln, ob das jetzt tatsächlich ihr Boden sei, Gerüchte kursierten, warum die Ernte noch nicht verkauft sei und ob der ganze Ertrag der Bank in den Rachen geworfen werden müsse.

Vielleicht, überlegen einige *Campesinos,* hätten die Leute von der EG recht, die sagten, es wäre mehr zu verdienen, wenn man die Hühner- und die Bienenzucht aufgebe, keinen Mais und keine Bohnen mehr anpflanze, sondern nur noch Kaffee.

Es beginnt schon dunkel zu werden, als sich die Männer vor Sebastianos Hütte versammeln und darauf warten, daß der *Padre* zu ihnen spricht. Er erklärt ihnen einmal mehr, welche die Folgen einer Monokultur seien und wie wichtig es sei, stark zu sein — auch dann etwas zu essen zu haben, wenn der Kaffee nicht verkauft werden könne. Daß mit dem Verkauf der Ernte zugewartet werden müsse, bis die Kaffeepreise steigen. Was mit dem Geld dann geschehe — daß Häuser gebaut würden. Daß jeder hier als Mitbesitzer der *Finca* eingetragen werde. Ob sie ihn verstanden hätten und ihm glaubten?

Ein paar Männer nicken. Wenn sie ihn nicht verstanden hätten, müßten sie ihm trotzdem glauben, fügt der *Padre* hinzu — dann eben deshalb, weil er ein *Padre* ist.

Zuletzt geht er ins Grundsätzliche: „Wofür lebt ihr denn? Um zu essen. Doch was geschieht mit dem, was ihr eßt, ha? Also lebt ihr, um zu scheißen! Ihr sollt aber für die Zukunft leben! Damit es euren Kindern einmal besser geht! Was ihr hier begonnen habt, davon hängt die Zukunft aller *Campesinos* in diesem Land ab! Ihr müßt beweisen, daß ihr ohne *Patron* einen solchen Betrieb führen könnt! Euer Triumph wird der meine sein und meiner der eure!"

Da nicken alle Männer und murmeln zustimmend.

Auf der Heimfahrt wird sich der *Padre* einmal mehr die Frage stellen, warum er sich das aufgehalst hat und zugleich betonen, welch großer Erfolg es sei, daß der Betrieb in *Monte Llano* nicht zusammengebrochen ist, nachdem der Administrator erschossen wurde.

*

Die Fremden werden erkenne, daß das wahre Guatemala nicht dort zu finden ist, wo Touristen hinkommen. Sie werden in den Norden des Hochlandes fahren. Am Straßenrand werden ihnen Gruppen von Männern begegnen, die eine kleine Nationalflagge mit sich tragen, dazu alte Karabiner, mitunter nur *Machete* und Holzprügel — sogenannte *Zivilpatrouillen* sind das, eingeführt zur Zeit der Militärdiktatur zum vorgeblichen Schutz der Siedlungen gegen *Guerrilla*-Überfälle.

Vorsorglich aus dem Exil noch nicht heimgekehrte Oppositionelle hatten freilich von vazierenden Blockwarten gesprochen — von staatlich organisiertem und erzwungenem Denunziantentum, welche vaterländische Tätigkeit unter dem Anschein der Freiwilligkeit verrichtet werden müsse. Es gäbe nur wenige Dorfgemeinschaften, deren Männer den Dienst in den *Zivilpatrouillen* geschlossen zu verweigern wagten.

In der Gegend von Nebaj werden die Fremden sehen, was in Guatemala *Modelldörfer* genannt wird: Ansammlungen elender Hütten aus Holz und Plastikplanen, die nicht — wie bei Indio-Dörfern üblich — verstreut inmitten der Äcker stehen, sondern dicht aneinandergedrängt. Und überragt von einem Militärstützpunkt.

Menschenrechtsorganisationen sprechen von Konzentrationslagern, in die Zehntausende Hochlandbauern von den Militärs zum Zweck besserer Überwachung gepfercht wurden.

In der Hauptstadt regiert seit 1986 ein Zivilist — die *Modelldörfer* unterstehen weiterhin der Befehlsgewalt der Armee. Und es werden noch immer verstreut im Urwald lebende *Campesinos* zur Umsiedlung in solche Dörfer bewogen. Doch kommen nicht mehr Soldaten, um das zu befehlen. Jetzt kommt, zum Beispiel, der *Padre* Tiziani, ein von den Kirchenoberen geschätzter Seelenhirte, und lockt mit materiellem Anreiz, um die neue Siedlung *Playa Grande* mit Menschen zu füllen.

Im Radio hören die Fremden — mit Musik aufbereitet wie ein Werbespot — mehrmals täglich: „*Es hat sich vieles verändert in Guatemala, denn jetzt gibt es Demokratie!*“

*

Männer wie Hubertino und Sebastiano haben viele Brüder. Immer mehr von ihnen ziehen mit vagen Hoffnungen in die Hauptstadt. Dort landen sie fast alle in den *Barrancas:* Hundert und mehr Meter steil abfallenden Erdeinbrüchen, die Ciudad de Guatemala kreuz und quer durchziehen.

Unter der Autobahnbrücke *El Incenso* — die höchste der Stadt, daher ein Anziehungspunkt für Selbstmörder —, die eine solche *Barranca* überspannt, klebt am Abhang Bretterverschlag an Wellblechhütte. Über die glitschigen Steige rinnen Abwässer und Kot.

An die 2500 Menschen leben allein in dieser Siedlung und selbst da, wenige Häuserblocks vom Stadtzentrum, wird ihnen der Boden von einer *Finca* streitig gemacht. Doch wenn ein kleines Beben einen Hangrutsch auslöst, wälzt sich ohnedies alles Elend in einer Lawine zu Tal.

So weit denkt hier niemand. Es geht um das tägliche Überleben. Nur wenige Männer finden Arbeit am Bau, verdienen ein wenig im Straßenhandel. Die *Barrancas* sind die Heimstatt der *Maras,* der gefürchteten Jugendbanden. Und sie sind der Friedhof von Guatemalas Indio-Kultur. Wer hier landet, legt seine Bräuche, seine Tracht, seine Identität ab. Aber die Leute seien solidarisch, sagt die Sozialhelferin, die unter der Brücke arbeitet — sie stehlen nie bei ihren Nachbarn.

Die junge Frau wird von einem ökumenischen Hilfswerk bezahlt, das Lehrer und Ärzte in solche Siedlungen schickt. Neuerdings sorgt sich auch der Bürgermeister um diese Bürger seiner Stadt. Er hat Betonrohre zur Brücke karren lassen, damit sich die Leute einen Abwasserkanal bauen können. Wer mitarbeitet, bekommt eine Mahlzeit pro Tag. Dafür tragen die Freiwilligen gelbe Kappen mit dem Namen des Wohltäters. Der möchte 1990 Präsident werden.

*

Die Fremden zweigen von der Autobahn, die Ciudad de Guatemala mit der alten Hauptstadt Antigua verbindet, auf eine gepflegte vierspurige Zufahrtsstraße ab, die von Hecken eingesäumt wird. Dahinter sind Elendsquartiere verborgen. Nach wenigen hundert Metern rollt der Wagen durch ein beeindruckendes Portal auf ein unübersehbar großes Areal. Sattgrüner Rasen von britischer Qualität bedeckt den Boden wie ein makellos gearbeiteter Teppich. Da und dort ragen alte Bäume auf. Es herrscht Stille in dieser Idylle.

An manchen Stellen haben livrierte Diener einen Baldachin aufgestellt, Teppiche ausgebreitet und gepolsterte Campingstühle plaziert. Gleich daneben sind die teuren Wagen der Herrschaften geparkt, die ernsten Blickes beisammensitzen — Trauergemeinschaften am Grab einer gewiß bedeutenden Persönlichkeit.

In den Dörfern rundum bauen die Guatemalteken — Indios wie *Ladinos* — dicht aneinandergedrängt stehende, bunt bemalte kleine Gruften für ihre Toten. Unter den vermögenden Bewohnern der Hauptstadt gilt es als nobel, verstorbene Familienangehörige auf den Friedhof *Las Flores* unter in den Rasen eingelassenen flachen Steinplatten zu bestatten, wie das in den USA üblich ist.

Der Friedhof *Las Flores* sieht aus wie eine subtropische Kopie des Heldenfriedhofs von Arlington bei Washington. Eine Grabparzelle kostet mehr, als die Bewohner der umliegenden Hütten an Lebenseinkommen erzielen.

Bei der Lektüre der örtlichen Tageszeitungen wird den Fremden nicht entgehen, daß der umfänglichste Teil dieser Blätter aus den Seiten besteht, auf denen über das gesellschaftliche Leben berichtet wird. Mit farbig gedruckten Fotos werden da zu den besseren Kreisen zählende Familien dargestellt, die gerade im Begriff sind, nach den USA zu verreisen oder die soeben von dort zurückgekehrt sind.

Ein deutscher Lehrer, der an einer teuren Privatschule in Ciudad de Guatemala tätig ist, wird den Fremden berichten, daß seine Schüler alles über die *Discos* von Miami wüßten — doch absolut nichts über die jahrhundertealte Kultur der Indios Guatemalas.

Als kurz nach dem Amtsantritt des Präsidenten Vinicio Cerezo Zehntausende Indios — Vertreter aller der mehr als zwanzig Völker, deren Vorfahren die Maya waren — vom Hochland in die Hauptstadt kamen, um mit einem friedlichen Fest auf ihre Existenz hinzuweisen, wurde darüber in den hauptstädtischen Zeitungen mit keiner einzigen Zeile berichtet.

*

Vinicio Cerezo will nicht nur als der Präsident in die Geschichte eingehen, der sich als erster Zivilist seit Jahrzehnten eine ganze Wahlperiode lang im Amt halten konnte — trotz mehrerer Putschversuche, die gegen ihn unternommen wurden. Nach dem ersten derartigen *Coup* im Mai 1988 versicherte er den Generalen schriftlich, der Unfug mit der Landzuteilung an die Leute des *Padre* Giron werde eingestellt.

Der Präsident will nun auch als einer überleben, der dem Kollektivismus dieses Priesters die Möglichkeit individuellen Grunderwerbs entgegengesetzt hat. Rund um die Hauptstadt ließ Cerezo ein Siedlungsprogramm starten. Wer geeignete Fürsprecher und etwas Geld hat, kann ein wenig Boden erwerben und langfristig abzahlen.

Angepflanzt wird auf diesen Parzellen nichts. Wenn die Leute sich einmal in der Stadt niedergelassen hätten, begännen sie die Arbeit der *Campesinos* zu verachten, hat ein ausländischer Sozialhelfer herausgefunden. Und was hier geschähe, sei die Bereitstellung billiger Arbeitskräfte rund um die Stadt auf paternalistischem Weg.

Solche Debatten werden in den politischen Kreisen der Hauptstadt nicht geführt. Dort klatscht man darüber, in welches Regierungsamt der Präsident welche seiner Mätressen gehievt hat, in welche Führungspositionen er deren gehörnte Ehemänner befördern ließ, daß das erste Ehepaar der Nation getrennt von Tisch und Bett lebt, Doña Rachel, die *primera dama,* gleichwohl noch immer die Reden des Amtsinhabers verfasse, dessen Partei beisammenhalte und bei den nächsten Wahlen um seine Nachfolge zu kandidieren gedenke.

„Unseren Feudalherrchen“, wie Miguel Angel Asturias, der Nobelpreisträger aus Guatemala, die Oligarchen seines Landes genannt hat, paßt das alles überhaupt nicht. Die *Prensa libre,* ihr Zentralorgan, zettert täglich gegen Korruption und Filz der Christdemokraten. Als Alternative wird die Wahl eines pensionierten Militärs zum Präsidenten lanciert.

Das mit der Korruption wollte Vinicio Cerezo nicht auf sich sitzen lassen. Im Fernsehen wetterte er gegen die Zeitungen, die zur Hälfte Lügen verbreiteten. Dann nannte er alle Blätter mit Namen, die sein Bild schon seit längerer Zeit nicht mehr gedruck haben.

Anderntags prangte das Foto des Präsidenten auf allen Titelseiten — das Bildnis eines mittleren Charakters, mit Schnurrbart auf *Macho* getrimmt.

*

Männer wie Sebastiano und Hubertino haben viele Söhne. Von Jahr zu Jahr landen mehr von ihnen in der Armee. Früher war das eine wenige tausend Landsknechte zählende Prätorianergarde der Oligarchie. Inzwischen ist sie ein politisch eigenständiger Großkonzern, der Industrie- und Handelsbetriebe, sogar eine eigene Bankenkette kontrolliert. Und er kontrolliert die Söhne der Armen, während die der Reichen im Ausland studieren.

Der Dienst in der Armee ist freiwillig. Marcial, Sohn eines *Campesino* aus dem Hochland, zerrte ein Rekrutierungskommando aus einem Autobus. Er habe Glück gehabt, sagt er, und in den drei Jahren seines Dienstes nie auf Menschen schießen müssen.

Über seine Ausbildung spricht er nicht — daran wolle er sich nicht erinnern. „Die Rekruten werden zur Sau gemacht, bis sie bereit sind, ihre eigenen Leute zur Sau zu machen", sagen Exilanten. Kaum in Indio findet nach dem Militärdienst in seine Dorfgemeinschaft zurück. Marcial hatte abermals Glück: er fand Arbeit bei einem ausländischen Hilfswerk.

Doch immer mehr Soldaten erleben den Tag ihrer Entlassung nicht. Die Leichen von zweien fand man jüngst beim Dorf El Aguacate zusammen mit den massakrierten Leibern von zwanzig *Campesinos.* Ihre Gesichter waren verstümmelt, doch Dorfbewohner erkannnten trotzdem die beiden *Militares,* die ihnen dummerweise gesagt hatten, ihre verschwundenen Angehörigen befänden sich im nahen Armeestützpunkt und würden sicher bald freigelassen.

Keiner von ihnen tauchte lebendig wieder auf — Opfer der *Guerrilla,* lautete die amtliche Version. Die Armee habe eine *Guerrilla*-Attacke simuliert und für die dazugehörenden Leichen gesorgt, ist Andres Giron überzeugt. Solche Spektakel kämen desöfteren vor und seien notwendig, damit die Militärhilfe aus den USA nicht versiege.

Zur Zeit des Massakers waren bei El Aguacate Helikopter und Militärberater aus den USA gesehen worden.

*

Im Pfarrhaus von Nueva Concepcion hängt ein Anschlag, dem zu entnehmen ist, an welchen Tagen der *Padre* in Pfarr- und an welchen er in Landangelegenheiten zu sprechen ist. Über 70 Pfarren hat er inzwischen zu betreuen und wenn Andres Giron nicht auf einer der *Fincas* zugange ist, fährt er von Weiler zu Weiler, liest drei, vier Messen pro Tag. Mit den Ritualen der Liturgie hält er sich nicht lange auf. Die Leute kommen, um ihn predigen zu hören. Da geht er, Volksschauspieler und -tribun, zwischen den Bankreihen auf und ab, führt Schulkindern vor, wie ihn seine Lehrer verprügelt hätten — was ihn aber dazu bewogen habe, besser werden zu wollen als sie. „Die größte Sünde ist es, durch's Leben zu gehen, ohne Spuren zu hinterlassen", lautet zuletzt das Credo.

Beim Mittagessen im Haus eines Pfarrgemeindevorsitzenden regt der *Padre* leidenschaftlich die Gründung von Vermarktungsgenossenschaften an, damit die Kleinbauern nicht länger den Erpressungen der Zwischenhändler ausgeliefert seien. In der nächsten Kirche nimmt er die Anwesenheit eines Gitarrespielers zum Anlaß, um den Gläubigen von Victor Jara zu erzählen, dem die *Militares* in Chile die Finger abhackten, um ihm dann die Gitarre mit der Aufforderung zu geben, er solle ihnen etwas vorspielen.

„Es ist die Wahrheit, was ich ihnen erzähle — und ich glaube schon, daß sie verstehen, was ich ihnen sagen will", kommentiert der *Padre* während der Heimfahrt seinen Auftritt. Der kräftige Mann wirkt jetzt ausgelaugt, erschöpft. Daß ihn seine Kirchenoberen nicht verstehen wollen, weiß er. Fürsten seien das, „die mich lieber heute als morgen tot sehen wollen."

An einer Hauswand hat die *Guerrilla*-Organisation ORPA mit roter Farbe ihre Parolen hinterlassen. „Natürlich habe ich zur *Guerrilla* Kontakt", erklärt Andres Giron. „Wir haben im Grund die gleichen Ziele, gehen aber verschiedene Wege. Sie glauben nicht, daß ich mit meinen Methoden etwas erreichen werde, aber sie behindern meine Arbeit nicht. Und ich glaube nicht, daß sie mit ihren Methoden ans Ziel gelangen werden — aber ich respektiere sie."

Er möchte weitere *Fincas* für die Landlosen kaufen. Aber eigentlich gehe es ihm darum, eine Bewegung zu schaffen, die eine Landreform durchsetzt. Der *Padre* plant auf längere Sicht und wird immer heftiger zu einer schnellen Entscheidung gedrängt.

„Jetzt, vor den Wahlen, kommen alle Parteien und versprechen den *Campesinos* Land. Das bekommen sie dann auch — aber zwei Meter unter der Erde", hatte Hubertino, der ehemalige *Guerrillero,* auf der *Finca San Carlos Malaga* gesagt: „Es gibt keine linken Parteien mehr, die haben die *Militares* geköpft. Der einzige Führer der Linken, der offen auftritt, ist der *Padre.* Wir wollen, daß er Präsident wird."

„Wir haben Angst davor, daß eine Regierung kommt, die uns die *Finca* wieder wegnimmt", hatte Sebastiano, der Indio, oben in *Monte Llano* erklärt: „Der einzige Präsident, dem wir vertrauen könnten, wäre der *Padre.*"

Andres Giron ist nicht frei von Eitelkeit und läßt gerne Anspielungen über seine mögliche künftige Rolle fallen. Doch er ahnt, was es bedeuten würde, Präsident in einem Land zu sein, das faktisch die Generale regieren und wo ohne den Segen Washingtons nichts geht. Er weiß, daß die Zeit bis zu den Wahlen zu kurz sein wird, um in den *Barrancas* der Hauptstadt eine Organisation wie seine Bauernbewegung aufzubauen und daß ein Wahlerfolg noch lange nicht den Sieg bei der Stimmenauszählung garantiert. Und er fürchtet, den Wahltag nicht zu erleben, sollte er tatsächlich antreten. „Demokratie", sagt Andres Giron — „in einem Land wie diesem ist das ein leeres Wort."

Die Nacht hat sich über die Küstenebene gesenkt. Eine Reifenpanne reißt den *Padre* aus seinen Gedanken. Er rafft die Röcke seiner weißen Soutane, um beim Radwechsel anzupacken. Die Leibwächter starren nervös in die Dunkelheit.

Nachdem er keuchend die letzte Radmutter angezogen hat, entwirft der Priester ein düsteres Bild: „Guatemala, wie es jetzt ist, hat keine Zukunft. Was ich erreichen will, ist eine gewaltfreie Revolution — aber ich fürchte, daß es zu einer sehr blutigen Revolution kommen wird."

Mai 1989

Der Dichter in seinem Labyrinth

An Kolumbiens Karibikküste auf der Suche nach Macondo — lange nach der Liebe in den Zeiten der Cholera

Längs einer schmalen Landzunge, vollgebaut mit gesichtslosen Stahlbetonkästen, sinkt das Flugzeug im Landeanflug tiefer und tiefer. Gleich setzen wir in Barranquilla auf, teilt der *Comandante* über den Bordlautsprecher mit. Wir lehnen uns zurück, noch eine Zwischenlandung also vor unserem Ziel.

Die Maschine ist noch nicht ausgerollt, da spring vor uns ein Passagier auf: „Das ist doch Cartagena!" ruft er.

Fragend sucht unser Blick den *Steward*. Der winkt überlegen ab. „Nicht Cartagena — Barranquilla! Wir landen immer zuerst in Barranquilla."

„Nichts da, Cartagena! Ich muß es schließlich wissen, ich bin aus Cartagena!" protestiert unser Mitreisender.

Unsicher geworden, wem wir glauben sollen, kramen wir vorsorglich unser Handgepäck zusammen, um gegebenenfalls doch noch rasch aussteigen zu können.

„Los, beeilen Sie sich — Sie können mir glauben, das ist Cartagena!" setzt der kleingewachsene Mann vor uns nun zu gezielter Überzeugungstätigkeit an. Unschlüssig stemmen wir uns aus den Sitzen hoch. Endlich sind aus dem Bordlautsprecher klärende Worte zu hören: „Hier spricht der *Comandante*. Es hat sich ein Mißverständnis ergeben. Wir sind soeben in Cartagena gelandet, nicht in Barranquilla. Ich wiederhole: in Cartagena!"

Sinnfälliger, so scheint es uns in diesem Augenblick, hätte

die Ankunft im Reich des *Magischen Realismus* nicht erfolgen können — in Cartagena, der Heimatstadt von Gabriel Garcia Marquez, Handlungsort der „Liebe in den Zeiten der Cholera", in denen Fermina Daza, die Protagonistin, gleichfalls — indes im Korb eines Ballons — über diese Siedlung geflogen kam:

„Wie Gott selbst sahen sie vom Himmel aus die Ruinen des alten und heroischen Cartagena de las Indias, der schönsten Stadt der Welt, von ihren Einwohnern wegen der Cholera in Panik verlassen, nachdem sie drei Jahrhunderte lang Piratenüberfällen und jeder Art von Belagerung durch die Engländer standgehalten hatte. Sie sahen die unversehrten Stadtmauern, die zugewucherten Straßen, die von den Bougainvileen verschlungenen Festungen, die Marmorpaläste mit den Goldaltären und den Vizekönigen, die pestkrank in ihren Rüstungen verfault waren."

Mag auch rund um das historische Cartagena jedes verfügbare Stück Boden zubetoniert sein — die zum Meer hin angelegte Altstadt hinter der mehrere Meter dicken Stadtmauer, auf der die örtliche Jugend zur Musik aus mitgeführten Radiorecordern den *Lambada* übt, wirkt noch immer, wie zu ihrer besten Zeit: überragt von der Festung San Felipe und dem Monument der indianischen Gefährtin des Stadtgründers Pedro de Heredia, der die Siedlung anfangs des 16. Jahrhunderts erbauen ließ als Hauptumschlagplatz für den Handel zwischen der alten und der neuen Welt.

Die Zeugnisse der kolonialen Geschichte der *perla de las indias* sind zu besichtigen im Palast der Inquisition. Da blicken die schmalen Augen des Stadtgründers mißtrauisch aus einem dunklen Ölgemälde, da reiten Hexen Besen auf alten Stichen, ein faunischer Gottseibeiuns mit Pferdehuf und Eselsschwanz lacht beifällig. Streckbett und Hexenwaage, sogar die Folterzangen in den erkalteten Öfen wirken friedlich und museal im Licht der Mittagssonne, das durch die Fensternischen fällt. Im *Patio* blüht der Oleander und der Museumswächter treibt die Besucher zur Eile an. Er will sich seine *Siesta* nicht beschneiden lassen.

Wir treten hinaus auf den *Parque Bolivar*, der in den „Zeiten der Cholera“ noch nicht so hieß, doch nahezu exakt so aussah, wie wir ihn nun antreffen: *„Nach der Messe stauten sich die Automobile auf der Plaza de La Catedral, wo die Statue des Befreiers kaum zwischen afrikanischen Palmen und Straßenlaternen auszumachen war, und in dem ehrwürdigen und lauten Cafe de la Parroquia war nicht ein Platz mehr frei.“*

Auch nun herrscht geschäftiges Treiben unter den Arkaden, wo freilich nicht das *Cafe de la Parroquia* zum Verweilen einlädt, sondern diverse Ämter ihre Kanzleien unterhalten. Doch, wie gesagt, die Zeit der *Siesta* naht, gleich werden hier ebenso die Pforten geschlossen und wir lassen uns nieder im Kreis der alten Männer, die zu Füßen von Simon Bolivar sitzen, dessen letzten Lebensabschnitt Garcia Marquez in seinem Roman „Der General in seinem Labyrinth“ beschrieben hat: *„Denn die vornehme und heroische Stadt Cartagena de Indias, die mehrmals Hauptstadt des Vizekönigtums gewesen war, tausendmal als eine der schönsten Städte der Welt besungen, war nur noch ein Schatten ihrer selbst. Sie hatte neun Belagerungen, vom Meer und vom Land her, erlitten und war wiederholt von Piraten und Generälen geplündert worden. Durch nichts war sie jedoch so zerstört worden wie durch den Kampf um die Unabhängigkeit und die anschließenden Kriege unter den Parteien ... Es war nicht möglich, den Ruhm der Stadt mit dem Gestank der offenen Kloaken zu versöhnen. Der General seufzte Montilla ins Ohr: ‚Wie teuer haben wir diese Scheißunabhängigkeit bezahlt!‘“*

Wir brauchen solchen Pessimismus nicht zu teilen, hat uns das Glück doch in Cartagena ein Quartier beschieden, das allein eine Reise in diese Stadt wert wäre, in deren historischem Kern es eigentlich keine Hotels gibt — die befinden sich allesamt draußen auf der schmalen Landzunge, die wir im Landeanflug gesehen hatten. Unser Glück waren Bekannte, die Bekannte haben, welche wiederum jemanden kennen ... So gelangten wir in das blaue Haus am Ende der *Calle de la Factoria*.

Das *Blaue Haus* ist älter als fast alle anderen Gebäude der

Stadt und *„sah äußerlich so heruntergekommen aus wie die anderen Häuser aus der Kolonialzeit, innen aber herrschte die Ordnung der Schönheit und ein jähes Licht, das aus einem anderen Erdzeitalter zu kommen schien."*

Keine zierlichen Holzbalkone und Gitter schmücken es. Nur drei hohe, dunkle Tore starren abweisend aus der kahlen Fassade. Meterdicke Mauern, ein leeres, finsteres Gewölbe liegen zwischen der äußeren und der inneren Welt: einen sonnendurchstrahlten, grünenden, blühenden *Patio,* davor ein Eßtisch, an dem die gesamte Familie Buendia Platz gefunden hätte, eine zum Hof offene Küche mit gemauerten Herden, Simse, auf denen sich schweres Tongeschirr stapelt, Treppen und Treppchen, die in die oberen Geschoße, die Galerien, Türmchen und vergessenen Zimmer führen.

Es ist ein Haus, das keinen Abschluß findet im inneren Raum. Immer gibt es noch eine schräge Tür, einen Durchgang, einen Erker, eine Dachterrasse. Nach und nach begegnet man den Bewohnern: Camilo, dem Architekten aus Bogota, der nun schon über zwanzig Jahre da lebt und das Haus restauriert ohne Ende; Mara Cristina, die Verwalterin, die hochschwanger über die Hitze stöhnt; die Katze, die, einen Vogel im Maul, durch den Hof schießt, um sich und ihre Beute in den blühenden Büschen zu bergen; hinterdrein eine schrill zeternde junge Frau. Esmeralda, über die allgemein nur bekannt ist, daß man sie und ihre Gewohnheiten nicht nach allzu konventionellen Maßstäben beurteilen sollte; dazu der stets schmunzelnde Kanadier, gleichfalls Architekt, der immer wieder nach Cartagena zurückkehrt; der mißtrauische Papagei, der sich nicht äußert; die Malerin, die in einer schattigen Nische sich an Licht und Farben dieser Stadt versucht; die beiden beständig lächelnden Maurer, die hier eine Lebensstellung gefunden zu haben scheinen.

Es ist ein freundlich verzaubertes Haus, wie das — siehe das vorangegangene Zitat — des Vaters der Fermina, des Lorenzo Daza also, von dem man vermutete, daß er *„ein Mann von Vermögen war, denn er lebte gut, ohne daß man seinen Beruf kannte, und hatte in klingender Münze das Haus am*

Parque de los Evangelios bezahlt, dessen Restaurierung ihn mindestens das Doppelte der zweihundert Goldpesos, für die er es gekauft hatte, kosten mußte.“

Auch über den Eigentümer des blauen Hauses in der *Calle de la Factoria* weiß man nichts Genaues — Nordamerikaner soll er sein und ein Dichter, der umständehalber nie da sei. Doch die Restaurierung verschlingt eine Menge Geld. Also werden die verfügbaren der zahlreichen Räume an Leute vermietet, die diesen Ort zu finden wissen und der Stammbesatzung als Mitbewohner geeignet erscheinen. Kein Hotel ist das also, desgleichen keine Pension — einfach ein Privathaus, in dem Zimmer vermietet werden. Und dazu der ideale Stützpunkt zur Erkundung der Welt des Gabriel Garcia Marquez, deren Zeichen uns auf Schritt und Tritt begegnen.

Schräg gegenüber des blauen Hauses finden wir das Palais des Marquis von Valdehoyos, nun Sitz der örtlichen UNESCO-Niedelassung, schlendern durch den *Patio* und die Prunkräume im ersten Stock und erinnern uns, dieses Gebäude schon bei der Lektüre des „Generals in seinem Labyrinth“ kennengelernt zu haben: *„Montilla versammelte an diesem Abend die beste Gesellschaft der Stadt in seinem Herrenhaus an der Straße La Factoria, wo einst der Marquis von Valdehoyos sein Lotterleben geführt hatte und dessen Gemahlin durch Mehlschmuggel und Sklavenhandel zu Geld gekommen war. In den großen Häusern brannten Festlichter, aber der General machte sich nichts vor, er wußte, daß in der Karibik jeder Anlaß, selbst ein illustrer Todesfall, Grund für ein Volksvergnügen sein konnte.“*

Auf die Straße zurückgekehrt, verwundert uns die seltsam dunkle Stirnbemalung vieler Passanten, die uns begegnen. Eine Art drittes Auge? Ein Modegag? Nein, wird uns dann klar, es ist das Aschenkreuz, das Endzeichen des Karnevals: Mensch, sei eingedenk, dein Fleisch wird zu Asche werden . . . So war es den siebzehn Söhnen des Oberst Aureliano Buendia in „Hundert Jahre Einsamkeit“ ergangen:

„Eher belustigt als fromm, ließen sie sich zum heiligen Tisch führen, wo Pater Antonio Isabel ihnen das Aschenkreuz

auf die Stirn malte. Als der Jüngste sich schließlich zu Hause die Stirn säubern wollte, entdeckte er, daß sein Zeichen wie das der Brüder unauslöschlich war ... Im Verlauf jener Woche wurden seine siebzehn Söhne an verschiedenen Orten der Küste wie Hasen von unsichtbaren Verbrechern gejagt, die auf die Mitte ihrer Aschenkreuze zielten ...“

Die weiße Kuppel der Klosterkirche San Pedro Claver überragt die alte Stadt, um an den gleichnamigen Jesuiten zu erinnern, den „Sklaven der Sklaven“, der sein Leben darauf verwandte, für die im äußersten Elend vegetierenden Schwarzen — Cartagena war Hauptumschlagplatz des Sklavenhandels in der Neuen Welt — Nahrung und Medikamente zu erbetteln.

Der Klosterhof San Pedro Claver hingegen ist ein magischer Ort des Vergessens, der die Jahrhunderte an sich vorbeiziehen sieht, ohne Notiz davon zu nehmen. Ein Marquezscher Ort außerhalb der Zeit. In einem Glassarg unterhalb des Altars der Klosterkirche hat man die Knochen dieses Apostels der Sklaven ausgestellt, nachdem er 1888 kanonisiert worden war — weil er angeblich 500.000 dieser Elendsten und Wehrlosesten getauft haben soll.

Seine Klientel fände San Pedro heute in *Bazurco,* auf dem Markt der Armen, die zwar angeblich frei, aber kaum weniger elend sind. Es ist noch immer der Markt aus den „Zeiten der Cholera“, wenngleich das apokalyptische Gewühl einige Kilometer stadtauswärts verpflanzt und der Versuch unternommen wurde, das Chaos in Hallen zu stopfen. Ein aussichtsloses Unterfangen — innert weniger Wochen wucherte der *Bazurco* wieder unter freiem Himmel: illegal, bunt, dreckig, laut und gefährlich wie je:

„Ebensosehr wie über die Verunreinigung des Wassers war Doktor Urbino über den hygienischen Zustand des öffentlichen Marktes beunruhigt, der im Freien auf einem weitläufigen Gelände an der Bahia de las Animas lag, wo die Segelschiffe von den Antillen festmachten. Ein berühmter Reisender der Zeit beschrieb den Markt als einen der mannigfaltigsten der Welt. Er war in der Tat reich, üppig und laut, zugleich aber auch äußerst gefährlich. Er stand auf seinen eigenen Abfällen und

war den Launen der Gezeiten ausgesetzt, da dort die Bucht den unverdaulichen Unrat der Kloaken ans Ufer erbrach.“

Dem kundigen Marquez-Leser wird nunmehr klar geworden sein: Wir haben uns auf die Suche nach den Plätzen eines weiteren Protagonisten der „Liebe in den Zeiten der Cholera“ begeben. Der Weg dorthin ist im Roman präzise angegeben: *„Auf der anderen Seite der Bucht, im Villenviertel La Manga, stand das Haus von Doktor Juvenal Urbino in einer anderen Zeit.“*

Schon nach kurzer Suche finden wir in der *Calle principal* von *La Manga* die *Villa Susanna* und wissen, hier muß es sein. Die Hausherrin, eine noch junge Frau von großer Noblesse, zeigt spontan Verständnis für derlei Spurensuche und bittet die Fremden ohne Umstände in den Salon. Doña Maria Cristina, so heißt die Gastgeberin, läßt Kaffee servieren und berichtet von der unendlichen Mühe, die es gekostet habe, die Villa zu restaurieren — die Möbel, die Einrichtungsgegenstände ... Dann sei sie da gesessen und habe Marquez' eben erschienenen Liebesroman gelesen. Eben hier in der *Sala* — die in diesem Gebäude tatsächlich ein Saal ist — stieß sie auf die Beschreibung: *„... Es war groß, kühl und einstöckig und hatte auf der Außenterrasse einen Portikus mit dorischen Säulen, von dem aus man das stehende Gewässer der Bucht mit seinen Krankheitskeimen und all den Schiffbruchsmüll überblickte. Der Boden war von der Eingangstür bis in die Küche im Schachbrettmuster schwarzweiß gefliest ... Der Salon war weitläufig, hatte wie das ganze Haus hohe Decken und sechs Türfenster zur Straße; vom Eßzimmer war er durch eine riesige mit Eichenlaub und Trauben verzierte Glastür getrennt, auf deren Gitter sich Jungfrauen in einem Bronzehain von den Hirtenflöten der Faune verführen ließen. Die Möbel des Salons, einschließlich der Pendeluhr, die etwas von der Präsenz einer leibhaftigen Wache hatte, stammten aus dem viktorianischen England, die Hängelampen waren Lüster aus Bergkristall, und überall standen Krüge und Vasen aus Sèvre sowie Alabasterstatuetten mit heidnischen Idyllen ...“*

„Es war wie ein Wunder“, sagt die elegante Doña Maria

Cristina, „das ist dieses Haus, dachte ich. Er beschreibt das Haus, in dem ich lebe, bis in Detail. Sogar die Möbel sind die gleichen."

Dann führt sie uns hinaus auf die Terrasse: *„Jeden Nachmittag nach der Siesta setzte sich Doktor Urbino mit ihm auf die Patioterrasse, den kühlsten Ort des Hauses, und scheute in seiner pädagogischen Leidenschaft auch nicht die mühseligsten Wege, um dem Papagei Französisch beizubringen, bis er wie ein Akademiemitglied sprach. Danach brachte er ihm, da er nun schon einmal dabei war, die Messe auf lateinisch bei und einige ausgewählte Stücke aus dem Matthäusevangelium . . ."*

Auf der Terrasse stehend hören wir das infernalische Hämmern von Preßluftbohrern — immer mehr der alten Villen von *La Manga* werden abgerissen, um klotzigen Appartementbauten Platz zu machen. Gabriel Garcia Marquez, dessen eigenes Haus — in dem der Nobelpreisträger allerdings selten auftaucht, seit er Kolumbien den Rücken gekehrt hat — gleich um die Ecke steht, ließ Doktor Urbino häufig den profanen Geschäftsgeist der Cartagener beklagen.

Unweit der *Villa Susanna* werden wir in einem Hochhausappartement direkt an der Bucht, eingeführt von einer Freundin der Familie, der Mutter des Dichters vorgestellt. Einer energischen Greisin begegnen wir hier, die innerlich den Kopf darüber zu schütteln scheint, welch Aufhebens weltweit ob der Faxen ihres Sohnes gemacht wird. Wir aber erinnern uns bei dieser Begegnung an einen Satz, der in „Hundert Jahre Einsamkeit" über die Urmutter des Geschlechts der Buendia zu finden ist: *„Ohne Ursulas Bewachung und Betreuung ließ er sich von seiner Einbildungskraft in einen Zustand des Dauertaumels hinreißen, von dem er sich nie wieder erholen sollte."*

Gewiß ist man in Cartagena stolz auf den Sohn der Stadt, der hier etliche Jahre seiner Kindheit und Jugend verbrachte — und doch gleichfalls etwas verwundert, welche Resonanz dessen Geschichtenerzählerei auslöst. Doch solches nimmt man gelassen hin und versucht, das Beste daraus zu machen. Nicht nur im Neureichenviertel *La Manga* scheinen sich die

Leute seit den „Zeiten der Cholera“ wenig verändert zu haben: sie sind Hafenbewohner, ein Handelsvolk, weltoffen und selbstbewußt. Es wird auf offener Straße gekauft und verkauft — alles: Fruchtsäfte, Zahnpasta, Valuta, Mangos, Haarreifen, Leguaneier, pornographische Zeitschriften, Zigaretten, Sonnenbrillen. Es wird gescherzt, gestritten, betrogen und verführt — immer noch am alten Ort, in den Arkaden hinter dem Uhrturm, dem *Portal de los Escribanos* des Romans: *„Der Name stammte aus der Kolonialzeit, denn schon damals saßen dort die mürrischen Schönschreiber mit ihren Tuchjacken und Ärmelschonern und verfaßten auf Bestellung Schriftstücke aller Art zu Armeleutepreisen: Anklage- und Bittschriften, gerichtliche Legate, Gratulations- und Beileidkarten und Billetts für jede Phase der Liebe. Nicht die Schreiber freilich waren schuld am schlechten Ruf dieses lärmenden Marktes, sondern die neu hinzugekommenen Kleinhändler, die unter dem Ladentisch aus Europa hereingeschmuggelte schlüpfrige Waren aller Art verkauften, von obszönen Postkarten und anregenden Pomaden bis hin zu den berüchtigten katalanischen Präservativen mit Leguankämmen, die sich im entscheidenden Moment aufstellten, oder vorne mit Blütenknospen ausgestattet waren, deren Blätter sich je nach der Lust des Benutzers entfalteten . . . “*

Hier entladen zur Hauptreisezeit die Touristenbusse ihre Ladung, die allerdings großteils nicht europäischer, sondern lateinamerikanischer Herkunft ist und die alte Stadt nur tagsüber verstopft. Spätestens mit dem Sonnenuntergang ziehen die Fremden wieder hinaus in die Neustadt der Luxushotels am Strand. Dort werden sie rundum verpflegt und sind zufrieden.

In der Abenddämmerung auf der Stadtmauer — da beginnt das graue Meer geheimnisvoll zu glitzern und zu leuchten. Da draußen liegen sie, die goldschweren Galeonen Spaniens, die flinken Piratenschiffe, überbordend von Juwelen, da blühen die Smaragde auf dem Meeresgrund, hängen jahrhundertealte Geschmeide in den Korallen . . . So etwa muß es im Kopf des Florentino Ariza gespukt haben, dem ausdauernden und letzten, nach einundfünfzig Jahren, neun Monaten und vier Tagen beharrlichen Wartens letzten Endes doch erfolgreichen Verehrer der Fermina, der in jungen Jahren hoffte, seinem Glück mit einer Tauchaktion zu einer der sagenhaften und zugleich doch unzweifelbar vorhandenen gesunkenen Galeonen nachzuhelfen: „*Florentino Ariza hatte die Route der Galeonen auf den Seekarten der Zeit studiert und glaubte, die Stelle des Schiffbruchs geortet zu haben. Sie fuhren zwischen den beiden Festungen der Boca Chica aus der Bucht und erreichten nach vier Stunden auf See das stille Gewässer innerhalb des Archipels, auf dessen Korallengrund man die schlafenden Langusten mit der Hand greifen konnte. Die Luft war so dünn und das Meer so ruhig und durchsichtig, daß es Florentino Ariza war, als sei er sein eigenes Spiegelbild auf dem Wasser. Am Ende dieses ruhigen Gewässers, zwei Stunden von der Hauptinsel entfernt, war der Ort des Schiffbruchs ...*"

Dort draußen liegt der Archipel der *Islas del Rosario* und eine davon heißt nun *Pirateninsel.* Das war die Idee von Salvo, einem Italiener, *Stuntmen,* Schauspieler und, und, und — und seit langem schon durch Einheirat Mitglied der Inselbesitzerfamilie, die zu den ersten Sippen von Cartagena gehört und nebst anderen Unternehmungen auf dem Eiland ein kleines aber feines Hotel betreibt.

Wir borgen uns auf der *Pirateninsel* Brille und Schnorchel aus und schon zehn Meter vom Strand entfernt tauchen wir ein in Korallengrund wie in ein überfülltes Aquarium. Der Meeresboden ist streckenweise bedeckt mit weißgrauen, aschartigen Ästchen, die aussehen, als zerfielen sie bei der Berührung. Doch ansonsten ist die Welt unter dem Meeresspiegel noch in Ordnung — das heißt: so verzaubert, wie sie einst Florentino Ariza bei der Schatzsuche erlebt hat: „*In seinem Begräbnisanzug unter der höllischen Sonne leidend, wies Florentino Ariza Euclides an, er solle auf zwanzig Meter hinuntertauchen und ihm, was auch immer, vom Meeresgrund heraufbringen. Das Wasser war so klar, daß er Euclides hinuntergleiten sah, ein verschmutzter Hai zwischen den blauen Haien, die an ihm vorbeischwammen, ohne ihn zu berühren. Dann sah er ihn im Korallengestrüpp verschwinden, und als er gerade dachte, die Luft müsse ihm ausgegangen sein, hörte er seine Stimme im Rücken. Euclides stand mit erhobenen Armen auf dem Grund, das Wasser bis zur Taille. Also suchten sie weiter, nach tieferen Stellen, fuhren immer nordwärts, über sonnenwarme Rochen, schüchterne Tintenfische und die Rosenbüsche des Nebels hinweg, bis Euclides klar wurde, daß sie Zeit verschwendeten . . . "*

Die *Pirateninsel,* auf der sich weder Hinz noch Kunz grillen lassen, sondern vornehmlich die Leute aus Cartagena Entspannung suchen, denen danach ist, die Stadt zu verlassen, ohne deshalb verreisen zu müssen, ist der Ort, an dem wir Clarita kennenlernen. Sie hat gerade ein paar hektische Arbeitstage zu verdauen. Ihr Arbeitsplatz liegt im Verwaltungstrakt des Hotels *Caribe,* des stil- und anspruchsvollsten Hauses am Strand von Cartagena. Dort waren gerade illustre Gäste abgestiegen — Staatschefs von überall auf dem amerikanischen Kontinent, von der US-Regierung zu einem Drogengipfel zitiert.

Das war den Leuten von Cartagena gar nicht recht — plötzlich wurde ihre Stadt in aller Welt mit der Coca-Mafia und dem Drogenkrieg in Zusammenhang gebracht. Dabei ist das eine Sache, die weit weg stattfindet: oben im Hochland — in Bogota, Medellin . . .

Cartagena, das ist Karibik. Die hat mit dem kalten, verregneten Teil Kolumbiens so wenig zu tun, wie der Schwarzwald mit dem Ruhrgebiet.

Und überhaupt: „In unserer Kultur hat es das Cocakauen immer gegeben", sagt Clarita. „Das war nie unser Problem. Wer hat denn Kokain daraus gemacht? Vielleicht wir? Wer treibt denn den Preis für das Zeug hinauf? Wir bestimmt nicht. Und solange Coca das einzige Produkt ist, für das sie halbwegs etwas bekommen, werden die Bauern Coca anbauen. Das ist doch klar. Alles ist nur ein Problem der *Gringos.* Aber plötzlich machen sie uns dafür verantwortlich und spielen bei uns Krieg."

Die lateinamerikanischen Präsidenten müssen das uneingestanden ebenso gesehen haben. „Die waren hier herausen auf den Inseln, um zu tauchen", erzählt Clarita über den Drogengipfel. „Alan Garcia, der Peruaner, hat bis vier Uhr früh getanzt. Nur Bush hat nichts von Cartagena gesehen. Ständig war er von einem dreifachen Kordon waffenstarrender Leibwächter umgeben. Lächerlich und übertrieben, wie alles, was die *Gringos* machen."

Doch die sind beileibe nicht nur lächerlich. *„Die Vereinigten Staaten sind allmächtig und furchtbar, und mit der Märchengeschichte der Freiheit werden sie uns noch ins Unglück stürzen"*, hatte schon Simon Bolivar, der Held der Befreiung vom spanischen Joch, gewarnt.

Gabriel Garcia Marquez ist sich darin mit dem General, dessen letzten Weg den Rio Magdalena herab nach Cartagena er so trefflich beschrieben hat, daß vom *Yanqui*-Bazillus befallene lateinamerikanische Schulmeister empört aufheulten, einmal mehr eins. Einen „Krieg der Desinformation" nannte der politisch hellsichtige Dichter den Umgang der reichen Barbaren aus dem Norden mit seinem Land.

Diese Desinformation bestimmt das Kolumbien-Bild der westlichen Welt, wo man nun meint, der tägliche Terror, von dem man aus diesem Land hört, sei erst mit dem internationalen Drogenhandel und den Umtrieben der kolumbianischen Coca-Barone entstanden. Dabei ist die gewaltsame Austragung des Kampfes um die Vorherrschaft im Staate so alt wie dieser selbst. Nirgendwo sonst auf dem Subkontinent gab es so viele und so grausam geführte Bürgerkriege, welche die kreolische Oberschichte, organisiert in den Parteien der Konservativen und der Liberalen, von den Söhnen der kleinen Leute austragen ließen.

Garcia Marquez-Leser erinnern sich. Schon der *„Herr Oberst Aureliano Buendia zettelte zweiunddreißig bewaffnete Aufstände an und verlor sie allesamt. Er hatte von siebzehn verschiedenen Frauen siebzehn Söhne, die einer nach dem anderen in einer einzigen Nacht ausgerottet wurden, bevor der älteste das fünfunddreißigste Lebensjahr erreichte. Er entkam vierzehn Attentaten, dreiundsiebzig Hinterhalten und einem*

Erschießungskommando. Er überlebte eine Ladung Strychnin in seinem Kaffee, die genügt hätte, ein Pferd zu töten."

So richtig ging die Schlächterei allerdings erst los, nachdem die *Yanquis* den Marktwert der Banane und Kolumbiens Karibikküste als ideales Anbaugebiet entdeckt hatten. Sie waren es, welche die Gewalt in den hinteren Winkeln des Landstriches der „Hundert Jahre Einsamkeit" perfektionierten.

Die Fahrt zu den Quellen des magischen Realismus ebenso wie der blutigen Realität führt durch Barranquilla, einer häßlichen Industriestadt, in der die Tageszeitung *El Heraldo* erscheint. Bei diesem Blatt begann Gabo seine Autorenlaufbahn. Unter dem Titel „Die Giraffe" schrieb er Kolumnen über Alltagsereignisse und in zahlreichen dieser kleinen Geschichten tauchen Bilder und Begebenheiten auf, die wir in den später verfaßten Romanen und Erzählungen wiederfinden.

Ebenso finden wir in diesen Büchern die Bilder der Landschaft wieder, die wir nun auf der Fahrt von Barranquilla nach Cienaga durchqueren. Links von der Straße weiß und grau die toten Mangrovensümpfe aus kahlem Grund, aus salzigen Lachen, die mitunter vom Sonneneinfall rosafarben verzaubert hinter dürren Büschen liegen. Verstreut kratzen Menschen in dieser seltsamen Wüste nach Salz. Rechts der Fahrbahn endlos die verrotteten Bananenplantagen, zu deren Bewässerung man den Mangrovensümpfen, die das *Macondo* der „Hundert Jahre Einsamkeit" umgaben, das Wasser abgegraben hatte: *„Im Süden lagen die von einem ewigen Pflanzenschleim überzogenen Sümpfe sowie das weite Weltall des großen Moors, das nach der Zeugenaussage der Zigeuner grenzenlos war. Das große Moor verschwamm im Westen mit einer unübersehbaren Wasserfläche, in der zarthäutige Wale mit weiblichem Kopf und Oberkörper hausten, welche die Seefahrer mit dem Zauber ihrer außergewöhnlichen Brüste ins Verderben lockten . . ."*

Der Bus hält auf dem Bahnhofsplatz in Cienaga. Ein Schwarm fliegender Händler bricht laut schreiend durch die Türen und Fenster. Nur mit Mühe gelingt es uns, auszusteigen, einen Weg zu bahnen durch das Angebot von Süßem, Salzigem,

Fruchtsäften, Zigaretten, Parfums, billigen Uhren, Kaugummi ... In Cienaga hält man sich nicht lange auf, der Ort ist ein Verkehrsknotenpunkt. Hier halten Busse, stehen Taxis, ruhen Esel vor ihren Karren, allgemeines Aussteigen, Umsteigen, Warten, Fragen ...

Das Denkmal des *Bananero* sei das, sagt der junge Mann, den wir nach der Bedeutung der Stahlkonstruktion fragen, die mitten auf dem staubigen Platz aufragt. Ein Denkmal für einen Bananenarbeiter — ausgerechnet hier?

Vor dem Monument erhebt sich ein Betonsockel, auf dem ein Getränkehändler seine Ware abgestellt hat. Offenkundig wurde der Sockel einmal zu dem Zweck errichtet, eine zum Denkmal gehörige Tafel zu tragen. Doch die Tafel ist herausgerissen, kein geschriebenes Wort gibt hier mehr Auskunft, warum dieser *Bananero*, die Hände dramatisch zum Himmel erhoben, auf den Platz vor dem Bahnhof gestellt wurde. Es ist wie in „Hundert Jahre Einsamkeit": *„Muß ein Traum gewesen sein", betonten die Offiziere beharrlich. „In Macondo ist nichts passiert, passiert nichts und wird auch nichts passieren. Es ist ein glückliches Dorf."*

Cienaga war ein reiches Dorf, aus dem Boden gestampft zur Zeit des Bananen-Booms anfangs des Jahrhunderts. Hier standen die eingezäunten Wohnkolonien der nordamerikanischen Verwaltungsangestellten und ihrer Familien, hier entstanden die Paläste der Gewinner des Booms. Italienische Architekten bauten schwülstige Villen, ganze Paläste, französische Maler schmückten Decken und Wände mit Gemälden. Cienaga wurde die Stadt der Spiegel, der Pianos und der böhmischen Kristalleuchter. Hier gastierten Stars der europäischen Opernbühnen und erschütterten französische Prostituierte die althergebrachten Stellungen.

Dann zog sich die *Company* wieder zurück und die Stadt verfiel so schnell, wie sie entstanden war. Von ihrem einstigen Glanz zeugen grellbunt bemalte Ruinen, die nun einzig dazu dienen, die Wahlkampfparolen der traditionellen Parteien zu tragen. Ab und an hängt noch ein Stück mehrfarbiges Bleiglas in leeren Fensteröffnungen, hinter denen Unkraut wächst.

„Diese Wanderungen führten ihn in das zerstörte Vergnügungsviertel, wo zu anderen Zeiten Bündel von Banknoten zur Erheiterung verbrannt wurden und das nunmehr ein Labyrinth trostloser und kümmerlicher Gassen war als alles andere, wo noch ein paar rote Lämpchen brannten und noch etliche mit Girlandenfetzen geschmückte Tanzdielen gähnten . . .“

Freilich, die *Company* war nicht ohne Grund abgezogen. Nicht nur waren die Böden ob der exzessiven Anbaumethoden rasch ausgelaugt. Auch in den *Bananeros* war mit der Zeit einiges vorgegangen. Die um ihren Boden geprellten und ihren gerechten Lohn betrogenen Bananenarbeiter hatten den ersten großen Streik gewagt. Als sie am 5. Dezember 1928 zum Bahnhof von Cienaga zogen, um den Herren über die Plantage ihre Forderungen zu präsentieren, hatten diese sich bereits der Unterstützung der Armee versichert. Maschinengewehre waren in Stellung gebracht worden und wurden nun in das Gewühl der Leiber abgefeuert, die man schließlich — egal, ob schon tot oder noch lebendig — in Güterwaggons schlichtete und zuletzt ins Meer warf.

Vermutlich an die 30.000 Opfer hatte das Massaker gefordert, über das seine Urheber den Mantel des Schweigens zu breiten beabsichtigten. Erst Gabriel Garcia Marquez, 1928, im Jahr des großen Mordens unweit von hier geboren, entriß das Ereignis dem Vergessen, indem er Cienaga zu einem Teil von *Macondo* machte: *„Er merkte, daß er in einem leblosen, schweigsamen Zug fuhr, daß sein Haar blutverklebt war und daß ihn alle Knochen schmerzten. Bemüht, dem Alptraum zu entkommen, schleppte Jose Arcadio Segundo sich von einem Wagen zum anderen, in der Fahrtrichtung des Zuges, und in den Lichtern, die im Vorüberfahren an den Holzplanken aufblitzten, konnte er die toten Männer sehen, die toten Frauen, die toten Kinder, die wie Abfallbananen ins Meer geworfen werden sollten. Der Zug glitt mit nächtlicher, stummer Geschwindigkeit dahin. Auf dem Wagen waren die dunklen Umrisse von Soldaten mit aufgepflanzten Maschinengewehren zu sehen.“*

Hier, sagen die Leute von Cienaga, hier sei nichts mehr.

Nach Aracataca müßten wir fahren, das sei *la tierra de Garcia Marquez.* Die Fahrt dorthin im überfüllten, klapprigen Autobus dauert eine weitere Stunde und führt durch verrottete Bananenpflanzungen. Keiner der Mitreisenden scheint sich über die *Gringos* zu wundern. Man weiß längst, was die hier suchen. Als der Bus wieder einmal am Rand einer kleinen Siedlung hält, werden wir von Dutzenden Passagieren darauf aufmerksam gemacht, daß dies Aracataca sei — wir unser Ziel erreicht hätten.

Es wäre nicht zu übersehen gewesen. Hinter der Haltestelle steht ein Schild, größer als jedes Haus in der Nachbarschaft. Auf gelben Grund hat man das Bildnis des in diesem Dorf als Sohn des Telegraphisten geborenen Gabriel Garcia Marquez malen lassen und dazu eingerahmt von Schmetterlingen dessen Credo: „*Ich fühle mich als Lateinamerikaner jedes Landes, ohne aber jemals die Sehnsucht nach meiner Erde aufzugeben: Aracataca, in das ich eines Tages zurückkam und entdeckte, daß zwischen der Wirklichkeit und der Sehnsucht der Rohstoff meines Werkes liegt.*"

Dies also ist der Ort, der uns vertraut ist, ohne ihn jemals zuvor gesehen zu haben. Wir hatten ihn uns vorstellen können, ganz exakt, während der Lektüre der „Hundert Jahre Einsamkeit" — genau so, wie er uns beschrieben worden war: „*Jose Arcadio Buendia, der unternehmungsfreudigste Mann, der je im Dorf gesehen worden war, hatte die Siedlung so geplant, daß man von jedem der Häuser den Fluß erreichen und mit gleicher Mühe Wasser schöpfen konnte, er hatte auch die Straßen so geschickt gezogen, daß in der Stunde der größten Hitze kein Haus mehr Sonne empfing als ein anderes. In wenigen Jahren war Macondo das ordentlichste und arbeitsamste Dorf von all jenen, die seine dreihundert Einwohner bisher gekannt hatten.*"

Wir wenden uns also Aracataca zu, überqueren auf einer Brücke den grünen Bach, an dessen Ufer eine Frau ihre Wäsche schwemmt.

Als nächstes quert der unbefestigte Weg die von Grasbüscheln und Unkraut nahezu überwucherten Eisenbahnschienen, die in einem grauen, viel zu großen Bahnhof münden, der keinerlei Funktion mehr zu erfüllen scheint — oder eben doch: ein alter Mann liegt schlafend auf einer Bank in der nach drei Seiten hin offenen Wartehalle. Einige Schritte weiter hält ein junger Hund im Schatten eines Pfeilers seine *Siesta* und wir erinnern uns, wie es war, als die Eisenbahn *Macondo* erreichte: *„In diesem Augenblick erzitterte das Dorf von weithin hallenden Pfiffen und ungeahntem Zischen. Zwar hatte man in den vorangegangenen Wochen beobachtet, wie Arbeitstrupps Schwellen und Schienen legten, doch hatte sich niemand darum gekümmert, weil man das Ganze für eine neue Erfindung der Zigeuner hielt, die wieder einmal mit ihrem ach so veralteten und verachteten Pfeifen- und Paukenkonzert ein weiß Gott wie wunderwirksames Gebräu der Djalalis aus Djalalabad anzupreisen gedachten. Als sie sich aber von dem betäubenden Pfeifen und Keuchen erholt hatten, liefen alle Einwohner auf die Gassen hinaus und sahen Aureliano Triste von der Lokomotive aus winken, sahen gebannt den blumengeschmückten Zug, der zum ersten Mal mit acht Monaten Verspätung eintraf.“*

Nun wissen alle, wo man hier ist. Auf die Getränkebude neben dem Bahnhof steht mit bunten Lettern das Wort *Macondo* gemalt und die Männer, die davor im Schatten eines alten Baumes Domino spielen, nehmen den Besuch der Fremden ohne aufzublicken zur Kenntnis. Es ist die Stunde der größten Hitze und wer jetzt noch unterwegs ist, ist dies lediglich, um einen ruhigen, schattigen Platz zu erreichen, von dem aus sich das gewohnte Bild der staubigen Gassen betrachten läßt. Der Fremde aber beginnt schon wenige Minuten nach seiner Ankunft zu ahnen, wieviel Vorstellungskraft der Dichter mobilisieren mußte, um in Aracataca das Dorf zu erkennen, das man inzwischen in aller Welt kennt.

„Macondo schien in einem Wirtschaftswunder Schiffbruch zu erleiden. Die von den Gründern aus Lehm und Bambus erbauten Hütten waren von Backsteinbauten verdrängt worden, und diese hatten Holzläden und zementierte Fußböden, welche die erstickende Zwei-Uhr-Nachmittagshitze erträglicher mach-

ten. Von Jose Arcadio Buendias altem Flecken waren ... nur die bestaubten Mandelbäume übriggeblieben.“

Die Segnungen des Fortschritts sind noch weiter gediehen, um die Mittagshitze erträglich zu machen. Es gibt das *Restaurante El Fogonazo* — die Schenke zum Ofen —, das über einen wohlsortierten Getränkevorrat verfügt. Während der dem Säuglingsalter seit noch nicht langer Zeit entwachsene Jüngste des Wirts über den Steinfußboden des Gastraumes tobt, beginnt sich uns der erste Satz der „Hundert Jahre Einsamkeit“ zu erschließen, sobald der Chef den monströsen Kühlschrank öffnet, um ihm ein paar weitere Flaschen zu entnehmen: *„Viele Jahre später sollte der Oberst Aureliano Buendia sich vor dem Erschießungskommando an jenen fernen Nachmittag erinnern, an dem sein Vater ihn mitnahm, um das Eis kennenzulernen.“*

Der Wirt, ein Mann mit stattlichem Kugelbauch und verwegenem Schnauzer, welcher tief unter den Mundwinkeln endet, ist fürsorglich darum bemüht, daß wir Aracataca kennenlernen. Das Geburtshaus von *Gabo*? Natürlich wisse er, wo das zu finden sei. Er werde uns einen Jungen mitgeben, dann könnten wir nicht fehlgehen. Jüngst sei ein japanisches Fernsehteam dagewesen.

D a s sei das Haus, sagt der Junge, zeigt auf einen türkisfarbenen Flecken Fassade in der Häuserzeile und verschwindet.

D a s sei das Gabriel Garcia Marquez-Museum, belehrt uns ein Schild auf nämlicher Fassade.

Aber sein Haus, sein Geburtshaus, fragen wir enerviert in der Süßwarenhandlung an der Ecke. Freundlich und offenkundig seiner Sache sicher, weist der Verkäufer auf den türkisen Fleck. „Das ist das Geburtshaus und jetzt ist es das Museum. Die Frau, die es betreut, hält wohl gerade *Siesta*. Sicher wird sie gleich kommen ...“

Wir sind nicht mehr neu in Lateinamerika und wissen daher, wie eine solche Auskunft zu interpretieren ist. Doch wo ein Wille ist, ist zumal in diesem Teil der Welt stets ein Weg. Also, die Nachbarn des türkisen Museums befragt. Ob es nicht einen Hintereingang gäbe?

Es gibt und der kleine Junge öffnet bestimmt nicht zum ersten Mal die Wellblechgartentür, die den Weg über das Grundstück seiner Eltern freimacht, für fremde Neugierige. Gewiß hält er diese Fremden für Verrückte, die von weither anreisen, um dann hier vor ein paar überwucherten Steinen zu stehen. Von Gabriel Garcia Marquez' Geburtshaus existieren nur noch die Reste des Fundaments. Die Gemeindeverwaltung hat daneben eine Kopie dieses Hauses — allerdings auf den Stand der gegenwärtigen Hausbaukultur von Aracataca gebracht — errichten lassen, das ein Garcia Marquez-Museum beherbergen soll.

Bislang einziges Exponat ist eine Miniaturnachbildung des alten Hauses: *„Da sein Haus von Anfang an das beste des Orts war, wurden die anderen nach seinem Vorbild gebaut. Es hatte ein geräumiges, gut erleuchtetes Wohnzimmer, ein terrassenartiges Eßzimmer mit farbenfrohen Blumen, zwei Schlafzimmer, einen Innenhof mit einer riesigen Kastanie, einen wohlbestellten Gemüsegarten und einen Korral, in dem Ziegen, Schweine und Hühner einträchtig beieinander wohnten.“*

Unverdrossen setzen wir unsere Spurensuche fort und finden dabei zur Erkenntnis: wäre es nicht *Macondo,* Aracataca wäre das Ende der Welt wie so viele staubige, in der Regenzeit im Schlamm versinkende Dörfer im Hinterland der kolumbianischen Karibikküste. Ein *Parque* mit — Signal des Fortschritts — betonierten Bänken, ein Billardsalon, ein Wirtshaus, eine Gemischtwarenhandlung *(Comercial Macondo),* der Eisverkäufer, dessen Maschine aus der Zeit des Bananenbooms stammen dürfte, der Zigeuner, der sich nur gegen Bezahlung fotografieren lassen will und sich einen muskelbepackten jungen Schwarzen als Manager hält, das Kind, das mit seinem halben Jahr Leben noch wie ein Neugeborenes aussieht, die sittsame Schöne, die mit gesenktem Blick am Fenster sitzt.

Und das Freilichtkino. Doch das wird gerade renoviert, weshalb gegenwärtig keine Vorstellungen stattfinden, zu welchen die Bewohner von *Macondo* am Abend sich einfanden: *„Sie empörten sich über die lebenden Bilder, die der wohlhabende Kaufmann Don Bruno Crespi in dem Theater mit den*

Löwenrachen vorführte, weil eine in einem Filmstreifen verstorbene und beerdigte Figur, über deren Unglück sie kummervolle Trännen vergossen, im nächsten Film quietschlebendig als Araber auferstand. Das Publikum, das zwei Centavos zahlte, um die Schicksalsschläge der Personen zu teilen, ertrug nicht den unerhörten Spott und zertrampelte die Kassenloge. So erläuterte denn der Bürgermeister auf Don Bruno Crespis Drängen in einer Bekanntmachung, das Kino sei eine Illusionsmaschine, die keinen leidenschaftlichen Überschwang der Zuschauer verdiene."

Zu warnen, so wissen wir nun, wird desweiteren der Leser sein, der im Überschwang der Lektüre Garcia Marquez'scher Romane beschließt, eine Reise über den Ozean anzutreten, um in der karibischen Einsamkeit von Aracataca die Realität des magischen Realismus zu finden. Das Außergewöhnliche an diesem Ort ist lediglich, daß der Dichter in ihm *Macondo* erblickt hat. Von ihm aber wissen wir, daß *Macondo* nicht mehr existiert: *„Macondo war in Ruinen. Im Sumpfland der Straßen lagen zerstückelte Möbel, Tiergerippe mit bunten Lilien bedeckt, letzte Erinnerungen an Horden von Fremdlingen, die Macondo ebenso kopflos verlassen wie betreten hatten. Die während des Bananenfiebers wie Pilze aus dem Boden geschossenen Häuser waren verwaist. Die Bananengesellschaft baute ihre technischen Einrichtungen ab. Von der alten Stadt hinter dem Drahtzaun waren nur Trümmer übrig. Die Holzhäuser, die kühlen Terrassen, auf denen die friedlichen Kartennachmittage stattgefunden hatten, schienen von einem Vorläufer des prophetischen Windes niedergerissen, der Jahre später Macondo dem Erdboden gleichmachen sollte. Die einzige menschliche Spur, die der wütende Atem hinterließ, war ein Handschuh von Patricia Brown in dem unter Stiefmütterchen erstickten Automobil. Die bezaubernde Landschaft, die Jose Arcadio Buendia zur Zeit der Gründung erforscht hatte und wo bald darauf die Bananenpflanzung geblüht hatte, war ein Morast verfaulter Stauden, an dessen fernen Horizont man mehrere Jahre hindurch den stummen Schaum des Meeres sehen konnte."*

März 1990

Heimatkunde

Vergleichende Erinnerungen an Kärnten

Von einem gebildeten Freund, einem engagierten Antiklerikalen (häufig sind das verhuschte Katholiken) und frühen Feministen (häufig sind das verhuschte Männlichkeitskultler), erfuhr ich in jungen Jahren, vor noch gar nicht so langer Zeit habe in der römischen Kirche die Lehrmeinung gegolten, Frauen besäßen keine Seele. Da ich aufgrund mir nicht bekannter glücklicher Umstände seit jeher ein distanziertes Verhältnis zu jeder Art von Aberglauben habe, war das für mich weder vom katholischen noch vom feministischen Gesichtspunkt her eine besonders bewegende Mitteilung.

Nun erfahre ich indes, der hochgeschätzte Erwin Ringel habe ein Buch über „*Die Kärntner Seele*" geschrieben. Ich lebe seit einigen Jahren im lateinamerikanischen Exil, wo man europäische Buchneuerscheinungen in den meisten Fällen nicht lesen kann. Man kann sie sich allenfalls vorstellen ...

Also: Haben Kärntner eine Seele?

Den Lehrbüchern für Anatomie — nicht nur jenen lateinamerikanischen Ursprungs — ist darüber nichts zu entnehmen. Wir ahnen: mit der Seele verhält es sich annähernd wie mit dem *Heiligen Geist* — von ihm besitzen wir erst eine konkrete Vorstellung, seit er sich in Gestalt einer Taube zu erkennen gab. Auch mit dem *Zeitgeist* war das logischerweise nicht anders — von ihm haben wir einen exakten Begriff, seit die Zeitschrift *Wiener* am Kiosk zu erwerben ist. Allerdings nur in Teilen Europas, nicht in Lateinamerika — weshalb wir hier zeitgeistmäßig etwas hinterherhinken.

Doch ich gebe zu, ich schweife von meinem Thema ab und das ist Kärnten, wo ich vor vierzig Jahren geboren wurde, was möglicherweise purer Zufall war. Über meine Vorfahren weiß ich wenig, doch immerhin, daß auch sie schon dazu neigten, herumzuziehen — *mit dem Bauch hinter dem Brot her,* wie die Kärntner Slowenen sagen. Natürlich sagen die das nicht so, sondern auf Slowenisch — doch damit stecken wir vielleicht schon etwas zu sehr im Zentrum des Themas, das danach verlangt, ohne Hast und Ungeduld eingekreist zu werden.

Kurzum, ich hätte genausogut anderswo geboren sein können. Zum Beispiel im Salzburgischen. Von dorther stammte mein Großvater väterlicherseits, den die Mutter meines Vaters kennenlernte, weil sie sich dort verdingte. Ich glaube, sie war Stubenmädchen oder dergleichen in einem Hotel in Badgastein. Und bevor sie den Mann heiratete, dem ich meinen sonderbaren deutschen Namen verdanke, hieß sie *Tschabuschnig.* Wie immer man das vormals geschrieben haben mag.

Solchen Erörterungen gab man sich in der für mich zuständigen kleinsten Zelle gesellschaftlicher Disziplinierung, *Familie* genannt, nie hin. Dergleichen versuchte man zu vergessen. Der in psychologischen Kategorien analysierende Erwin Ringel würde an diese Stelle vermutlich den Begriff *verdrängen* setzen.

Damit sind wir endgültig beim Thema: die Kärntner und ihre verdrängten slowenischen Wurzeln.

Für meine Generation gab es diesbezüglich anfangs nicht viel Verdrängungsarbeit zu leisten. Derlei Dinge interessierten uns nicht, weil wir uns in der Gnade fast völliger Unwissenheit befanden. Weite Teile Kärntens — so auch die Gegend, in die man mich transferiert hatte — waren zu der Zeit schon weithin „slowenenrein". Und wenn man uns, sobald wir einen verhatschten Satz gesprochen hatten, in der Schule aufzufordern pflegte: „Red' nit a so windisch!", so dachten wir uns dabei keinesfalls mehr als unsere Lehrer, die solcherart an unser grammatikalisches Bewußtsein appellierten. Wie hätten wir auch sollen: Wir waren ungebildet wie unsere Lehrer.

Jüngst begegnete mir in Guatemala ein Lehrerehepaar aus Kärnten. Die Republik Österreich unterhält dort eine Schule, an der diese Landsleute seit schon bald zehn Jahren tätig sind. Kurzum, sie kennen sich aus im Land und erzählten mir von den *Ladinos* — Guatemalteken weitestgehend indianischer Abstammung, die sich heftig bemühen, nicht für Indios gehalten zu werden, an der weißen kreolischen Oberschicht orientieren und *Ladinos* nennen.

Sozusagen schwebendes Volkstum, kommentierte ich diese Darlegung — wie bei uns zu Hause die *Windischen.*

Ich hatte meine Gesprächspartner als großzügige Gastgeber und weltoffene Menschen kennengelernt. Nach diesem Einwurf drohte unser Einvernehmen indes beeinträchtigt zu werden. Der Gastgeber, mehr Musiker denn Lehrer und wohl wissend, daß der Vierklang, der die Einzigartigkeit der Kärntner Lieder in der österreichischen Volksliedliteratur ausmacht, nicht gerade das Produkt germanischen Ahnenerbes ist, sagte gar nichts und zog den Kopf ein wie jemand, der Blitz und Donner unausweichlich kommen ahnt.

Die Gastgeberin hingegen kehrte mit einem Mal ein Lehrergehabe hervor, wie ich es bis dahin bei ihr nicht erlebt hatte. Augenscheinlich von keinerlei Zweifel angekränkelt, erklärte sie, das lasse sich überhaupt nicht vergleichen, denn im Gegensatz zu den *Ladinos* seien die *Windischen* ein eigenständiger Volksstamm, wodurch sie sich des weiteren von den sogenannten *Kärntner Slowenen* unterscheiden, die es im Grund gar nicht gäbe.

Dergleichen Argumente kannte ich aus Kärnten zum Überdruß, hatte allerdings nicht erwartet, in diesem Kreis mit ihnen konfrontiert zu werden. Immerhin waren die Gastgeber Angehörige meiner Generation und ich hatte geglaubt, innerhalb dieser Altersgruppe — noch dazu unter Menschen, in deren Haus Bücher zu finden sind — müsse man bei der Erörterung des Kärntner Themas nicht mehr über Grundrechnungsarten streiten. Gleichwohl bemühte ich mich, ohne Ungeduld die Herkunft des Begriffes *Windische* und dessen ideologische Bedeutung darzulegen, löste damit vorerst aber nur ein entschlossenes Kopfschütteln bei der Gastgeberin aus — die eindeutige Abwehrreaktion eines Menschen, der nichts an sich heranlassen will, das ihn zur Korrektur seines bewährten Weltbildes zwingen könnte.

Um meiner Beharrlichkeit mit einem höchstinstanzlichen Urteil ein Ende zu bereiten, schritt sie schließlich zur Bücherwand, zog ein Lexikon heraus und es bei W auf — wie *Wenden, Windisch* . . .

Was dort geschrieben stand, war der Lehrerin aus Kärnten offenkundig neu: „Jo, noch dem do stimmat des jo nochan, wos du g'sogt host", tat sie erstaunt kund.

Ich fürchte, die gute Frau ist eher dem gebildeteren und aufgeklärteren Teil der Kärntner Lehrerschaft zuzurechnen.

Während eines Besuches im Haus des ehemaligen Landesschulratspräsidenten und SPÖ-Politikers Josef Guttenbrunner hatte ich diesen über jeden Verdacht erhabenen Antifaschisten, der sich in seiner Partei immer in einer gewissen Außenseiterposition befand, gefragt, wie es ausgerechnet im *Roten Kärnten* kommen habe können, daß ganze Heerscharen von Lehrern, die sich zuvor willig von den Nazis (die dabei auf ein in der Zwischenkriegszeit gelegtes deutschnationales Fundament aufbauen konnten) indoktrinieren hatten lassen, bruchlos in den Schuldienst der wiedererstandenen Republik übernommen wurden — Lehrer nämlich, die nicht nur ihre Schüler, sondern desweiteren Generationen nachwachsender Lehrer in ihrem Geiste unterwiesen.

„Jo mei", hatte der längst illusionslos gewordene Guttenbrunner geantwortet, „wenn wir die Nazis nicht übernommen hätten, hätten wir die Schulen zusperren müssen, weil ja faktisch keine anderen Lehrer da waren." Dann stimmte er resigniert nickend meinem Vorwurf zu, die Kärntner SPÖ habe sich nach 1945 fast ausschließlich um hohe Mitgliederzahlen, doch kaum um das politsche Bewußtsein dieser Mitglieder gekümmert.

Doch woher sollen das die Leute wissen, die nie etwas anderes kennengelernt haben, als die simplen Freund-Feind-Bilder, die man ihnen von Kindheit an eingetrichtert hat. Ich erinnere mich an die 10. Oktober-Feiern, zu denen wir jedes Jahr im Turnsaal der Schule antreten mußten — die Mitglieder des Schulchors im weißen Hemd, Lederhose und grünen Stutzen. Eine Kluft, die kaum einer von uns freiwillig angezogen hätte. Der Schuldirektor, ein Sozialdemokrat, oder sonst ein Lehrer schwang eine markig vorgetragene Rede voller Phrasen und historischer Halbwahrheiten. Zumindest die Hohlheit der Phrasen hätte uns damals schon auffallen sollen. Zuletzt wurde von *Mannesmut und Frauentreu* gesungen, welche die Heimat sich auf's Neu' erstritten habe. Auch der sprachliche Irrwitzt dieser Formulierungen fiel uns naturgemäß nicht auf. Etliche unserer Lehrer gaben sich dazu so gerührt, als seien sie dabeigewesen beim Erstreiten der Heimat durch Herrn Mannesmut und Frau Frauentreu.

Jedenfalls, es waren Veranstaltungen von monströser Lächerlichkeit (das dürfte einigen von uns doch ein wenig aufgefallen sein) und vielleicht verdanke ich solchen Erlebnissen die frühe Einsicht, daß dies kein Platz zum Überleben sei. Ich las die Bücher von Karl May, danach die von Ernest Hemingway, und stellte mir vor, gar nicht da zu sein. So überstand ich die Zeit, bis ich weggehen konnte.

Nun frage ich mich desöfteren, warum nahezu alle anderen, mit denen ich aufgewachsen bin, dort geblieben sind — nämlich auch jene, die fraglos begabt waren und Ambitionen hatten erkennen lassen. Manchen von ihnen habe ich später im willenlos glotzenden Publikum gesehen, wenn das stets mit getönter Brille auftretende Rumpelstilzchen von der Post (damit kein Mißverständnis aufkommt: einige meiner besten Freunde sind Postler!) seinen schmächtigen Körper im braunen Kärntneranzug aufblähte (er war dabei sozusagen eine einzige Blähung) und das Kinn martialisch nach vorne reckte zum Ruf der Heimat, auf daß der slawische Satan weiche.

Alle die bizarren lateinamerikanischen Diktatoren, über die man in Europa die Nase rümpft — in ihnen habe ich immer wieder die hiesigen, also nach tropischer Art in allem üppiger wuchernden Variationen der Karikaturen erkannt, die mir eigentümlich vertraut waren, seit ich die Funktionäre des *Kärntner Heimatdienstes* erblickt hatte.

Allerdings — hier ist der Herbst der Patriarchen längst angebrochen. In Kärnten hingegen geht dem Vernehmen nach noch immer das Gespenst des ewigen Abwehrkämpfers in Gestalt des wildgewordenen Spießers um. In Kärnten mag man eben starken Männern zum Verwechseln ähnlich sehende Stänkerer — vor allem solche, die in gut geheizten Räumen und geschützt von ausreichend Gleichartigen ihre Veitstänze auf dem Rücken der slowenischen Minderheit austragen. Der Bedarf an Heldengestalten scheint so groß zu sein, daß sich das Publikum in einem mickrigen Maulhelden lustvoll erkennen kann, der seine verbale Unbeholfenheit als Knüppel einzusetzen versteht.

Ist die *Kärntner Seele* in der Tat etwa gar der verklingende Furz eines längst in der Jauchengrube der Geschichte versunkenen Monstrums? Solche Ausdünstungen sind bekanntlich mitunter von zäher Langlebigkeit.

Doch halt, derlei Polemik mag zwar manchem Ober-Kärntner gemäß sein, sie hilft uns aber nicht dabei, das gegenständliche Phänomen zu begreifen. Versuchen wir es mit vergleichenden Beobachtungen. Solche stelle ich unwillkürlich immer wieder an, seit ich mich in überwiegend mestizischen Gesellschaften bewege und durch zahllose Alltagserfahrungen die gewaltige kollektive Deformation erkennen kann, welche die *Conquista* mit der Zerstörung der ehemals geschlossenen indianischen Kulturen bewirkt hat. Dies beginnt bei der gebrochenen Identität der Mestizen, die historisch gesehen die Nachkommen von Vergewaltigern und Vergewaltigten zugleich sind.

Den Rest besorgte der Yankee-Imperialismus, der den Entwurzelten eine vulgäre Konsumkultur plus Demokratie (die Wahl zwischen *Coca* und *Pepsi Cola,* sowie wenigstens zwei Dutzend Automarken) überstülpte und durch den großzügigen Einsatz moderner Massenmedien die kollektive Schizophrenie auf den Gipfel trieb, zu deren Merkmalen der gewalttätige

Rassismus ebenso gehört, der in diesen Gesellschaften gegenüber den in die geographischen und sozialen Randlagen abgedrängten Reste der örtlichen autochthonen Kulturen üblich ist, wie die würdelose Anbiederei an die *Yankees* und die mit der Besessenheit von Konvertiten betriebene Übernahme von Versatzstücken der Yankee-Kultur. Daß mit solchem Verhalten bei vielen Angehörigen der mestizischen Mittelschichten noch dazu ein gar nicht so unterschwelliger Fremdenhaß einhergeht, der sich gegen *Gringos* richtet, rundet dieses kollektive psychische Krankheitsbild in seiner Widersprüchlichkeit absolut logisch ab.

Es gibt ausreichend historische Belege für die Feststellung, daß Kärnten nicht zuletzt das Ergebnis einer — innereuropäischen — kolonialistischen Phase ist. Gewissermaßen einer *Conquista* seitens germanischer Kulturen, durch welche die verbliebenen Träger der autochthonen slawischen Kultur, die sich nicht zum Aberglauben des Deutschnationalismus bekehren ließen, in die sozialen und geographischen Randlagen abgedrängt wurden, wo noch immer die Nischen zu finden sind, in denen die Kärntner Slowenen überleben.

Der irrationale Haß vieler sogenannter *Deutschkärntner* gegenüber bewußten Slowenen, die ständige Beschwörung absurder Bedrohungsängste, die überdrehten Rituale der Akklamation einer eigenen — deutschen — Identität, erscheinen mir als Ausdruck einer — in den Sphären des Unterbewußten wohl registierten — gebrochenen Identität. Da wird im psychischen wie im physischen Sinn verdrängt, um auf diese Weise die Qualifikation zur Erlangung einer gefestigten Identität zu erwirken.

Das kann naturgemäß nicht funktionieren und nährt somit Aggressivität nach der einen Seite ebenso wie würdelosen Opportunismus nach der anderen Seite. Daß die Deutschkärntner nie und nimmer *Deutsche* sind, erleben sie schon in ihrer Dienstbotenfunktion im Rahmen des ökonomisch dominierenden Fremdenverkehrs immer wieder, der sich als gemilderte Form des (Kultur-)Imperialismus begreifen läßt.

Fremdenverkehr ist nicht zuletzt auch eine Quelle von

Fremdenhaß, der sozialen Neid in rassistische Vorurteile verkehrt.

Wir ahnen, was im Kopf eines *Deutschkärntners* vorgeht, der mit opportunistischer Unterwürfigkeit nach dem Geld des deutschen Touristen giert, von dem er als seinesgleichen anerkannt werden will, aber als Dienstbote und exotisches Geschöpf behandelt wird. Da kann der deutschtümelnde Kärntner dann über die *Piefkes* herziehen, wie der mestizische Yankee-Vasall über die *Gringos*.

Ich kannte einen vormaligen Hotelier, der sich bei seinen deutschen Gästen besonders beliebt wähnte, weil er ihnen den Gefallen tat, sie morgens mit vertrauten Wehrmachts-Kommandos in die Baumkronen zu vergattern. Es hat ihm nichts geholfen, am Ende stand er vor dem Konkursrichter. Seinen Lebensinhalt bildete danach die Verbreitung von Verschwörungstheorien, in deren Zentrum die Slowenen standen.

Unvergessen ist mir auch die von damaligen Abgeordneten zum Nationalrat Valentin Deutschmann aus Grafenstein gelegentlich einer Fernsehdiskussion über die TV-Dokumentation „Fremde in der Heimat" allen Ernstes vorgetragene Kritik, daß in diesem Film immer nur von den Slowenen die Rede sei, doch nichts von den schönen Bergen und Seen gezeigt werde, was im Interesse des Fremdenverkehrs nicht hätte unterlassen werden dürfen.

Nur wenige haben in Kärnten über diese Erklärung herzzerreißend gelacht oder geheult.

Auch aus diesem Grund erinnert mich in Lateinamerika so vieles an Kärnten: der ganze banale Alltag ist voller phantastischer Absurditäten und die Vorstellungskraft selbst eines leidlich kreativen Menschen reicht nicht aus, um Dinge zu erfinden, die nicht allemal gleich von der Realität übertroffen werden.

Wenn sich in meinen vagen Erinnerungen an die Kindheit in Kärnten klare Bilder fixieren lassen, so haben diese häufig mit dem angestrengten Versuch meiner Großmutter — der geborenen Tschabuschnig — zu tun, korrektes Deutsch zu sprechen, was zu den wundersamsten Wort- und Lautbildungen im Sinn von H. C. Artmanns Formulierung führte: „Göbön sö mör dön Schörm — pördon."

Solcherart um deutsche Form bemüht, konnte sie sich in der Eile nicht immer um den Inhalt ihrer Rede kümmern. Einmal nahm sie mich zu einer Messe in die Kirche mit — es dürfte die erste derartige Veranstaltung gewesen sein, die ich halbwegs bewußt miterlebte. Jedenfalls war es für mich etwas absolut Neues, als der Mesner mit dem Klingenbeutel auftrat. Da die ganze Zeit über vom Pfarrer das Gebot betont worden war, ein guter Mensch zu sein, glaubte ich reinen Herzens, da würde etwas ausgeteilt und wollte zugreifen. Die Großmutter hinderte mich im letzten Moment daran und flüsterte mir aufgeregt ins Ohr: „Hob ich schon genommen."

Später dann, gelegentlich einer meiner ersten Reisen in die Welt- und Landeshauptstadt Klagenfurt, entdeckte ich dort eine *Tschabuschnigg-Straße*. Ich habe mich erkundigt: die geht auf Ignaz Adolph Ritter von (wenn ich mich recht erinnere) Tschabuschnigg zurück — Dichter und Politiker, von seiner Majestät um 1870 zweimal ins Kabinett berufen. Einmal als Minister für Unterricht und Kultus, das andere Mal für Justiz.

Meinen Stammbaum konnte ich zuverlässig nur bis Rosa Tschabuschnig, ehemals Stubenmädchen (oder dergleichen) zu Bad Gastein, verwitwete Irnberger, rekonstruieren, und es interessierte mich, ob ich da auf eine legitime Fortsetzung zu Ignaz Adolph *Ritter von* gestoßen sei.

Die Existenz dieses Mannes, soviel fand ich heraus, war — wenngleich sehr vage — in meiner Familie durchaus bekannt. Doch genaueres wußte man nicht und schien es auch gar nicht wissen zu wollen. Da entdeckte ich den in Kärnten weit verbreiteten Wesenszug der individuellen Selbstbescheidung (ein Heldengeschlecht waren wir ohnedies als Kollektiv — Sieger im *Abwehrkampf!)* — nicht zu hoch hinaufsteigen zu wollen, um nicht zu tief hinunterfallen zu können. Was hätte uns die rückwirkende Erhebung in die Nachkommenschaft eines *Ritter von* gebracht, solange uns das als die Brut eines *Tschabuschnigg* kenntlich gemacht hätte. Schließlich trugen wir nun einen deutschen Namen und sollten stolz darauf sein.

Da gab es einen Zweig in der Familie, das waren Fabriksarbeiter, Kommunisten, die hießen Karitnig. Wenn die Großmutter von einem Besuch bei denen zurückkehrte, erzählte sie mit der Inbrunst der Hoffenden, die sich selbst überzeugen muß, allerlei Indizien dafür, daß man dort neuerdings politisch eigentlich nicht mehr aktiv sei, die Nachkommenschaft Aussicht auf sozialen Aufstieg habe (eine Anstellung im öffentlichen Dienst oder dergleichen) und die Töchter realistische Chancen besäßen, Träger untadelig deutscher Namen zu heiraten.

Kurzum, als in den späten Sechzigerjahren allerorten das große Aufbegehren meiner Generation gegen die Weltsicht und die Konventionen der Alten begann, fiel auch mir einiges ein, das mir schon lange stank. Und ich war damit selbst dort nicht allein, wo ich damals war: in der Kleinstadt Wolfsberg, einem Hort dumpfen Biedersinns, wie das Kleinstädte dieser Art überall auf der Welt zu sein pflegen. Doch dazu war das eine Kleinstadt in Kärnten. Man wußte von jedem, welche Funktion er unter den Nazis eingenommen hatte und leitete davon seine Vertrauenswürdigkeit ab. Bei Wahlen konnte die SPÖ zuverlässig mit einer satten Mehrheit rechnen.

Wir waren dort ein Freundeskreis von acht bis zehn Gleichalterigen und Gleichgesinnten. Äußeres Kennzeichen unserer subversiven Unangepaßtheit: „Spiegel“-Leser.

Diesem Hamburger Nachrichtenmagazin entnahmen wir die Kunde von der Geburt der *Neuen Linken* und der in Berlin geübten Praxis, den dortigen Regierenden Bürgermeister Klaus Schütz mit dem Schlachtruf zu attackieren: „Brecht dem Schütz die Gräten, alle Macht den Räten!“

Meiner Erinnerung nach war es Bobo Pfundner, Sohn eines gutbürgerlichen Gastwirtes, der eines Abends mit dem Vorschlag aufkreuzte, wir sollten die *Neue Linke* von Wolfsberg bilden.

Der dortige Bürgermeister hieß zu der Zeit Max Joham und war Schuldirektor, also bei uns ohnedies nicht in hohem Ansehen stehend. Wir zogen vor sein Haus am Stadtrand, skandierten zögerlich: „Brecht dem Max die Gräten, alle Macht den Räten“, und ließen zuletzt die Luft aus den Reifen seines Autos.

Danach gingen wir ins Wirtshaus, um zu beraten, was wir als *Neue Linke* als nächstes zu tun hätten. Es fiel uns aber nichts ein. So blieb Wolfsberg ohne *Neue Linke* und wir nisteten uns in den mangels einer funktionierenden örtlichen Organisation leerstehenden Clubräumlichkeiten der *Jungen ÖVP* ein. Dort organisierten wir Tanzveranstaltungen, die uns gute Möglichkeiten boten, den Marktwert örtlicher höherer Töchter nach unten zu manipulieren, luden aber auch allerlei Leute zu Diskussionen ein, die ansonsten gewöhnlich nicht nach Wolfsberg kamen, wohin ihnen der schlechte Ruf vorausgeeilt war, sündigem politischen Gedankengut anzuhängen.

Unter solchem Einfluß war es nur logisch, daß wir uns für das Kärntner Thema Nummer eins zu interessieren begannen und als am 10. Oktober 1970 der 50. Jahrestag der *Kärntner Volksabstimmung* mit allen Anzeichen eines deutschnationalen Vollrausches begangen wurde, verfaßte ich für eine von der *Jungen ÖVP* finanzierte und von mir redigierte Jugendzeitschrift einen Leitartikel, in dem ich der Frage nachging, ob der Oktober der April des Herbstes genannt werden könne. Auch andere Autoren, die mit ihrer Meinung zu diesem Thema garantiert nicht in das politische Umfeld der Eigentümer und Verleger des Blattes paßten, lud ich zu Beiträgen ein und harrte des Skandals, der unausweichlich schien.

Das war indes eine gründliche Fehleinschätzung der intellektuellen Lage. Die anstößigen Texte waren offenkundig von keinem der Financiers der Zeitschrift gelesen worden. Nur der nachmalige Landeshauptmann Leopold Wagner, damals SPÖ-Landesparteisekretär, hielt mir noch Jahre später bei jeder sich bietenden Gelegenheit meine Tätigkeit für die ÖVP-Jugendorganisation vor.

Als ich einmal — nach dem Ersuchen um Ablaß für diese politische Jugendsünde — bestellen ließ, andere seien in dem Alter hochgradige Hitlerjungen gewesen und pflegten dies auch noch beim Buhlen um die Gunst der Kärntner Wähler kokett zu verbreiten, war er lange Zeit sehr böse auf mich. Es bedurfte etlicher Jahre, bis wir uns darauf einigen konnten, wieder gut miteinander zu sein.

Wir lernen aus derlei Geschichtchen: in Kärnten liegt vieles so dicht beieinander, daß Seelenwanderungen schon zu Lebzeiten keine Seltenheit sind.

Etliche meiner Kärntner Generationskollegen, die es in vielem immer schon schwerer gehabt hatten, hatten es in dieser Zeit des Aufbruchs in einigem leichter. Ich meine die, in deren Familien bewußt an den slowenischen Wurzeln festgehalten worden war. Während sich die Mehrheit der später so genannten *Achtundsechziger* im Narrenhaus Österreich mit seinen rundum gepolsterten Wänden vergeblich mühte, ein handgreifliches Angriffsziel zu fassen zu kriegen und mitunter — Vorwegnahme der *Neuen Linkischen* — eine reichlich lächerliche Figur machte, wenn sie hinter dem Vorbild der deutschen Genossen gedankenlos herhechelte (beispielsweise: angespornt von der „Enteignet Springer"-Kampagne in der BRD demonstrierte in Wien die Vorhut des Proletariats vor der unbedeutenden örtlichen Redaktionsvertretung von Springers Programmzeitschrift „Hör zu", ohne auf die Idee zu kommen, sich Dichand & Falk vorzunehmen), hatten die Jungen aus den Reihen der slowenischen Minderheit keine Mühe, Name und Adresse derer ausfindig zu machen, an denen festgemacht werden konnte, was zu sagen war.

Das herrschende bornierte Spießertum als repressives Disziplinierungsinstrument, der niemals trockengelegte Nazi-Sumpf in den Hirnen der älteren Generationen — alle diese Erscheinungen, gegen die sich die Protestgeneration auflehnte: in Kärnten waren sie so vordergründig manifest wie nirgendwo sonst in Österreich. Hier wurde nicht nur in einer Umgebung, aus der die jüdischen Mitbürger längst vertrieben waren (es gibt für diesen Vorgang keine Formulierung, die angesichts der Realität nicht verharmlosend wirken muß), weiterhin ungeniert antisemitelt. Hier gab es als Feindbild vor allem die slowenische Minderheit, auf die man alles projezieren konnte, zwar war diese Minderheit als Folge des Assimilierungsdruckes bereits arg dezimiert, aber gerade deshalb ein idealer Gegner für die im Grunde ihres Wesens feigen Helden des Volkstumskampfes.

Der selbstgefällig waltende Ungeist, gegen den die *Achtundsechziger* allerorten angetreten waren — in Kärnten stand er gewissermaßen im ungeschriebenen Verfassungsrang: eine alles überwölkende Ideologie der Minderheitenfeindlichkeit, die Opium für's Volk ebenso war, wie schützende Nebelwand, hinter der die Mächtigen aller Parteien und die sonstigen Machthaber ihre Mauscheleien treiben konnten. Und wohl noch immer treiben.

Da mußte nicht für eine niemandem erklärbare *Weltrevolution* agitiert und auch nicht der *Vietcong* ikonisiert werden — da genügte es, die hier und jetzt herrschenden Zustände kenntlich zu machen. Sei es durch die geringfügige Verfremdung des Volksabstimmungs-Holzschnittes von Switbert Lobisser, indem an die Stelle des typischen Kärntners der Genosse Donald Duck gerückt, sowie dazu „Entenhausen frei und ungeteilt" deklariert wurde.

Dieses schöne subversive Druckwerk, das die den Anordnungen der Obrigkeit folgende Kärntner Seele überkochen ließ — in ihm wurde die Kärntner Wirklichkeit zur Kenntlichkeit karikiert.

Es war kein Zufall, daß ausgerechnet die mit einer statten Wählermehrheit ausgestattete SPÖ noch hektischer als andere Parteien reagierte und den *Verband sozialistischer Mittelschüler,* in dem junge Slowenen zu den Aktivsten gehörten und in dessen Umfeld derlei Aktionen geboren wurden, in Kärnten aus der Partei warf — lange, bevor dieser Schritt auf Bundesebene nachvollzogen wurde. Hatte diese Landespartei ihre Stärke doch nicht zuletzt daraus bezogen, daß sie nach rechts hin keinerlei Berührungsängste zeigte und Konflikte zu leugnen versuchte.

Was hätte das nur noch auf Machterhalt ausgerichtete politische Neutrum, zu dem die SPÖ zuvörderst in Kärnten degeneriert ist, einem dreisten Maulhelden noch entgegensetzen sollen, der hemmungslos an Konfliktherden herumzündelt, auf denen er sein ranziges Süppchen kochen kann? Er kann nun auf allen strohdummen Vorurteilen aufbauen, welche die SPÖ in ihren eigenen Reihen so lange gedeihen ließ. Nun pfeifen wohl viele Genossen darauf, länger Genossen zu sein und zeigen ihr wahres Gesicht: das, eines unverbrüchlichen Volksgenossen.

Das hätten die unfehlbaren Parteiführer indes schon gelegentlich des sogenannten *Ortstafelsturms* vorhersehen können, als für jeden, der die Realität zu erkennen bereit war, deutlich wurde, daß auch viele mit dem SPÖ-Parteibuch in der Tasche zu Ämtern und Mandaten gelangte *Londsleite* die Gespenster des *Heimatdienstes* zu ihren obersten Kriegsherren erkoren hatten.

Doch in den Gremien der SPÖ beschloß man einhellig, daß die Wahrheit eine ganz andere sei und wies eilig Hans Sima die Tür, der sich zwar vielerlei Eskapaden leisten hatte dürfen — aber die eine nicht: der *Kärntner Seele* aufrechten Ganges entgegentreten zu wollen.

Bekanntlich gibt es kein Schlechtes, das nicht auch sein Gutes hat. War es der Volksabstimmungsjubiläumsvollrausch von 1970, der bei vielen durch die Achtundsechzigerbewegung politisierten jungen Kärntnern die Wahrnehmungsbereitschaft für den Minderheitenkonflikt geweckt, sowie eine neue Generation von Kärntner Slowenen dazu veranlaßt hatte, erstmals offensiv gegen den herrschenden Ungeist aufzutreten, so war es der Ortstafelsturm, der die versprengten Teile der Opposition zusammenführte. Innerhalb und außerhalb der slowenischen Kultur aufgewachsene junge Kärntner begannen im Sinne der Analyse Otto Bauers zu begreifen, daß jede Form von Rassenhaß transformierter Klassenhaß ist, und daraus die Notwendigkeit von Bündnissen über Sprachgrenzen hinweg abzuleiten.

Im folgenden Widerstand gegen die Minderheitenfeststellung wurde dieses Bündnis vollzogen und über Kärnten hinaus ausgedehnt. Es war dies ein erster, schon in seinem Ansatz über die unmittelbare Minderheitenproblematik hinausreichender Schritt zur Vernetzung oppositioneller Tendenzen außerhalb der Strukturen bestehender Parteien. Daß sich daraus letztendlich jene neue Partei der *Grünen* entwickelte (die allerdings auch aus vielfältigen anderen Quellen gespeist wurde), in deren Parlamentsfraktion nun höchst zweifelhafte Figuren den Ton angeben, sehe ich als einen bedauerlichen Betriebsunfall an. Für mich ist es indes kein Zufall, daß die politisch (und menschlich) seriöseste Figur in dieser *Grünen*-Fraktion der Vertreter der Kärntner Slowenen ist.

Gut, ich bin nun schon einige Jahre und vor allem weit weg. Trotzdem wage ich die Behauptung, das Überleben der Reste der slowenischen Kultur Kärntens ist heute besser gesichert, als vor zwanzig Jahren. Das hat in erster Linie mit dem gewachsenen Selbstvertrauen der slowenischen Volksgruppe zu tun, doch ebenso mit der Tatsache, daß es in der österreichi schen Öffentlichkeit nicht mehr möglich ist, die Slowenen buchstäblich totzuschweigen. Der verdrängte, vielenorts vergessene Konflikt ist wieder zu einem öffentlichen geworden. Das hat zwar nicht dazu geführt, daß die Republik Österreich die Verpflichtungen, die sie im Artikel 7 des Staatsvertrages eingegangen ist, endlich erfüllt hätte. Aber es hat den Slowenen — häufig durch Eigeninitiative in Gang gesetzte — praktische Errungenschaften beschert, die zum Überleben dieser Kultur beitragen.

Es scheint mir nun die Zeit gekommen, darauf zu achten, daß diese Kultur eine lebendige bleibt, noch lebendiger wird — und nicht zu einer administrativ-künstlich am Leben erhaltenen degeneriert. Es ist gut und wichtig, wenn junge slowenische Intellektuelle in Kärnten bleiben, nach Kärnten zurückkehren und hauptberuflich in den Dienst der Volksgruppe treten. Sei es in politischer, sei es in anderer Funktion. Noch wichtiger scheint mir zu sein, daß mit diesem Eintreten in ein geographisch beschränktes, thematisch scheinbar eingegrenztes Wirkungsgebiet kein Rückzug in die umgebende Provinzialität einhergeht.

Unter den heute herrschenden Rahmenbedingungen kann eine Kultur nicht mehr lebendig sein, die sich nach außen hin abkapselt, ausschließlich mit sich selbst und den sie unmittelbar bedrohenden Faktoren beschäftigt. Eine Kultur, die ihren authentischen Charakter lebendig erhalten will, muß aus der Kenntnis und Analyse der Existenzbedingungen anderer Kulturen lernen, auch unter unabwendbaren Fremdeinflüssen lebendig und authentisch zu bleiben. Politik für die Minderheit zu betreiben, heißt in diesem Sinn nicht zuletzt, sich an höchstmöglichen qualitativen politischen Maßstäben orientieren — sich also nicht auf die Ebene der in Kärnten vorherrschenden politischen Kultur herabziehen zu lassen.

Ich weiß wohl, es ist nicht einfach, im Ensemble der Löwingerbühne eine anspruchsvolle Darbietung zu liefern. Dem stehen die anderen Protagonisten, der Stil der Inszenierungen, die Erwartungen des Publikums entgegen. Was Kärntens traditionelle Politiker — und erst recht die Importierten, die sich besonders am vorherrschenden Publikumsgeschmack anzubiedern versuchen — zu bieten haben, liegt meist unter dem Niveau der Löwingerbühne.

Daran hat sich in den letzten Jahren wohl nichts geändert — eher im Gegenteil, lassen sporadische Berichte vermuten, die mich hier erreichen. Solchen Berichten entnehme ich mitunter neben dem vertrauten Schwachsinn aus *deutschkärntnerischem* Politikermund, daß der eine oder andere Freund von früher her und Interessensvertreter der slowenischen Volksgruppe bei seinen politischen Darbietungen weit unter den Möglichkeiten bleibt, die ihm seine Begabung böte. Daß sich manch einer manchmal zu sehr auf Kärntner Niveau bewegt, obwohl er zu mehr befähigt wäre.

Sollte dies etwa gar ein Indiz für eine Verkärntnerung der Kärntner Slowenen sein?

Diese Volksgruppe bietet durch ihre spezifische Geschichte — aus der in dem für die Gegenwart relevanten Zeitraum der in Österreich seinesgleichen suchende Anteil am antifaschistischen Widerstandskampf herausragt — und das spezifische Wesen der Anfeindungen, denen sie nach wie vor ausgesetzt ist, auch für Menschen, die nicht in der Kultur und mit der Sprache der Slowenen aufgewachsen sind, eine Möglichkeit positiver Identifikation in einem Land, in dem man sich mit immer weniger identifizieren kann. Das war gewiß ein über rationale politische Überlegungen hinausreichender emotionaler Aspekt, der seinerzeit jene Solidaritätsbewegung zusammengeführt hat, die wiederum einiges zur Verankerung der Volksgruppe im Bewußtsein der österreischischen Öffentlichkeit beitragen konnte.

Als einer, der an diesem Prozeß beteiligt sein durfte, glaube ich, daß dieser Abschnitt für alle, die ihn aktiv erlebt haben, wichtige Anstöße gebracht hat. Mich kostete dieses Engagement damals meinen Job in der Redaktion einer großen Wiener Tageszeitung. Dafür werde ich den Slowenen immer dankbar sein. Innerlich war ich längst dazu entschlossen, von dem Zug abzuspringen, als ich aus nämlichem Grund aus dem bürgerlichen Journalismus hinauskatapultiert wurde, der in Österreich schon zu Zeiten eines Kreisky und Kirchschläger ein prägendes Element jener politischen Kultur war, die inzwischen im amtierenden Bundespräsidenten einen authentischen Repräsentanten gefunden hat.

An der Seite der Slowenen zu sein war eine Möglichkeit, sich aktiv von dieser politischen Kultur Österreichs zu distanzieren. Nun höre ich von den restaurativen Tendenzen, die in diesem Land um sich griffen und nehme somit an, daß der Bedarf nach der genannten Möglichkeit, politisches Asyl zu finden, zumindest nicht geringer geworden ist. Der slowenischen Volksgruppe in Kärnten erwächst daraus eine Aufgabe, der sie sich nicht entziehen sollte — auch wenn manche ihrer Angehörigen glauben sollten, mit dem eigenen Überleben hinreichend beschäftigt zu sein.

Januar 1990

INHALT

Vorläufige Hinweise: Einiges zum Verständnis des Folgenden ... 5

Aus dem Exil: Reminiszenzen über legendäre Wiener Wirtshäuser der Gegenwart ... 11

Nicaragua ist hier alles außer Managua: Ansichten einer unbeschreiblichen Hauptstadt ... 30

Das explosivste Land der Welt: Ein Streifzug durch die Geschichte Nicaraguas in vulkanischen Anekdoten ... 55

Die Freiheit von ganz nah: Erkundigungen über Nicaragua im Geburtsort bedeutender Männer ... 77

Siebzig Jahre Einsamkeit: Der lange Schlaf und die Wiedererweckung der ungewissen Landenge ... 101

Die fremde Hälfte: Nicaraguas Atlantikküste mit ihren unterschiedlichen Ethnizitäten und historischen Konflikten ... 118

Krieg ist Quälerei: Mit einem Batallon de lucha irregular auf Contra-Jagd ... 146

Die Pampa ertrinkt: Bei Gauchos, die zu Fischern werden ... 156

Die Wüste lebt: Bei den Landbesetzern vor den Toren von Lima ... 173

Arme reiche Küste: An Costa Ricas atlantischer Seite ... 194

Don Ernesto wohnt hier nicht mehr: Auf Hemingways Spuren in Kuba ... 201

Eine Demokratie: Vom Kampf um das Land in Guatemala ... 209

Der Dichter in seinem Labyrinth: An Kolumbiens Karibikküste auf der Suche nach Macondo — lange nach der Liebe in den Zeiten der Cholera ... 233

Heimatkunde: Vergleichende Erinnerungen an Kärnten ... 253